Serie Bianca Feltrinelli

UMBERTO GALIMBERTI

LA PAROLA AI GIOVANI

DIALOGO CON LA GENERAZIONE DEL NICHILISMO ATTIVO

Prima edizione in "Serie Bianca" gennaio 2018

Stampa Grafica Veneta S.p.A. di Trebaseleghe - PD

ISBN 978-88-07-17297-7

Le lettere qui pubblicate sono già apparse nell'inserto "D – la Repubblica delle Donne" del quotidiano "la Repubblica".

Ad Alek e Maki,
e ai loro occhi spalancati sul futuro.

Ascoltiamo i giovani. E parliamo con loro. Li capiremmo più di quanto non li capiamo quando leggiamo o ascoltiamo le considerazioni di psicologi, sociologi, insegnanti, educatori che parlano di loro.

Introduzione

1. *L'ospite inquietante: il nichilismo*

Nel 2007 ho scritto un libro sul disagio giovanile, che avevo individuato non tanto nelle crisi psicologiche a sfondo esistenziale che caratterizzano l'adolescenza e la giovinezza, quanto in una sorta di crisi che ho chiamato "culturale", perché il futuro che la nostra cultura prospetta ai giovani non è una promessa come lo era per i loro padri, ma qualcosa del tutto imprevedibile, che non retroagisce come motivazione capace di sostenere l'impegno richiesto dallo studio in vista di una professione o di un lavoro al quale ci si sente chiamati.

A questa condizione culturale depressiva, in cui l'individuo è vittima di una diffusa mancanza di prospettive e di progetti, quando non di sensi e di legami affettivi, inutile è il ricorso a terapie farmacologiche o psicologiche che curano le sofferenze che originano nell'individuo, perché il male è fuori, è nell'ambiente culturale in cui ci si trova a vivere, in quel deserto dell'insensatezza in cui niente si profila all'orizzonte, niente motiva o sollecita, niente attrae o affascina, niente che faccia uscire da quell'assoluto presente che i giovani vivono con la massima intensità e qualche rischio, non perché procura gioia, ma per seppellire l'angoscia che fa la sua comparsa quando ciò che si profila all'orizzonte è un deserto di senso.

Nietzsche, a suo tempo, ha chiamato questa atmosfera culturale "nichilismo", da lui qualificato come "il più inquietante fra tutti gli ospiti", la cui presenza, scrive Heidegger a commento, determina "lo spaesamento come tale. Per questo non serve a niente metterlo alla porta, perché ovunque, già da tempo e in modo invisibile, esso si aggira per la casa. Ciò che occorre è accorgersi di quest'ospite e guardarlo bene in faccia".

Ho cercato di guardarlo bene in faccia nel mio libro del 2007 che titola *L'ospite inquietante. Il nichilismo e i giovani*, per vedere se e come la condizione giovanile dell'epoca riproducesse alla lettera i tratti che, a parere di Nietzsche, caratterizzano il nichilismo, da lui così definito: "*Nichilismo*: manca il fine, manca la risposta al 'perché?'. Che cosa significa nichilismo? – che i valori supremi perdono ogni valore".

Quest'ultima considerazione sui valori non è decisiva in ordine all'atmosfera nichilista, perché i valori non sono entità metafisiche che piovono dal cielo, ma semplici coefficienti sociali condivisi da una comunità, perché individuati come i più idonei per quel tempo a ridurre i conflitti e a garantire un'ordinata convivenza. Naturalmente con il mutare delle epoche mutano anche i valori. Prima della Rivoluzione francese, ad esempio, la società era ordinata da valori gerarchici, dopo la Rivoluzione da valori di cittadinanza e uguaglianza almeno formali. Questa trasmutazione non ha generato un'atmosfera nichilista, come invece accade quando un insieme di valori adottati da una comunità collassa e non se ne affermano altri, creando quella situazione che Hölderlin così descriveva: "Che più non son gli dèi fuggiti e ancor non sono i venienti", determinando quello che per Heidegger è "il tempo della povertà estrema".

Se la trasmutazione dei valori non è decisiva, decisive sono le prime due notazioni con cui Nietzsche definisce il nichilismo: "Manca il fine", per cui il futuro non è una promessa, ma si offre come un paesaggio imprevedibile che, oltre a non motivare, paralizza l'iniziativa e spegne l'entusiasmo tipico della giovinezza. E poi: "Manca la risposta al 'perché?'". Perché devo stare al mondo? Che non significa che ci si debba suicidare, ma: che ci sto a fare in un mondo che non mi considera, che non mi chiama per nome, che mi vive non come una risorsa ma come un problema, che mi induce a dormire fino a mezzogiorno e a vivere di notte, per non assaporare di giorno e ogni giorno la mia assoluta insignificanza sociale?

2. *Il nichilismo passivo e il nichilismo attivo*

Questa era l'atmosfera nichilista che mi sembrava si respirasse nel 2007. E oggi? Oggi non è cambiato granché, fatta eccezione per una percentuale forse non piccola di giovani che sono passati dal *nichilismo passivo* della rassegnazione al *nichilismo attivo* di chi non misconosce e non rimuove l'atmosfera pesante del nichilismo senza scopo e senza perché, ma non si rassegna e si promuove in tutte le direzioni nel tentativo molto determinato di non spegnere i propri sogni.

Lo deduco dalle loro lettere che ogni settimana ricevo per la mia rubrica su "D", l'inserto femminile di "Repubblica", che curo dal 1996. Quelle dei giovani le prediligo perché, a differenza delle lettere degli adulti, le loro, anche nella disperazione, sono lettere cariche d'ironia. Un'ironia che non nasce dal cinismo o dal disfattismo, perché è animata dalla quasi certezza di potercela fare. Tratto tipico della giovinezza che non si arrende e tenta di vincere anche e soprattutto nelle avversità.

Ho pensato allora di raccogliere una settantina di queste lettere, tra quelle ricevute negli ultimi anni – che qui compaiono firmate solo con il nome –, per conoscere da vicino questi giovani che si raccontano scrivendo a "D". Si firmano sempre, solo talvolta chiedono di non pubblicare il nome per non mettere in piazza cose che il senso del pudore vuole che restino rigorosamente custodite in quel rapporto duale che è la domanda e la risposta. A differenza infatti di quanto accade in certe trasmissioni televisive, ci sono ancora giovani che non confondono la spudoratezza con la sincerità.

Dicono cose che forse non direbbero ai loro genitori o ai loro insegnanti, e vorrebbero sottrarsi anche a quegli operatori di mercato che si interessano di loro per intercettarne fino all'ultima sfumatura i gusti, onde condurli sulla via del consumo, anche se distratto e annoiato, che però riempie quel vuoto che si spalanca davanti a loro quando non c'è neppure una promessa che riesca a far intravedere un futuro.

I giovani che mi scrivono lo vogliono il futuro. E l'argomento che adducono è che, se non altro per ragioni biologiche, il futuro è comunque loro. Hanno una gran fretta di realizzare i loro sogni che non lasciano malinconicamente smarriti nell'"ottativo del cuore umano", ma li declinano all'"indicativo presente" con un confronto serrato con la realtà.

Sono gli stessi giovani che non credono al ribellismo generico e non cedono alla violenza, non perché sono maturati troppo in fretta, ma perché non confondono il gesto che per un attimo può scaldare il cuore con il lavoro paziente che obbliga a un quotidiano esame di realtà. Realtà nichilista, come abbiamo detto e come loro non si nascondono, davanti alla quale però non si rassegnano, ma dopo averne preso atto, proprio da lì prendono le mosse e non da altrove, per evitare il rischio di promuovere illusioni che poi si convertono in delusioni.

3. *Il confronto con il mondo adulto*

"Nichilismo attivo" dunque. Ben descritto da loro stessi con immagini ironicamente apocalittiche, o con espressioni quali "generazione dei sogni infranti", o "generazione dei senza". E tuttavia senza rassegnazione, con una sola preghiera rivolta agli adulti: non ci spezzate le ali e non proponeteci la vostra esperienza, perché l'unica utile è quella che ciascuno fa da sé. Le vostre lezioni di "sano realismo" ci spengono la passione, e senza passione non si ha la forza di attraversare questa stagione nichilista dove il nulla fa la sua comparsa a ogni angolo. Infine, non dimenticate che questa stagione ce l'avete preparata voi. Ciononostante non vi odiamo, anzi vi siamo riconoscenti se ci potete aiutare a realizzare quel che vogliamo diventare, perché un sogno ce l'abbiamo anche noi e non vogliamo vederlo spegnersi come si spengono le stelle cadenti.

Noi, che a differenza di voi sappiamo cos'è per davvero il nichilismo, non vogliamo che ci parliate in nome di niente come spesso capita di sentire quando aprite bocca, e neppure in nome di quei valori riconducibili unicamente al denaro o all'immagine che uno costruisce di sé, perché se è vero che non ci sono più valori, come sembra dai vostri discorsi disfattisti, starà a noi trovarli. E quando li troviamo e poi li difendiamo, non diteci che sono utopie o ingenuità.

4. *I valori e gli ideali dei nichilisti attivi*

Non è un'ingenuità schierarsi già a dodici anni contro il razzismo, così come non lo è condannare chi carica di negatività la parola "straniero". Contro prese di posizione assurde e strumentali meglio usare l'ironia di quella ragazza che, nata in Inghilterra da padre inglese ma residente in Italia da vent'anni, mi scrive chiedendomi se, nel suo caso, "straniero" si scrive con la "s" minuscola o maiuscola.

A differenza di tante considerazioni al limite dell'ovvio che esperti o politici interessati espongono nei talk show televisivi a proposito dell'immigrazione, i giovani sanno capovolgere e impostare in modo nuovo il problema, chiedendosi ad esempio: "Cosa dicono di noi e della nostra storia i flagelli che si abbattono sulle popolazioni africane?". Una storia rimossa, una storia dimenticata, una storia che neppure si studia a scuola, ma che i giovani del nichilismo attivo si pongono come problema perché, scrive una ragazza: "A vent'anni bisognerebbe aver fame di consapevolezza".

E poi la guerra, la tortura, il terrorismo sono guardati da questi giovani non dall'alto della geopolitica o degli interessi economici di potere, di controllo del territorio, peraltro sempre sottaciuti o mascherati da grandi ideali, ma a partire dalle vittime che, mi scrivono, sono ridotte alla condizione di "uomini che non possono più pensare, né amare, né sperare, ma soltanto tremare davanti al nostro sguardo indifferente". Queste vittime non pongono qualche problema ai nostri tanto proclamati diritti dell'uomo, e poi alla nostra morale, se è vero, ad esempio, che abbiamo abolito la tortura solo perché non dà i risultati attesi?

E poi la riflessione che questi giovani del nichilismo attivo ci propongono a proposito dei terroristi: "Giovani della nostra generazione, cresciuti immersi nello stesso flusso globalizzante in cui tutti noi siamo immersi. Nati nella cara vecchia Europa, che però vedono come terra nemica. Non se ne sentono parte? Ma poi, cosa vuol dire sentirsi parte dell'Europa? L'assenza di dogane? Una bandiera comune accanto a quella di ogni Stato? Viaggiare senza barriere? Per loro e per noi questi non sono dettagli".

Sono questi gli ideali e i valori che i giovani del nuovo millennio, che non hanno chiuso gli occhi davanti al nichilismo, propongono al mondo adulto che, rattrappito nel suo egoismo, a questi valori ha da tempo rinunciato. A quel mondo i giovani chiedono per prima cosa di superare gli eccessi dell'individualismo a favore delle relazioni, di cui sentono un grande bisogno. Ma mancano i luoghi, gli ambienti, le strutture. Restano solo la strada e il bar. E per non ridursi alla condizione di sfaccendati, loro, nativi digitali, si applicano ai social.

5. *Lo sguardo critico dei nichilisti attivi sull'uso dei mezzi informatici*

Nativi digitali come tutti, i giovani del nichilismo attivo nelle loro lettere mi chiedono: "Quanto incide l'uso dei mezzi informatici sui nostri processi cognitivi ed emotivi?". Moltissimo, perché questi mezzi sono dei condizionatori del pensiero, non nel senso che ci dicono cosa dobbiamo pensare, ma nel senso che modificano in maniera radicale il nostro modo di pensare, trasformandolo da analogico, strutturato, sequenziale e referenziale, in generico, vago, globale, olistico. Inoltre alterano il nostro modo di fare esperienza avvicinandoci il lontano e allontanandoci il vicino. Mettendoci in contatto non con il mondo, ma con la sua rappresentazione, ci consegnano una presenza senza respiro spazio-temporale, perché rattrappita nella simultaneità e nella puntualità dell'istante.

Che fare? Non possiamo rinunciare all'uso di questi mezzi perché equivarrebbe a una sorta di esclusione sociale. Il che la dice lunga sulla nostra libertà di far uso o meno dei mezzi informatici. Non potendo prescinderne, non resta che diventare consapevoli delle modificazioni che il nostro modo di pensare e di fare esperienza subisce. E di questo dovrebbe rendersi conto anche la scuola, che oggi ha a che fare con ragazzi che sanno cose, dalle più elementari alle più complesse, non per averle *lette* da qualche parte, ma per averle *viste* in televisione, al cinema o sullo schermo di un computer o di un telefonino, oppure *sentite* alla radio o da due cuffie applicate alle orecchie e collegate a un iPad.

È interessante che i giovani del nichilismo attivo si pongano questi problemi e comincino a togliersi da Facebook per sottrarsi alla dipendenza da quel monologo collettivo, dove chi scrive dice le stesse cose che potrebbe ascoltare da chiunque, e chi legge ascolta le stesse cose che egli stesso potrebbe dire. "Siamo malati di social network?" si chiedono. E poi si rispondono: "No, è quel modo di comunicare la vera malattia, perché ciò che si mostra in quella vetrina virtuale è quanto vorremmo che gli altri vedessero di noi, il desiderio mai morto di costruzione di un nuovo io, la ricerca di approvazione, più che di reale comprensione. L'aspirazione al miglioramento, pertanto, tende ad arrestarsi, bloccata dall'opinione (non del tutto consapevole) che lo scarto tra reale e ideale si sia colmato in quel profilo virtuale. E così il social finisce per veicolare istanze profonde, attese tradite, le quali, piuttosto che incentivare una spinta propulsiva, si cristallizzano in quella vuota vetrina".

Per non parlare della continua espansione dell'informatica nei posti di lavoro, dove i giovani, peraltro nativi digitali, al loro primo ingresso, mi scrivono preoccupati del "progressivo 'assorbimento passivo' nell'era digitale che sta avvenendo subdolamente e molto più rapidamente di quanto le nostre menti impotenti possano comprendere. Un mondo del tutto virtuale e meno reale è quello che ci proiettano i docenti, descrivendolo quasi come unica prospettiva logica e inevitabile, dove vita concreta e virtuale saranno un'unica grande realtà inscindibile (vedi Google Glass, robot a elevato grado di coscienza ecc.)". È interessante constatare una sorta di disaffezione da parte dei nativi digitali nei confronti dei mezzi informatici. Possiamo pensare che il ritorno al mondo reale, dettato dalla nostalgia e dal bisogno, cominci proprio da loro?

6. *La demotivazione scolastica e la grande responsabilità della scuola*

Non è però colpa dell'informatica se la nostra scuola non funziona e, come ci segnala l'Ocse, l'Organizzazione per la cooperazione e lo sviluppo economico, noi italiani siamo all'ultimo posto nella comprensione di un testo scritto. C'è a questo proposito, denunciato dai ragazzi che mi scrivono, un concorso di colpa che chiama in causa gli insegnanti demotivati, i genitori sindacalisti dei loro figli, i presidi benevoli per il quieto vivere, il ministero dell'Istruzione con la sua cascata di riforme burocratiche sostanzialmente inutili. Sono i tanti colpevoli del fallimento dell'istruzione e i responsabili del trionfo dell'ignoranza.

Anche là dove la scuola funziona (naturalmente ci sono anche scuole che funzionano grazie soprattutto a insegnanti motivati e carismatici), gli studenti mi scrivono che si è verificata un'altra catastrofe dovuta al fatto che alla "qualità" degli insegnamenti si è sostituita la "quantità" di prodotti scolastici, onde poter misurare "scientificamente" quanto si insegna e quanto si apprende.

E questo attraverso prove scritte in cui si misura, ad esempio in latino e greco, la capacità dello studente di sostituire il dizionario (bella, quanto inutile impresa), e in italiano la comprensione di un testo al posto dello svolgimento del tema, dove potrebbe emergere la soggettività dello studente. Siccome il tema non è oggettivamente misurabile, come invece il numero dei vocaboli non capiti nella prova della comprensione di un testo, detta soggettività non è più presa in considerazione, con conseguente demotivazione degli studenti che si sentono, come mi scrive uno di loro, "ridotti a macchine".

Alla maggior parte dei professori sembra che tutto questo non importi granché. A loro basta che sia in ordine il registro elettronico dove scrivono quello che hanno fatto e colorato in rosso e in nero i voti positivi e negativi che assegnano agli studenti verificati su queste prove "oggettive". Esonerati dal mettere in gioco la loro personalità e la loro passione nell'insegnamento, molti professori non parlano con gli studenti e, quando non arrivano addirittura a temerli, tendono ad assumere nei loro confronti un atteggiamento che sarebbe giustificato se gli studenti fossero una controparte, e non quella parte a cui i professori dovrebbero dedicare anima e corpo per favorire la loro crescita con reciproca soddisfazione.

E poi a cosa serve l'introduzione dei computer nelle scuole se gli studenti non sanno scrivere? Perché, mi riferisce una studentessa: "Oltre al tema di italiano (quattro in nove mesi, tre se il giorno del compito eri 'malato'), in quale altra occasione ci è data l'opportunità di esprimerci sulla carta?". E allora: "Se spesso gli studenti che arrivano al livello terziario (me inclusa) non sono in grado di consegnare una tesina che non sia piena di disastri sintattici e spesso anche ortografici. Ma è davvero colpa del *word processing*?".

No, non è colpa del *word processing*, e neppure del computer, che ormai fa parte dell'arredo personale di ciascuno di noi. Quel che mi preoccupa è quel programma che prevede che si riforniscano le classi di un computer per ogni studente, come inopportunamente hanno suggerito tutti i ministri dell'Istruzione che si sono succeduti, per stare al passo con i tempi, come se bastasse introdurre nuove tecnologie per risolvere i problemi drammatici che oggi affliggono le nostre scuole.

Questa preoccupazione è condivisa anche da Clifford Stoll, uno dei pionieri di internet, che dal 1975 ha aiutato la rete a diventare un fenomeno planetario da quell'oscuro progetto di ricerca che era. Dopo trent'anni di completa dedizione a questa impresa, Stoll è diventato uno dei commentatori più critici. La sua tesi è che l'educazione è una cosa assai diversa e molto più seria dell'alfabetizzazione informatica, e che la scuola, e quindi il futuro della società, sono troppo importanti per essere affidati ai fanatici delle neotecnologie, ai fabbricanti di computer e di software e agli esperti di marketing.

Qui non si tratta di essere pro o contro le nuove tecnologie. Figuriamoci. Sarebbe come se uno, ai tempi di Gutenberg, se la fosse presa con la stampa. Quel che mi chiedo è se l'insegnamento dell'informatica è compatibile con gli obiettivi che la scuola dovrebbe proporsi, e che, a mio parere, sono nell'ordine: la formazione, il senso critico e la capacità di ricerca.

La formazione della personalità, che dovrebbe essere lo scopo principale della scuola primaria e secondaria, non passa attraverso l'informatica. Il senso critico, che significa capacità di giudizio, non è alimentato dalla profusione di dati che internet fornisce, se poi chi li raccoglie non è in grado di operare una sintesi. La capacità di ricerca presuppone l'acquisizione di opportune metodologie che internet non offre e che possono solo essere insegnate.

Quel che alla scuola serve, e che gli studenti che mi scrivono chiedono, sono insegnanti motivati e carismatici, perché si impara per fascinazione come è nell'esperienza di tutti noi che abbiamo studiato con impegno e con successo le materie dei professori che ci avevano affascinato e davanti ai quali non volevamo fare brutta figura per non perdere la loro stima.

Ma i ragazzi che mi scrivono lamentano anche che nella scuola non si legge, e per effetto di questa carenza non si è neppure in grado di scrivere correttamente. Quando gli accademici della Crusca hanno inviato al governo e al parlamento una lettera per denunciare che nelle nostre scuole "troppi ragazzi scrivono male in italiano, leggono poco e faticano a esprimersi oralmente, per cui servono interventi urgenti", una studentessa mi ha scritto: "Che vergogna e che schiaffo morale sentirsi dire che commettiamo errori 'appena tollerabili in terza elementare'! Vorrei poter dire che non è vero. Ma come non dar loro ragione? Facciamo fatica a esprimerci, non leggiamo, non sappiamo riassumere un testo, e a scrivere non siamo mai stati abituati. Ma siamo sicuri che una scuola più efficiente e più verifiche durante l'anno bastino a risollevare la situazione? In molti pensano che saper scrivere sia ormai inutile in un mondo in cui a contare non sono più le parole, ma i fatti, e ancor più dei fatti le immagini".

A commento di questa lettera un ragazzino di tredici anni che frequenta la scuola media mi scrive: "Nella nostra classe abbiamo fatto un sondaggio ed è risultato che solo io leggo i libri. Ma il punto non è questo. Una parte dei miei compagni affermava di non avere tempo tra studio e allenamenti dei rispettivi sport; l'altra parte, invece, riteneva che 'il leggere' sia una cosa inutile e senza senso, e che se non sanno una parola o un sinonimo adeguato da usare in un compito o in un tema (parole testuali): 'C'è sempre internet. A cosa servono i libri se hanno inventato questo magnifico strumento?'". A confermare questi dati è una quindicenne che mi scrive: "Nella mia classe, e frequento un liceo classico, su ventiquattro alunni, solo quattro leggono libri. Gli altri passano il loro tempo su Facebook e i vari social network e nessuno legge più".

Da queste testimonianze dovremmo dedurre che solo il 16-20% degli studenti ha una certa frequentazione con i libri. Ovviamente questa non è una statistica e neppure un sondaggio, perché in questo caso si tratta di giovani che sentono la necessità di scrivere a un giornale per interloquire ed esporre i loro problemi. Quindi una minoranza. Ma che ne è degli altri? E, soprattutto, che ne è della loro educazione emotiva di cui la scuola non si fa in alcun modo carico?

Eppure tutti sappiamo che il sentimento – a differenza dell'impulso (stadio a cui si arresta la psiche dei bulli) e dell'emozione – non ci è dato per natura, ma si acquisisce per cultura, come ci insegna la storia: dai primitivi che raccontavano miti, ai giorni nostri dove la letteratura narra storie per farci conoscere cos'è l'amore, il dolore, la noia, la disperazione, la speranza, la tragedia, il suicidio, il senso della vita e l'ineluttabilità della morte. E, quando non si conoscono i sentimenti, il terribile è già accaduto.

Qui la scuola ha delle grandi responsabilità e, siccome si esonera dall'educazione emotiva dei giovani (quindi dall'*educazione* tout court, che si distingue dall'*istruzione*, che è una semplice trasmissione di informazioni da testa a testa, senza neppure sfiorare il cuore), i professori non possono stupirsi o dirsi sorpresi quando le forze dell'ordine segnalano i percorsi a rischio di certi studenti, o quando, per eccesso di demotivazione, anticamera della depressione, qualche loro studente ricorre al gesto estremo.

7. *Il lavoro e le nuove forme di alienazione*

E che ne è dei giovani quando si affacciano al mondo del lavoro? Che problematiche incontrano? I lavori non sono tutti uguali, ma il vissuto che traspare, neppure troppo nascosto dalle lettere che ricevo, è che oggi, forse, siamo in presenza di un'alienazione ben più radicale di quella denunciata da Marx, per il quale l'alienazione consisteva nella mancata restituzione in salario dell'intero lavoro del lavoratore, per cui una parte del valore del suo lavoro finiva altrove (alienazione).

Oggi, nell'età della tecnica, le cose vanno peggio, come ci riferisce questa giovane lavoratrice di un call center: "Mi sento una scimmia. Sì, posso a ragione affermare di avere lo stesso margine di autogestione di una scimmia ammaestrata. È il mio lavoro. Rispondo al telefono. Tutto il tempo. Sempre e comunque, tutto il giorno, tutti i giorni. Sono inchiodata allo squillo di un apparecchio telefonico. Non mi alzo dalla postazione, non mi allontano, non parlo con il collega se non è il telefono a deciderlo. Sono totalmente eterodiretta. Non mi figuro minimamente creatività, possibilità di ideazione e progettazione nella mia attività. Mi limito solo a seguire e ad applicare procedure standard".

Oltre a quella denunciata da Marx che aveva ancora un tratto umanistico, nell'età della tecnica l'alienazione è addirittura peggiore, perché è finita l'età in cui l'uomo era il soggetto della storia e gli strumenti che utilizzava per il suo lavoro erano i mezzi con cui realizzava nell'opera le sue ideazioni ed esprimeva le sue capacità. Oggi non è più così perché, nell'età della tecnica, l'uomo non è più il soggetto del suo operare, ma il semplice esecutore di azioni descritte e prescritte dall'apparato tecnico, regolato dai soli criteri dell'efficienza e della produttività. La razionalità che regola le procedure tecniche prevede che si raggiunga il massimo degli scopi con l'impiego minimo dei mezzi, e per adeguarsi a questo tipo di razionalità chi lavora deve subordinarsi agli strumenti con cui lavora e porsi al loro servizio.

Günther Anders, allievo di Heidegger, trasferitosi in America per sfuggire alle persecuzioni naziste, dopo aver trovato lavoro alla Ford, scrisse al suo Maestro: "Lei mi ha insegnato che l'uomo è il pastore dell'essere, ma io qui alla Ford mi sento il pastore delle macchine. Nel nostro lavoro non dobbiamo avere alcun interesse per ciò che eseguiamo, dobbiamo lavorare senza scopo. Se uno di noi domandasse al caposquadra qualcosa sullo scopo del nostro fare, nel migliore dei casi passerebbe per un tipo strano e inidoneo al lavoro. Dato che si svolge alla cieca rispetto allo scopo, il nostro lavoro è simile a una ginnastica, a esercizi a corpo non libero perché dettati dalla catena di montaggio. E dobbiamo essere persino grati che ci è concesso di eseguirla, a differenza dei disoccupati che chiedono il diritto a questa ginnastica come un diritto politico fondamentale".

La razionalità dell'età della tecnica è arrivata anche nella conduzione dei lavori nel sociale che, al dire di un operatore, erano un tempo luoghi per eccellenza delle relazioni, mentre oggi, dice: "Con gli anni ho visto diventare il sociale un settore produttivo come gli altri, dove prevalgono la standardizzazione, l'efficienza, le regole. E da volontario ti trovi a essere un volonteroso esecutore". Per usare una metafora di Heidegger, il pensiero che sa solo calcolare e far di conto (*Denken als rechnen*) è diventato l'unico pensiero in circolazione, che ha messo fuori gioco quel pensiero capace di ringraziare e offrire gratuitamente (*Denken als danken*).

Poi c'è il lavoro nero, il lavoro sottopagato, il lavoro sommerso, che non riguarda solo i neri schiavizzati, impiegati in condizioni subumane a raccogliere pomodori, ma anche giovani laureate costrette a vendere gelati: "Faccio al momento un lavoro degradante, e badi bene, non è solo per il pagamento (parliamo di tre euro all'ora!!!), ma per l'umiliazione dell'essere umano: sei giorni su sette, dieci ore al giorno, contratto falso, dimissioni anticipatamente firmate senza data, quattordicesima firmata ma non percepita, quindici minuti di pausa totali, turni di lavoro comunicati a mezzanotte perché tu non conti niente. Il tempo per la tua famiglia, per la cultura, per una cena con amici, per gestire i tuoi impegni non vale nulla, importa solo che domani fai ancora gelati su gelati senza parlare troppo, altrimenti vai a casa e non torni più a lavorare". Possibile che l'ispettorato del Lavoro queste cose non le sa? Il ministro dell'Istruzione dice che in Italia ci sono troppo pochi laureati. E allora facciamo sempre più numeri chiusi per l'accesso all'università, e per quelli che riescono a entrare, se non sono troppo sfortunati, c'è sempre un futuro da gelataio.

Una giovane ragazza mi scrive che, con i suoi mezzi e con l'aiuto del *crowdfunding* in rete che le ha procurato una produzione negli Usa, ha realizzato un documentario dal titolo *Emergency Exit. Young italians abroad* che racconta – lungo un viaggio durato quasi due anni, attraverso sei città tra Europa e Stati Uniti – le storie di "ordinaria separazione" dall'Italia di ragazzi fra i ventidue e i trentacinque anni, emigrati in cerca di autoaffermazione altrove. Il documentario è stato presentato al parlamento europeo insieme a gruppi di giovani che denunciavano il fatto che "il conflitto tra aspettative negate in patria (anche economiche) e, viceversa, affermazione altrove ha prodotto, oltre che una vera e propria *diaspora*, anche una frammentazione dell'*identità* così radicale che non ci consente comunque di essere 'felici', neppure quando siamo realizzati lavorativamente. È una frammentazione dell'io che porta sofferenza".

Ma la cosa che produce maggior sofferenza, prosegue la realizzatrice del documentario, è che per noi giovani il lavoro è diventato un'ossessione, non una cosa che ti dà piacere e nella quale ti senti realizzato. "Molti di noi vanno coraggiosamente avanti in questa corsa per prendere tutti i treni, qui in Italia oppure andando via, molti altri non hanno tutti gli strumenti per sopportare questa pressione. Tutti però viviamo vite in sospeso, nell'impossibile dibattito interiore – con non pochi sensi di colpa – tra come faccio a continuare a lavorare e, di contro, a cercare di coltivare quello che è anche tutto il resto, cioè amore, amicizia, rapporti umani, sogni e, infine, a contribuire al cambiamento, a un futuro migliore per il mio paese. Come si fa?"

A differenza dei loro padri, i giovani d'oggi non hanno fatto del denaro lo scopo della loro vita. E perciò si chiedono: "Può la nostra vita trovare espressione solo nel lavoro?". Dove, sottesa a questa domanda, ce n'è un'altra ben più radicale formulata dal filosofo Franco Totaro in un bel libro che titola *Non di solo lavoro* (Vita e Pensiero), la cui tesi è: "I fini dell'economia sono anche i nostri fini?".

E se questa è la domanda, oggi i giovani non sono più convinti che sia davvero il caso di assegnare per intero all'economia il compito di dare espressione all'uomo, senza alcun altro orizzonte di senso che non sia quello del fare produttivo. Perché, se così fosse, ci troveremmo di fronte alla più grande alienazione mai conosciuta nella storia, dove a regolare la società resta in campo un solo valore: il valore del denaro.

Assunto a unico generatore simbolico di tutti i valori, il primato assoluto e incontrastato del denaro ha conseguenze in ordine a tutte le possibili espressioni che la vita umana potrebbe dispiegare e che, nell'egemonia dell'economia, vengono conculcate perché a suo giudizio improduttive. Che fare? Nulla finché a regolare la nostra vita ci saranno esclusivamente valori economici e altri non se ne profilano all'orizzonte.

Unico antidoto alla razionalità sempre più totalizzante della tecnica e del mercato rimane solo l'amore, che ci consente di vivere la spontaneità, la sincerità, l'autenticità, l'intimità, persino l'irrazionalità, ormai impossibili da esprimere nella nostra società, che già Max Weber, all'inizio del secolo scorso, definiva una "gabbia d'acciaio" tutta calcolo e interesse. Naturalmente anche qui nulla è garantito, soprattutto se il nostro bisogno di sicurezza fa entrare il calcolo anche nelle cose d'amore.

8. *Gli scenari d'amore dove l'amore di sé e l'amore dell'altro non sempre collimano*

Come vede e come vive la sessualità e l'amore questa generazione di giovani che osa parlarne e scrivermi? Per la verità, su questo argomento le lettere non sono numerose, probabilmente perché, grazie all'emancipazione femminile, resa possibile dall'uso degli anticoncezionali che hanno sciolto il legame tra incontro sessuale e gravidanza, la sessualità è diventata più libera, più facile, più frequente, anche se magari ha perso un po' di quel fascino che era connesso, se non alla proibizione, alla sua limitazione. È lo stesso Freud a ricordarcelo: "Dove c'è tabù, c'è desiderio".

Da quel che desumo leggendo le loro lettere, le avventure del desiderio non sono mai disgiunte dal richiamo della casa, dove c'è sempre qualcuno che, nonostante tutto, è pronto ad accogliere. E allora le figure del tradimento e della riconciliazione, o l'esperienza del "poliamore", come è stato ben descritto da Jacques Attali, ricorrono senza una particolare drammatizzazione, come invece accadeva nel passato. Il che può far pensare che oggi i giovani instaurano relazioni a bassa intensità, caratterizzate da un nuovo concetto di libertà, nel nostro tempo molto diffuso, che non riguarda una scelta di vita, ma piuttosto la revocabilità di tutte le scelte, per cui si cambiano i partner con la stessa facilità con cui si cambiano gli abiti, in omaggio all'amore inteso come passione, le cui caratteristiche sono l'instabilità e la mutevolezza.

L'altro fattore d'instabilità è costituito dal fatto che ciascuno cerca, nell'altro di cui si innamora, il proprio io, quindi non tanto il piacere della relazione, quanto la gratificazione della propria autorealizzazione. Dove è evidente che individualismo ed egoismo sono in agguato, anche se ben nascosti e tacitati.

Un atteggiamento, questo, che raggiunge il massimo del degrado quando giustifica le sue scelte sulla base del "Ma io sono fatto così" oppure "Ma io sento così". Quando si assume il proprio "sentire" come criterio di scelta, si regredisce a quel livello infantile regolato, secondo Freud, dal principio di piacere, dove il bambino è attento esclusivamente ai propri bisogni e ai propri desideri, senza alcuna capacità di misurare se stesso in rapporto agli altri.

Ciò comporta una visione del mondo del tutto sganciata dal principio di realtà, a cui da adulti si dovrebbe pervenire, con conseguente percezione del mondo come un riflesso dei propri desideri che, se non vengono appagati, determinano un ricorso ad altre scelte, diverse dalle prime, per evitare la sofferenza della delusione e della frustrazione della meta non raggiunta.

Nasce da qui quella cultura narcisistica a sfondo edonistico, oggi diffusissima sia tra i ragazzi che tra le ragazze, che tende alla realizzazione individuale, senza tener assolutamente conto dell'appartenenza dell'individuo a quel più ampio sistema sociale dove quel "ma io sento così" deve misurarsi con quello che "sentono gli altri", da cui neanche il narcisista può prescindere, dal momento che, per essere gratificato, ha bisogno degli applausi degli altri (che stanno al posto delle mancate gratificazioni materne), senza i quali non si sente letteralmente al mondo. Per questo fa di tutto per ottenerli e in questo suo darsi da fare riesce anche a essere bello, interessante, creativo, pieno di iniziative che affascinano chi si innamora perdutamente di lui o di lei, fino ad assaporare ogni giorno la tristezza di amare uno o una che non sa amare.

Dal momento che, come ci ricorda Stendhal: "La passione non è cieca, ma visionaria", essa non si accende senza idealizzazione, senza vedere nell'altro qualità che lo rendono unico, speciale, straordinario. E non è colpa dell'altro se non riesce a corrispondere alla nostra idealizzazione. Siccome, però, i giovani non tengono in alcun conto questa eventualità, quando si congedano da un amore idealizzato soffrono due volte: per la perdita e per l'offesa.

Per evitare l'una e l'altra cosa, non sono pochi quelli che si propongono di conoscere realmente l'altro in modo oggettivo, affidabile e prevedibile. Ma dato che è impossibile cercare di essere realisti e non farsi travolgere dalla passione, i giovani, che mi scrivono dicendomi di volersi attenere a questa condotta, non sanno che la loro prudenza è una delle tante illusioni, anzi forse proprio l'illusione promossa da quella passione che non vuole mai incontrare la delusione.

Resta comunque una buona regola quella che suggerisce ai giovani di non gettarsi mai perdutamente né in un burrone né nelle braccia dell'altro, perché quando l'altro se ne va, ci porta via l'anima che, senza riserve, gli abbiamo consegnato, e noi restiamo "disanimati". E questo perché non abbiamo imparato che essere in una relazione d'amore non vuol dire annullarsi nell'altro, dal momento che la relazione non è una fusione che annulla la nostra individualità. Se così fosse, infatti, finiremmo con il non sapere più chi siamo e, abbandonati dal nostro sentimento, verremmo invasi dal risentimento che ci acceca, quello sì, fino a farci compiere a volte gesti atroci.

Non tutti, ma alcuni giovani che mi scrivono, invece di percorrere la via del risentimento nei confronti dell'altro o la via della commiserazione, con conseguente svalutazione di sé, preferiscono incamminarsi lungo la via dell'autoriconoscimento. Qui scoprono che l'amore non è possesso, e che nella vita a due che rimpiangono forse non vivevano l'amore, ma cercavano solo tutela e sicurezza, da cui l'abbandono li emancipa, offrendo loro l'opportunità di una vera conoscenza di sé, che evita di vivere una vita a propria insaputa. Sembra infatti che la vita preferisca chi ha incontrato se stesso a chi ha evitato di farlo per vivere al sicuro in una casa protetta.

9. *La ricerca di sé, della propria identità e dei margini della propria libertà*

Sull'incontro con se stessi i giovani che mi scrivono si applicano alla ricerca della loro identità e dei margini, a loro dire sempre troppo ristretti, della loro libertà. Si interrogano sul senso della loro esistenza, spesso a partire dalla loro sofferenza, ma anche con la consapevolezza che non ogni sofferenza è patologica, e non sempre si ha bisogno di un tutor per condurre la propria vita e per trovare la felicità.

Infatti, in quell'età incerta in cui le aspettative della famiglia spesso confliggono con l'idea che i giovani hanno di sé e dell'ideale che vogliono realizzare, precaria diventa la conquista di una propria identità, che si forma, da un lato, a partire dai riconoscimenti ottenuti e, dall'altro, dai successi nei primi passi compiuti in vista delle mete che si vogliono raggiungere.

Accade spesso però che in famiglia tra genitori e figli non si rispetti il diritto dei figli a essere diversi da come i genitori li vorrebbero, con il risultato di bloccare il loro processo di crescita e di autonomia. Oppure che un ideale di sé troppo elevato, costruito talvolta in reazione alla mediocrità degli ideali genitoriali, condanni i giovani all'insoddisfazione e all'isolamento, perché la ricerca della perfezione li rende inaccessibili agli altri.

Mi si chiede inoltre se non c'è un conflitto tra identità e libertà, dal momento che la genetica da un lato e l'ambiente dall'altro condizionano a tal punto la nostra identità da ridurre la nostra libertà nei margini concessi dall'evoluzione della nostra identità, a sua volta determinata dalle esperienze che facciamo nel corso della nostra vita. Non quindi una libertà assoluta nei nostri comportamenti, ma una libertà limitata alla modificazione della nostra identità, alla quale concorrono l'ambiente, l'educazione, la cultura, che per questo sono così importanti.

Ma si sa, i giovani non si accontentano mai di una sola risposta. E sanno allargare il problema chiedendo ad esempio se oggi l'identità sia data più dal ruolo che si svolge nell'apparato di appartenenza di quanto non sia inscritta nella persona, e quanto il cambiamento di ruolo incida sull'identità e di conseguenza sull'esercizio della libertà.

Consapevoli di vivere nell'età della tecnica, la cui razionalità, come abbiamo già detto, prevede il conseguimento del massimo degli scopi con l'impiego minimo dei mezzi, toccano con mano che gli unici valori riconosciuti sono efficienza e produttività, per cui la loro identità sarà misurata da questi valori, mentre la loro libertà dipenderà dalla competenza acquisita nei vari ruoli in termini di mansioni e di linguaggi.

Immaginavano di essere più liberi delle generazioni precedenti che vivevano nell'età umanistica, e invece hanno constatato, a loro insaputa e con la loro involontaria adesione, di trovarsi in una condizione dove la loro identità dipende dal ruolo che l'apparato tecnico di appartenenza assegna. E di conseguenza anche la libertà, da "libertà personale", nell'età della tecnica si è ridotta a una "libertà di ruolo".

E allora, qual è il senso della vita e come si raggiunge la felicità? Se la felicità consiste nella realizzazione di sé, che non sembra sia contemplata dalla maggior parte delle attività lavorative il cui unico scopo è quello di raggiungere gli obiettivi che l'apparato si propone, che senso ha una vita dove si ha l'impressione che altro non resti se non eseguire azioni descritte e prescritte dagli apparati di appartenenza?

E tutto ciò non produce forse sofferenza e, al limite, malattia, dal momento che ormai anche i giovani sanno che non di rado, prima di essere un disordine del corpo, la malattia è un disordine della mente che finisce con il non riconoscere più ciò di cui abbiamo davvero bisogno? E che si fa in questi casi?

Dobbiamo assecondare, mi scrive una studentessa di

Psicologia, quella "deriva terapeutica", oggi di moda, "che iperpatologizza tutto. Tutto diventa terapia e tutto diventa terapeutizzabile (danza-, teatro-, cromo-, musico-, foto-, pet-terapia...). Ma se tutto diventa terapeutizzabile, che fine fa la personalità? Non è forse questo, paradossalmente, indice di non accettazione della dimensione del dolore e quindi di tutto quello che esso può offrire nel riconsiderarlo non solo come ente distruttivo?".

Questo ricorrere senza esitazione alle terapie non svela solo l'odierna incapacità di reggere il dolore, ma, come scrive Frank Furedi, diffonde una cultura che promuove non tanto l'autorealizzazione, quanto l'autolimitazione, dal momento che persuade ciascun individuo di avere un sé fragile e debole, che rende indispensabile il continuo ricorso a pratiche terapeutiche o all'assistenza di un tutor.

Non è che in questo modo, mi chiedono i miei giovani nichilisti attivi, si finisce con l'omologare gli individui non solo nel loro modo di pensare, come è nei fatti il "pensiero unico", ma anche nel loro modo di sentire? In questo caso il potere non avrebbe bisogno di mezzi forti per esercitare il suo controllo assoluto.

10. *I giovani del nichilismo attivo si pongono anche le domande ultime*

A differenza dei nichilisti passivi che si rassegnano, i giovani che ho chiamato "nichilisti attivi", perché non negano che "l'ospite inquietante" si aggira ancora per la casa, si danno da fare, non tanto coltivando l'illusione di mettere il nichilismo alla porta, quanto con la determinazione di trovare una strada che consenta loro di uscire da quell'atmosfera di demotivazione e di ignavia che l'imprevedibilità del futuro induce. Motivati da questo tentativo, oltre alle domande che riguardano la loro persona o la società in cui si trovano a vivere, si pongono anche domande ultime che riguardano Dio, l'anima, l'aldilà e la morte.

Intorno a Dio si chiedono che cosa motiva la ricerca di Dio, e poi, confrontandosi tra loro, si accorgono che ciascuno si è costruito il suo Dio a propria immagine e somiglianza. A questo punto la discussione non può più proseguire, e la domanda si sposta dall'esistenza di Dio alla funzione che l'idea di Dio ha svolto nella storia. Su questo terreno si può ragionare insieme e scoprire che le religioni, soprattutto quelle monoteiste, oltre ad avere in sé il principio dell'intolleranza, in quanto ciascuna si ritiene depositaria della verità assoluta, hanno comunque svolto un ruolo terapeutico, portando l'umanità da uno stato selvaggio a uno "quasi civile", oggi incrinato dal fondamentalismo che confonde la fede con il fanatismo.

Quanto all'anima, questi giovani, la maggior parte dei quali non ha frequentato il catechismo, non sanno che la teologia del Novecento non parla più da tempo dell'anima (che tra l'altro, come ci insegna il teologo luterano Oscar Cullmann, è una nozione greca e non giudaico-cristiana), preferendo alla nozione di "anima" quella di "interiorità". E chi può mai negare che abbiamo un'interiorità? Ed è all'interiorità che allude papa Francesco quando, in una delle sue conversazioni con Eugenio Scalfari, non parla dell'anima, ma della coscienza, a cui ciascuno dovrebbe fare riferimento nella sua condotta. E allora? Allora si conviene che "anima" è una parola priva di realtà, ma carica di un'enorme potenza seduttiva perché custodisce i segreti del cuore.

Infine la morte, rispetto alla quale i giovani che mi scrivono chiedono: "Perché si muore?" e "Di che cosa ci si angoscia quando si muore?". Sembrano domande che attendono risposte al limite dell'ovvio. E invece così non è. Infatti, un conto è morire perché chiamati a un'altra vita da Dio, e un conto morire perché, come tutti gli enti di natura, anche gli uomini nascono, crescono, generano e muoiono, dal momento che la specie, nella sua crudeltà innocente, per la sua economia ha bisogno del ricambio degli individui. E anche se l'uomo rifiuta di esser nato semplicemente per un servizio alla specie, e perciò si inventa una biografia e una storia nell'affannosa ricerca di reperire un senso alla sua vita che sia il più possibile gratificante, è comunque la specie, al di là delle illusioni degli individui, a scandire il tempo della loro storia.

Quanto alla seconda domanda: "Di che cosa ci si angoscia quando si muore?", la risposta non è difficile: ci si angoscia per il congedo da tutto quello che si è costruito nella vita, per il congedo dai propri cari, ma soprattutto per il congedo dall'amore che, durante la vita, ciascuno di noi ha maturato per sé. Questo è il vero dolore. Perché vivendo ci siamo anche innamorati di noi e, quando moriamo, dobbiamo dire addio a questo amore.

Lo stesso vale per i sopravvissuti, se hanno amato chi li ha lasciati. Quel che piangono è l'amore che hanno vissuto per chi li ha lasciati, e che ora è senza oggetto, perché non ha più quella persona a cui potersi riferire. Non è il defunto che piangiamo, ma l'amore che abbiamo provato per lui. Ce lo ricorda una riflessione di Pirandello: "I vivi credono di piangere i loro morti e invece piangono una loro morte, una loro realtà che non è più nel sentimento di quelli che se ne sono andati".

Eppure, il pensiero della morte ha anche un risvolto positivo se solo sappiamo anticipare l'evento della morte che comunque ci attende, non per deprimerci, ma per avere la giusta misura e il giusto criterio per distinguere, tra le offerte della vita, quelle che valgono e quelle per le quali non val la pena di spendere un giorno. Questo insegnavano gli antichi Greci che, come ci ricorda Nietzsche, hanno avuto il coraggio di guardare in faccia il dolore, e soprattutto di prendere sul serio la morte, senza farsi ingannare da cieche speranze.

11. *Che futuro ha una società che non investe sui giovani?*

Prima di disporci all'ascolto dei giovani, un'ultima considerazione. Dai quindici ai trent'anni, che è l'arco di vita preso in considerazione nella scelta di queste lettere, i giovani hanno il massimo della *potenza biologica*. Infatti i loro corpi sono più belli e più forti dei corpi degli adulti, e gli operatori di mercato, che conoscono questi giovani meglio dei loro genitori e dei loro insegnanti, li allettano con offerte che fanno riferimento alla bellezza e alla forza del loro corpo.

Dai quindici ai trent'anni i giovani hanno il massimo della *potenza sessuale*, che però, per il modo con cui sono strutturate la nostra società e la nostra economia, non può tradursi in potenza procreativa. Questo problema era già stato avvertito negli anni sessanta dal filosofo Jacques Maritain che, in una lettera inviata a Paolo VI, scriveva: "Questa civiltà ha creato degli angeli che Dio non aveva previsto". Sappiamo tutti che i nostri giovani non si comportano da angeli, però la nostra organizzazione socioeconomica non consente loro di tradurre la sessualità in procreazione.

Dai quindici ai trent'anni i giovani hanno il massimo della *potenza ideativa*. Magari disordinata, magari più intuitiva che logica, certamente più creativa. Giusto per fare qualche esempio: a tredici anni Mozart suonava davanti a imperatori e papi, a ventuno Leopardi scriveva *L'infinito*, a ventiquattro Einstein scopriva la sua formula, per non parlare della giovane età degli inventori dell'informatica che ha cambiato il nostro mondo.

A questo punto, che dire di una società che, se non ne fa proprio a meno, certamente non impiega opportunamente e utilmente quella generazione, i giovani, che hanno il massimo della potenza biologica, della potenza sessuale e della potenza ideativa? È possibile pensare davvero che questa società abbia un futuro? Forse, ma unicamente a opera dei "nichilisti attivi", che però sono una minoranza, e molto spesso trovano solo all'estero le condizioni per potersi esprimere.

Parte prima

Gioventù perduta? No, cancellata per errore

Come diceva Heidegger: "Siamo nel tempo della povertà estrema". E la ragione, come già scriveva Hölderlin, è dovuta al fatto che "più non son gli dèi fuggiti e ancor non sono i venienti".

1.

Noi ventenni abbiamo fretta di realizzare i nostri sogni

> Come la cultura del fast, veicolata dai media e resa possibile dalla tecnologia, anche noi vogliamo essere qui e ora. Siamo impazienti. Vogliamo diventare, arrivare, concretizzarci, affermarci, vederci adulti. E, presi da tutta questa fretta, non siamo più capaci di amare.

Gentile dottor Galimberti, noi siamo la generazione dei ventenni. Quelli che sono nel limbo del tempo, troppo piccoli per essere credibili davanti alla società, e troppo adulti per vivere spensierati come bambini. Abbiamo le prime responsabilità con cui confrontarci, abbiamo fame di vita e voglia di essere, di farcela, di affermarci. Ma come la cultura del fast, veicolata dai media e resa possibile dalla tecnologia, anche noi vogliamo essere qui e ora. Vogliamo arrivare. Concretizzarci. Siamo impazienti. Di diventare, di affermarci, di vederci adulti padroni delle nostre sfere indipendenti.

Forse abbiamo perso il valore del tempo. Perché costruiamo le nostre giornate in modo dinamico e le riempiamo di appuntamenti, di scambi, di condivisioni. Ci accusano che facciamo poco. Ma probabilmente in realtà è vero il contrario. Facciamo troppo. È questo il punto. Siamo così presi dalla smania di arrivare che saltiamo i passaggi, che ci perdiamo la bellezza del ritmo della vita.

Così, ci ritroviamo nei nostri lavori part-time o dietro le scrivanie dei nostri uffici a seguire più progetti contemporaneamente. Usciamo con più di una persona perché dobbiamo amplificare tutto, andiamo a più di una festa perché dopo un po' la stessa ci annoia. Ma soprattutto, viviamo provando a mettere a fuoco la vita, dentro un calcolo preimpostato e lucido che ci fa perdere la spontaneità.

Lei ha scritto che l'unica cosa che ci può salvare dalla trappola della razionalità della tecnica e dai limiti che ci impone è l'amore. Ma noi non sappiamo "amare", almeno non come i nostri padri o nonni hanno inteso il sentimento. Perché per noi deve essere tutto meno. Per vincere nell'affermazione rispetto agli altri e al mondo, dobbiamo essere chi prova meno intensità nel sentimento, chi riesce a scappare e a distaccarsi, chi sa vedere con lucidità e freddezza quello che ha di fronte. Come se l'amore si fosse svuotato delle sue connotazioni idilliache e idealizzanti e fosse diventato solo questo: un punto di arrivo. Una sensazione controllabile da provare con lucidità. Una meta da raggiungere attraverso un comportamento strategico e preimpostato. L'amore non è più amore allora? È solo un obiettivo perseguibile attraverso una strategia?

Ma come siamo arrivati fin qui noi ventenni? Noi che dovremmo vivere nei nostri anni più spensierati e irrazionali, ballando con il cuore oltre che sotto le stelle. Ci siamo persi forse il senso del cammino? La piacevolezza di muovere i piedi un passo alla volta. Di perdersi mentre si cerca la propria "Itaca" di cui parlava Kavafis e magari rendersi conto che aveva ragione lui, che Itaca potrebbe essere proprio questo, la strada. Il viaggio. Ci stiamo perdendo la spensieratezza dell'essere a causa di quanto siamo preoccupati del raggiungimento dell'avvenire?

In mezzo a tutto questo cinismo, questa paura di essere scoperti, vulnerabili, visibili per quello che si è, e non per ciò che si appare, questo vedere gli altri e le cose e perfino se stessi come esseri in via di costruzione perseguitati da un unico pensiero, un unico obiettivo, come possiamo salvarci? Come possiamo far sì che anche il viaggio, quello di ora che stiamo vivendo e che ricorderemo domani, sia un film il cui tempo valga assolutamente la pena? Come possiamo noi ventenni tornare ad amare e innamorarci ancora? Di un oggetto? Di un progetto? Del tempo? O più semplicemente di un'altra vita?

Lucrezia

U.G. Se ascoltassimo di più i giovani quando si descrivono, li capiremmo più di quanto non li capiamo quando leggiamo le considerazioni di psicologi, sociologi, insegnanti, educatori che parlano di loro. I genitori non li metto in conto perché, quando i ventenni di oggi erano bambini, non li hanno ascoltati, eppure quei bambini avevano tante domande da fare e tanto bisogno di riconoscimento. Ma non si aveva mai tempo di prestare attenzione ai loro scarabocchi, ai loro disegni, alle loro domande nella stagione dei "perché". E così, sostanzialmente inascoltati, sono cresciuti sfiduciati nella possibilità di suscitare un minimo interesse nei loro genitori. E, sempre più chiusi in se stessi, hanno scelto la via del silenzio diventando enigmatici. A questo punto i genitori si sono interessati dei loro figli, si sono preoccupati, sono andati in ansia, hanno provato a parlare con loro, ma ormai era troppo tardi. Il silenzio e gli sguardi che non si incrociano mai erano diventati la regola di questa faticosa convivenza.

Con questa lettera siamo venuti a sapere che per i giovani non c'è tempo nella stagione in cui l'informatica ha soppresso lo spazio e accelerato a tal punto il tempo che chi non corre e non vince in questa gara di velocità non è al mondo, quel mondo virtuale che ormai è più reale del mondo cosiddetto "reale". La realtà, infatti, ha lo spessore della materia che chiede tempo per essere lavorata e metter capo a un'opera d'arte. La virtualità non ha questo impedimento e brucia il tempo nell'attimo, così come brucia il travaglio della passione, da cui prende avvio quella bozza di sentimento che affascina e tormenta, e da cui scaturisce l'entusiasmo dell'esaltazione e lo sconforto della malinconia che assillano nell'incertezza della loro sincerità.

E allora, dice la ventenne che scrive questa stupenda lettera: noi ci affidiamo al cinismo, al controllo dei sentimenti, affinché la loro oscillazione e il loro tormento non diventino un impedimento alla nostra autoaffermazione. Ma così perdiamo il gusto della vita e ci muoviamo verso le nostre mete con la velocità del viaggiatore che conosce solo il punto di partenza e quello di arrivo, per cui le terre che attraversa non esistono, perché per lui conta solo la meta e non quel che offre la via. Questa, infatti, è nota solo al viandante che, a differenza del viaggiatore, spinge avanti i suoi passi non più con l'intenzione di trovare qualcosa: l'affermazione, il successo, il denaro, la felicità, ma con il piacere di assaporare i doni del paesaggio, perché è il paesaggio stesso la meta.

Fuor di metafora, è la vita stessa lo scopo, e non la vita in funzione degli scopi da raggiungere, che altro non sono che inganni per vivere tipici di chi ha già smarrito il piacere della vita. Non accelerate il tempo, cari giovani, non ammazzatelo. È l'unico dono che la vita ci offre per assaporare la nostra esistenza.

2.

C'è chi dice che abbiamo troppa fretta

I giovani oggi non hanno la pazienza di conoscere se stessi. E, presi nel vortice della velocità di cellulari e internet, bruciano se stessi pensando di bruciare le tappe.

Caro signor Galimberti, mi riferisco alla lettera di Lucrezia che, con parole appropriate, segnalava quel correre dei giovani, quel saltare i passaggi. Impazienti a quell'età lo si è stati tutti. Il piacere di vivere è in quel dato momento, poi lo si ritrova in altra maniera quando si finisce di correre per forza di cose. Ho settant'anni e cerco di capire i giovani a cui tocca vivere questo dato momento. Ho un piccolo teatro privato. Da un po' di anni stiamo notando un calo nei testi, nella drammaturgia, nella cura di un lavoro preparato dai giovani e, oltre a questo, anche giovani arroganti che si credono già arrivati. Abbiamo istituito un bando per giovani compagnie, ci siamo recati in altre città per premi a compagnie giovani emergenti. Mi creda, non c'è niente di buono, di concreto, parlano di ciò che i giornali e la tv ci danno in pasto. Non c'è approfondimento, ricerca, non c'è umiltà. Una volta c'era la gavetta, ora c'è la fretta, c'è il bisogno ossessivo di essere connessi, con il soldo come obiettivo finale.

Maria

U.G. Non è male che la parola dei giovani trovi talvolta un contrappunto nelle considerazioni di chi è avanti con l'età. Vediamole un po' da vicino queste caratteristiche negative che lei elenca a proposito dei giovani d'oggi. Innanzitutto la fretta. Hanno fretta di arrivare, hanno fretta di guadagnare, hanno fretta di essere riconosciuti. Questo è un effetto dell'assidua frequentazione di internet, a partire dalla più tenera età: schiacci un tasto e hai la risposta. Nessuna capacità di soffermarsi sulla domanda, di interrogarsi su ciò che quella domanda propriamente chiede, di promuovere una ricerca con gli strumenti che la cultura offre. Con internet hai subito la risposta che tacita la domanda, e con essa l'inquietudine che ogni domanda genera e la fatica che comporta trovare la soluzione.

Questo intervallo tra domanda e risposta, abitando il quale da sempre l'umanità ha prodotto le sue conoscenze, oggi è abolito. La stessa cosa può dirsi dell'intervallo tra il desiderio e la sua soddisfazione che, a sentire Freud ma non solo lui, è la casa di psiche, il luogo dove si formano e si elaborano le strategie, sia per pervenire alla soddisfazione del desiderio, sia per accettare la frustrazione del mancato raggiungimento.

Ma allora i giovani non hanno più capacità riflessive o addirittura non hanno più psiche? Non è il caso di trarre una conclusione così categorica, ma che ci sia una tendenza in questa direzione è indiscutibile. E questo spiega perché lei constata che le compagnie teatrali emergenti composte da giovani le sottopongono temi e testi che non vanno oltre le tematiche quotidianamente proposte dai giornali e dalla televisione, come se il mondo fosse tutto raccolto, espresso e interpretato nel recinto dei media, dopo che questi ci hanno insegnato che non è più necessario fare esperienza nel mondo, perché c'è chi la fa per noi. A noi basta tornare a casa e accendere la televisione e internet per non perdere neppure un frammento di mondo risolto in immagine.

E poi la fretta di essere considerati già arrivati e riconosciuti, con l'arroganza che spunta ogni volta che il riconoscimento tarda a venire e, con il riconoscimento, il denaro, eretto a misura di tutti i valori, e quindi anche del loro valore.

Che dire di questi giovani? C'è nel sottofondo della loro

anima, a loro stessi ignota, il sospetto di non interessare a nessuno. E quanto alla loro arte, difficile già di per sé, sembra sia coltivata unicamente come espressione del loro disagio. Un po' lo sentono, un po' non ci credono. E allora la loro arroganza è solo il sintomo della loro insicurezza, anche perché i modelli che a loro oggi vengono proposti sono quelli di chi ha un mento squadrato e una mascella pronunciata, indice di carattere. E loro, che grazie a Dio non hanno né l'uno né l'altra, vogliono comunque apparire così. Il denaro fa parte di questa affannosa ricerca di riconoscimento. Per loro non ha un valore economico, ma un valore di stima.

Quando li dovesse ancora incontrare lei, faccia scuola a questi ragazzi. Insegni loro che fare l'attore significa dar voce alle personalità latenti e nascoste nel loro inconscio, che trovano espressione nei vari personaggi che interpretano. E che per dar loro vita devono riconoscerli, devono, come dicevano i Greci, "indagare profondamente se stessi". Allora, e solo allora, potranno essere attori, non perché hanno trovato una novità espressiva su internet, ma perché, scoperti i personaggi che ospitano nelle cantine della loro anima, hanno deciso di farli vivere e fare con loro amicizia. Ma per questo non bisogna aver fretta. La ricerca di sé, che consente a ciascuno di non vivere a propria insaputa, non la si trova su internet e neppure sullo smartphone.

3.

E in effetti non siamo pronti per la costruzione del nostro futuro

Quale preparazione per affrontare il futuro possono offrirci gli educatori in un contesto in cui l'avvenire è assente?

Sono una dottoranda di ventisei anni. Mi consideravo una persona abbastanza attenta agli eventi contemporanei di natura economica, politica, sociale. Ultimamente, però, ho scelto di rinunciare ad approfondire certe tematiche, ho ripiegato su un mondo "meno contaminato" dall'attuale situazione, forse più semplice e leggero, o più superficiale, per non rovinarmi le giornate a causa della rabbia.

Priamo, guardando Elena camminare presso le porte Scee, le disse: "Non sei per me colpevole, gli dèi soltanto sono colpa". Questa frase può essere rinfrancante in molti contesti umani; già da più di un secolo si discute di morte degli dèi e di quali siano quelli contemporanei.

I giovani che non conoscono, che vivono nella cosiddetta "nuova forma di analfabetismo", che degradano le città nelle quali vivono, non sono i soli colpevoli delle azioni che compiono. Non si vuole deresponsabilizzare l'individuo, ma considerare che alcuni ragazzi, forse tanti, non sono pronti alla costruzione di un futuro. Probabilmente, essi non sono pronti perché la scuola, l'educazione potrebbero aver fallito nel fornire dei valori e, in generale, nel "preparare alla vita". Quando e dove si è sbagliato? Si potrebbero rievocare argomentazioni circa il declino della scuola italiana. Eppure, quale preparazione ad affrontare il futuro deve gestire l'educatore, in un contesto in cui l'avvenire è assente?

La quasi totalità delle persone con meno di trentacinque anni non ha accesso a un lavoro dignitoso; in alcuni casi non c'è neanche accesso a un'istruzione universitaria dignitosa. I numeri sui giovani pubblicati sui giornali significano che le attuali condizioni economiche e sociali obbligano a pensare solo all'immediato presente, che, in parte, si riflette nelle uscite serali alcoliche. A volte, addirittura, passeggiando lungo le strade delle città, sembra questo il futuro: gelaterie e locali di ristorazione sono le uniche nuove attività. Come se l'Italia stesse diventando un enorme villaggio vacanze in cui non c'è necessità di produrre beni di valore per la vita quotidiana (tanto a questo ci pensano le "sante" multinazionali che portano "investimenti" nel paese).

Gli ex sessantottini che accusano i ragazzi di non fare la "rivoluzione" hanno riflettuto sul fatto che le parole "rivoluzione", "rivolta" inneggiano a un futuro migliore? Oggi, non ci sono i presupposti per la fioritura di tali termini, perché si è riusciti a distruggere un elemento caratterizzante della gioventù: pensare all'avvenire.

Siamo una generazione più sfortunata di altre? O la generazione dei ragazzi del secondo dopoguerra era, nel senso di formazione culturale, presupposti sociali e paradigma vigente, una generazione di privilegiati? Coloro che sono stati giovani nel passato, soggetti a guerra, povertà, ignoranza (forse maggiore di oggi?), erano più speranzosi e capaci di un miglioramento della loro condizione? Una delle questioni principali su cui aveva scritto Keynes era la diminuzione della disoccupazione; forse non stiamo tanto peggio rispetto alle situazioni passate.

Negli anni dieci del duemila, esistono moltissimi individui giovani capaci di capire, almeno in parte, ciò che accade loro, ma l'impotenza genera frustrazione. La rabbia corrode il benessere, il volgersi alle inezie è un temporaneo palliativo. Ci sono le condizioni per inventare, seppur lentamente o intervallate da momenti di sconforto, i nuovi dèi?

Michela

U.G. Sembra che la nostra cultura non abbia più bisogno dei giovani, perché le leggi dell'economia che hanno ridotto la politica a pura esecutrice dei suoi ordini, con conseguente morte definitiva della democrazia, hanno soppresso tutti gli dèi per far posto a un unico dio: il denaro, che è diventato il generatore simbolico di tutti i valori. Per denaro si adottano tecnologie sempre più idonee a sostituire il lavoro umano, per denaro si sposta nei paesi dove costa meno quel po' di lavoro che resta, per denaro si trasferisce la formazione della ricchezza dalla produzione agricola e industriale agli scambi finanziari, potenziati dagli sviluppi dell'informatica che li ha velocizzati al punto che basta un click per fare e disfare in un attimo enormi fortune.

Oltre al lavoro, a voi giovani hanno tolto anche la possibilità di ribellarvi, ultima speranza di chi è privo di diritti e di futuro. E questo non perché siete diventati notturni con la testa un po' intontita dall'alcol o dalla droga, ma perché, come insegna Hegel, la rivoluzione è possibile quando c'è il conflitto tra due volontà: quella del servo e quella del signore. Ma oggi sia il servo sia il signore, sia il datore di lavoro sia il dipendente, sono dalla stessa parte e hanno come controparte il mercato. E come fai a prendertela con il mercato? Il mercato è nessuno, anche se tutti sappiamo che dietro a quel nessuno c'è l'1% che detiene o governa i soldi di tutti.

E poi il mercato ci allucina con la menzogna della crescita, quando tutti sappiamo che noi occidentali non possiamo più crescere perché, se è vero come dice il Pnud, il Programma delle Nazioni Unite per lo sviluppo, che noi occidentali, che siamo poco meno di un miliardo, per mantenere l'attuale tenore di vita abbiamo bisogno dell'80% delle risorse della Terra, cosa pensiamo che facciano gli altri sei miliardi che popolano la Terra? Stanno a guardare, inermi, una nostra ulteriore crescita?

Il declino e forse la fine dell'Occidente sono già ben visibili nella condizione di voi giovani che sopravvivete erodendo la ricchezza dei padri, senza essere in grado, e non per colpa vostra, di assicurare una ricchezza ai vostri figli, a cui forse avete già rinunciato, come dicono le statistiche delle nascite in Occidente. E una società come la nostra che non per trascuratezza, e neppure per una infausta contingenza ipocritamente denominata "crisi", ma strutturalmente, fa a meno della generazione di voi giovani, che rappresentate, come natura vuole, il massimo della potenza biologica, il massimo della potenza sessuale – che per le ragioni sopra elencate non può essere procreativa – e il massimo della potenza ideativa che va dai quindici ai trent'anni, come fa questa società a prevedere, non dico per voi che ne siete già consapevoli, ma per se stessa un futuro? E a differenza di Priamo che poteva incolpare gli dèi, noi non abbiamo più neppure un dio: né da invocare né da maledire.

4.

Tuttavia non abbandoniamo i nostri sogni e non ci arrendiamo al “sano realismo”

> Il “sano realismo” è un modo subdolo per renderci tutti, senza che ce ne accorgiamo, conformisti e omologati.

E quando si perde definitivamente la propria verginità, quando si rinuncia definitivamente alle illusioni, vedendole inanemente cadere all'apparir del vero, quando la quota di verità che si sa albergare e tollerare è tale da infrangere e sconfiggere il sogno, quando si rinuncia alle pur utili perché salvifiche bugie, smascherandone il velleitario e compassionevole ruolo, quando la finzione rivela il suo non più equivocabile volto e lo scoglio dei desideri non fa riposare alcuna sirena, cosa resta? Il lucido coraggio? Lo scudo del disinganno? Possono mai bastare ad accendere il lumino all'imbocco della galleria?

Giulia

U.G. Perché passare dall'adolescenza alla giovinezza, o dalla giovinezza all'età adulta, significa imboccare il buio di una galleria, dove le illusioni diventano delusioni, i sogni si dileguano, le finzioni gettano la maschera e i desideri si spengono? Forse perché la vita ci ha messo in contatto con il “sano realismo” che di sano non ha proprio nulla? Il sano realismo, infatti, è l'accettazione indiscussa dell'esistente, al quale fin da piccoli siamo stati avviati dai consigli degli adulti che, esplicitamente o implicitamente, ci facevano capire che il successo si raggiunge più facilmente conformandosi alle esigenze degli altri, rinunciando ovviamente alla realizzazione di noi stessi, perché ciò che paga è l'uniformità più rigorosa, la capacità di adattamento, non per il quieto vivere, ma per essere accettati e, grazie all'accettazione, in seguito considerati.

Ecco la nuova maschera che dobbiamo indossare una volta introiettata la cultura del "sano realismo", una maschera che, attraverso le fessure per gli occhi, altro non lascia vedere se non un orizzonte privo di futuro, perché è stata abolita qualsiasi progettazione di una condotta non omologata. E tutto ciò avviene senza coercizione, senza che noi ce ne accorgiamo, come i pesci del fondo marino non avvertono la pressione dell'acqua, perché il mondo dischiuso dal sano realismo non si presenta come uno dei mondi possibili, ma come l'unico, al di fuori del quale non si danno migliori possibilità d'esistenza.

Ma i sogni, quando non sono illusioni ma progetti, non si lasciano sconfiggere dal sano realismo, perché portano dentro di loro la forza di chi, nonostante tutto, crede che un mondo migliore sia ancora possibile. E a crederlo sono soprattutto i giovani che, invece di consegnarsi all'inerzia dell'ineluttabile, non si rassegnano ad abitare un futuro che non riconosce che un loro sogno può diventare realtà, e la loro utopia, che ancora non ha luogo, può trovare il suo luogo. La storia, sia quella individuale sia quella collettiva, è sempre andata avanti a colpi di sogni e di utopie. E l'unico dovere etico a cui richiamerei i giovani è quello di non rinunciarvi.

A differenza dei vecchi che vi danno consigli sulla base della loro esperienza (che è poi il modo più subdolo per far passare il concetto che la vita che loro hanno vissuto è la migliore possibile, e quindi non val la pena di cambiarla), voi avete la vita davanti e non dovete impacchettarla e consegnarla a un'esperienza altrui, perché l'unica esperienza che insegna è la propria. E si può "fare esperienza" solo quando le cose possono essere diversamente da come quotidianamente le sperimentiamo.

Per questo, invito voi giovani a staccarvi dai social

network, dove ciascuno sente le cose che potrebbe egli stesso dire, e dice le cose che potrebbe sentire da chiunque. Spezzate questo monologo collettivo e dite una parola nuova. E ditela con i vostri corpi uno di fronte all'altro e non con le vostre immagini virtuali. Non diventate dei collaboratori dell'omologazione di massa, perché altrimenti siete voi stessi a spegnere i vostri sogni, a deludere le vostre illusioni, a indossare la maschera della finzione per una "second life" dal volto equivoco, che non dice niente di voi, se non la vostra incapacità di cambiare le cose nel mondo reale. Un mondo che non dovete guardare con quella freddezza razionale tipica di chi, in là con gli anni, ha già vissuto, perché voi avete ancora un cuore tumultuoso e invocante e non piatto o rassegnato all'immodificabilità del mondo.

Nel vostro cuore e nel vostro sentimento c'è ancora un sogno che è un progetto, un'illusione non ancora delusa, una finzione che non è un inganno, ma una prefigurazione di un mondo diverso da quello che vi è stato consegnato. E convenite con Nietzsche, che non era propriamente un ottimista, là dove scrive: "No. La vita non mi ha disilluso. Di anno in anno la trovo sempre più ricca, più desiderabile e più misteriosa – da quel giorno in cui venne a me il grande liberatore, quel pensiero che la vita potrebbe essere un esperimento di chi è vòlto alla conoscenza – e non un dovere, non una fatalità, non una fede. [...] La vita come mezzo di conoscenza. Con questo principio nel cuore si può non soltanto valorosamente, ma anche gioiosamente vivere e gioiosamente ridere" (*La gaia scienza*, § 324).

5.
E neppure cediamo alla violenza, perché pochi tra noi credono che apra un futuro

Anche a diciotto anni si capisce che la violenza non serve per aprirsi il futuro, perché il futuro, anche quando appare incerto e minaccioso, se non altro per ragioni biologiche, è comunque dei giovani.

Gentile professore, sono una ragazza di diciotto anni che frequenta l'ultimo anno di liceo classico. Sono stata a una manifestazione e ho partecipato al corteo come altre volte. L'ho fatto per comunicare il mio dissenso, l'ho fatto pacificamente come tanti altri, come molti altri.

So bene che la mia giovane età mi impedisce di ricordare quei movimenti, quelle forze che hanno smosso il mondo nel passato e che mi vengono raccontate dai miei genitori. E noi, la mia generazione, viviamo un po' quella sana ma esagerata nostalgia dei tempi andati. Ormai si scende in piazza quasi come fosse normale, è la quotidianità. E quel mezzo così affascinante che è la manifestazione, l'apparire tutti insieme arrabbiati ma sicuri che insieme le voci saranno più forti, sta perdendo valore. Il potere che ha questo manifestarsi è legale tanto quanto pericoloso.

Un momento di protesta – dove più che mai persone che la pensano in modo diverso possono unirsi sotto la stessa idea, la stessa voglia di manifestare il loro sdegno, la loro voglia di cambiamento – diventa un incubo. E quello che vedo alla fine è la cosa che più mi lascia amareggiata di una grande mattinata. Di un fiume di gente, rimangono solo dei numeri; i numeri delle persone ferite o nel peggiore dei casi morte. Rimane l'amarezza, i piedi stanchi, le famiglie spaventate. Rimangono gli slogan offensivi contro le forze dell'ordine, perché dopo tutto sono gli unici nemici rimasti a metterci la faccia. Quello che le televisioni mandano in onda è una guerriglia urbana tra la polizia e i facinorosi.

Al di là delle ragioni, tenendo con difficoltà fuori da questo discorso gli innocenti coinvolti negli scontri, vorrei dire che troppo spesso si dimentica che un poliziotto è un uomo come tutti noi, con dei problemi e con le sue lotte interne ed esterne. Le teste calde ci sono ovunque. In ogni caso, però, mi sfugge il motivo di distruggere la città, come se saccheggiare strade e banche, imbrattare i muri e spaccare vetrine ci aiutasse a superare le nostre difficoltà. La lotta unita tra noi e le forze dell'ordine, l'unione del proletariato che tanto aveva auspicato Pasolini, ancora una volta è lontana anni luce.

Condanno i gesti di abuso di potere della polizia, e allo stesso modo i gesti vandalici e provocatori di alcuni giovani. Ma ritengo che ancora una volta stiamo perdendo il messaggio. La violenza è l'argomento che colpisce, è quello che attira l'attenzione, è di questo che si parla per giorni. Ma il perché tutta quella gente si trovava lì insieme chi se lo ricorda? Nulla ha più senso, i manifestanti delusi, gli scellerati attaccabrighe, i poliziotti frustrati e il rimbombare di slogan. Il messaggio: facciamo di tutta l'erba un fascio.

È questo quello che vedo ora, e mi chiedo cosa ci rimane. Vorrei sapere cosa rimane ai giovani se il futuro è incerto e il presente ce lo roviniamo l'un l'altro. Vorrei invitare a cambiare il genere di scandalo: basta scontri, lottiamo per il nostro futuro e facciamolo senza provocazioni, perché solo quando non gli daremo più da parlare d'altro dovranno parlare di noi. E la protagonista assoluta, per una volta, sarà l'indignazione.

Chiara

U.G. Le manifestazioni degli studenti sono come gli scioperi degli operai che difficilmente approdano a una soluzione. Hanno però il vantaggio di evitare la rassegnazione di fronte all'ingiustizia o all'inefficienza di chi lascia marcire i problemi, il ripiegamento su se stessi, la solitudine dei singoli lasciati soli con le loro problematiche spesso drammatiche. Inoltre portano nelle piazze un'unica voce, che, se non fosse collettiva, sarebbe silente in questa nostra società fatta di solitudini di massa.

La controparte, a cui la piazza vorrebbe far sentire la propria voce, aspetta solo che i manifestanti si sfoghino e tutto torni come prima. Questo mancato ascolto della controparte è già messo in conto dai partecipanti alle manifestazioni. E da questa anticipata consapevolezza nascono quei gesti inutilmente violenti, che lei opportunamente denuncia, su cui si buttano i media, che hanno naturalmente più audience mostrando gli episodi di violenza, di quanta ne avrebbero illustrando i temi della manifestazione. Il risultato è che i problemi che le piazze agitano, e che la controparte già di suo non ascolta, vengono del tutto tacitati, perché non si discute con la violenza.

Nonostante la sua giovane età, vedo che lei cita Pasolini che, pur essendo uomo di sinistra, prese le difese dei poliziotti che nelle manifestazioni fronteggiavano quelli che lui riteneva figli della borghesia che usavano violenza contro le forze dell'ordine, composte da persone molto più sfortunate di loro e dalla vita senz'altro più difficile.

La sfortuna della vostra generazione è che vivete in un mondo dove tutte le occasioni lavorative, tutti i rapporti, tutti i valori sono regolati dal mercato che, come un'entità metafisica e invisibile, incide pesantemente sulla vostra vita, senza che la vostra ribellione lo scalfisca minimamente. È il mercato che chiude le fabbriche o le delocalizza, è la crisi finanziaria che impoverisce la scuola, la sanità, i servizi sociali. E siccome il mercato, al pari di Dio, non ha un volto eppure è in ogni luogo, come lo si riconosce e dove lo si incontra quando gli si vuol parlare faccia a faccia? In ogni caso non scoraggiatevi, perché il futuro, anche se vi appare imprevedibile o addirittura minaccioso, se non altro per ragioni biologiche, è vostro. E perciò su di voi ricade la possibilità, e in qualche momento anche l'opportunità, di inventare un altro mondo.

6.

Se però è finito il mondo, non ci resta che aspettare l'Apocalisse

> Apocalisse non è la fine del mondo. È svelare ciò che è stato tenuto ipocritamente nascosto.

"Ma poi stai tranquillo, tanto fra due settimane non finisce il mondo?" Ho alzato gli occhi al cielo, cogliendo questa frase mentre aspettavo l'autobus alla fermata. Una tarda mattinata, le lezioni sono finite, una manciata di noi matricole in attesa sotto la pensilina. Quei due ragazzi sono studenti come me e parlano del loro primo esame. Cadrà a dicembre, pochi giorni prima dell'Apocalisse dei Maya.

L'hanno annunciata fino allo sfinimento da mesi, questa Apocalisse. Sono anni che si scrivono fiumi di parole e teorie sulle profezie di queste buonanime dei Maya, tirando in campo, quando serve, Nostradamus o chi per lui.

Ho sorriso, nel sentire l'Apocalisse portata in causa come scusa per uno scarso studio in vista dell'esame; ma sotto le risate di quei ragazzi ho colto un vago senso di rassegnata incredulità. Come se, a conti fatti, la fine del mondo fosse un fattore da tenere in seria considerazione.

Ci hanno detto che sta per finire il mondo. Ci hanno detto che stanno per finire molte cose, in verità: i posti di lavoro, il diritto allo studio, le pensioni, le prospettive, i finanziamenti alla scuola e alla sanità, le risorse naturali, il mite clima europeo. Tutto quello che ci circonda sembra avere le ore contate.

Siamo la generazione dell'Apocalisse, noi ventenni di oggi. Quelli che il primo esame universitario lo daranno a ridosso del temuto 21 dicembre. Siamo quelli nati sull'orlo del baratro. E su quest'orlo corriamo. Corriamo con una fretta leopardiana, matta e disperatissima, cercando di bruciare tappe per le quali sembra non esserci più tempo. Hanno mandato avanti i nostri orologi, biologici e culturali. Da ogni dove, ci sentiamo dire che bisogna correre, conquistare, battere gli altri nella gara a chi arriva prima, a chi prende il posto migliore, a chi fa più esperienze. Di tempo sembra non essercene più.

Ci dicono che: finita l'infanzia non potremo più giocare, finita l'adolescenza non potremo più divertirci. Che la vita sarà difficile, una lotta, sempre una lotta, nella quale bisogna arrivare primi. Non c'è più tempo per guardare fuori dalla finestra quando cade la neve, o fermarsi a chiedersi dove stiamo andando. Anzi, fermarsi è un tabù. Se ci fermiamo, qualcuno ci passerà avanti, rubandoci il master, il lavoro, l'amore, la gloria, la pensione. Come biasimarci, allora, se effettivamente qualche volta ci fermiamo, incapaci di fare un passo?

Non dite che noi giovani non abbiamo voglia o energia di fare nulla. Il problema non è questo: il problema è che non sappiamo dove indirizzarla, non sappiamo dove andare. Ci avete detto che tutto sta finendo. Come palliativo, ci avete dato tutto quello che volevamo: tutto il divertimento, lo sballo, i viaggi, i vestiti, le droghe, la noia. Ci avete ubriacati di sensazioni presenti, per non farci sprofondare nell'ansia di fronte a un futuro che sembra pronto a finire già domani.

L'unica cosa che vorremmo davvero, e voi non ci avete insegnato a desiderarla, è un sogno. Sarebbe bello avere un sogno. Alcuni di noi ce l'hanno, ma rimane sbiadito all'orizzonte. Perché un sogno richiede una capacità critica di progettazione; e come si fa a progettare qualcosa, se ti dicono che non c'è più nulla di sicuro, nella tua vita? Come si fa a sognare, quando ti dicono che sta per finire il mondo?

Ci hanno detto che sta arrivando l'Apocalisse. Anche se non si sa bene come arriverà. Una volta, un mio vecchio compagno di scuola, appassionato di fantascienza, mi spiegò questa teoria secondo la quale i Maya sarebbero in realtà marziani, fuggiti dalla Terra prima che i conquistadores riuscissero a sterminarli tutti. Scelta rispettabilissima, ci siamo detti quel giorno. Fossimo stati lì con loro, saremmo partiti anche noi.

Magari il 21 dicembre i Maya torneranno su una grande astronave colorata, per ridere di fronte al collasso di quella stessa società occidentale che secoli prima aveva distrutto i loro sogni di serpenti piumati e città d'oro. Forse noi ventenni partiremo con loro. Il viaggio sarà duro, ma perlomeno ritorneremo a veder le stelle.

Gaia

U.G. Se, pur nella consapevolezza della radicale assenza di prospettive che angoscia la condizione giovanile, il suo sguardo sul futuro è carico d'ironia come questa sua stupenda lettera, sorge il sospetto che forse ce la si può ancora fare. Perché quando c'è questo sospetto – che quelli che non vogliono vedere come effettivamente stanno le cose chiamano "speranza" – il dolore non è cupo e muto, ripiegato su se stesso, senza più uno sguardo che voglia sporgere sul futuro.

Apocalisse (dal greco *apo-kalýpto*) vuol dire "togliere il velo", "svelare quel che era nascosto". E quest'opera di verità la stanno facendo i giovani, per farci sapere che mondo abbiamo creato per loro. Un mondo senza sogni, un mondo senza desideri che abbiamo estinto ogni volta che davamo loro una cosa prima ancora che la desiderassero.

I giovani non ci succedono come sempre è avvenuto nel ritmo delle generazioni, i giovani di oggi divaricano da noi, se ne vanno da un'altra parte, cercano un'altra terra, perché questa è per loro del tutto inospitale. E in questa ricerca sentono su di sé il destino dei Maya, estinti con l'avvento degli occidentali. Perché è l'Occidente, che si crede la punta più avanzata di civiltà, ad aver creato questo mondo senza speranza, con la terribile sensazione della sua fine, che per il momento chiamiamo semplicemente "crisi". Ma non è una crisi. Come dice la parola "Occidente", è un tramonto.

7.
E nel frattempo ci percepiamo come la “generazione dei sogni infranti”

> Ma anche nel deserto della speranza possono rinascere i sogni.

Io ho paura. La mattina mi sveglio e la paura si alza con me, la sera vado a dormire e la paura è lì che mi aspetta sotto le coperte: ho paura per il mio futuro. Non c’è giorno che io non mi soffermi a pensare a quanto quello che sto facendo ora mi possa aiutare quando sarò fuori dal liceo, si spera, dall’università.

Una volta, quando ero bambina o solo un po’ più giovane, mi sentivo dire continuamente: “Segui i tuoi sogni”, ma quali sogni se fin da piccina ti manovrano? Tu parti dalle elementari piazzando in aria idee di carriera come astronauta, pittore, poi piano piano levighi quei sogni trasformandoli in qualcosa di più concreto. E tu ci credi e ci speri finché qualcuno non ti dice: “Non sprecare il tuo tempo in quella maniera, non troverai mai lavoro”. E lì gli ideali si spezzano.

Vuoi entrare in un liceo artistico perché hai la passione per il disegno? “No, devi andare a un tecnico” perché, secondo l’etica di questo periodo, con una matita e un foglio di carta non potrai mai diventare un uomo o una donna di successo o, più semplicemente, un uomo o una donna che porta a casa uno stipendio. Puoi continuare a fare quello che ti piace nel tempo libero, nessuno te lo vieta, ma per carità non osare pensare che quel sogno possa trasformarsi in qualcosa di più di un semplice passatempo.

E così la creatività, quei modi e quelle cose che ti aprono la mente in una maniera di cui pochi solamente tengono conto vengono soffocati, trasformando persone con un sogno, con tanti colori nel cuore, in semplici tasselli grigi di un mondo che ormai deve piegarsi e interessarsi solo al commercio e alla politica.

Viviamo infatti in un mondo dove ormai quello che conta non è ciò che si ha dentro, ciò che piace, i sogni, ma essere conformi alla società e "trovare un posto di lavoro sicuro al più presto".

Per carità, senza soldi in mano si fa poco in questa vita, ma bisogna avere il coraggio di andare controcorrente, di spaccarsi un po' di più la schiena e stringere i denti per arrivare a un posto di successo. Ma non quel successo di carriera, bensì il successo che si prova nel cuore e nell'anima per aver raggiunto il proprio scopo, e allora sì che ci si sente bene, che si vive bene con un sorriso dentro che fronteggia il malessere del mondo attuale.

Il nostro futuro è nelle nostre mani, solo nostre, e dovremmo essere noi a decidere per noi stessi, mettendo a tacere le voci che ti aggrediscono dicendoti: "Non farlo, non troverai mai lavoro". E spaccare il mondo inseguendo il Sogno che ti arde vivo, nell'anima; ma in un mondo consumato, grigio, dove il sentimento che prevale è quello del malessere, i sogni sono solo modi per evadere temporaneamente? Forse sì? Ormai questa vita è diventata un tale supplizio che i sogni se ne sono andati via con la profezia dei Maya?

Paola

Gentile / Caro / Buonasera Umberto Galimberti, per la verità non saprei proprio come indirizzare una lettera. Mi viene da dare del tu, e da dire "caro". Estranei siamo sia io che lei, ma non la lettura che io faccio di lei. È come se gli attori di questa conversazione fossero minimo tre. Nonostante l'imbarazzo che ho nello scriverti, nello scriverle, mi sono decisa a farlo perché adesso è proprio importante. E riceverai, riceverà, tante di quelle parole che ho sempre rimandato: le mie. Ma adesso ci tengo davvero a ringraziarti, a ringraziarla, per le ultime lettere pubblicate. Sono di una forza e lucidità estrema. Il coraggio di dare e responsabilizzare la giovane voce, magica, brillante e stupenda degli ultimi interventi.

Ho quasi venticinque anni e mi sento in un'età persa, in una generazione persa. Mi sento terribilmente invecchiare, e non voglio appassire, voglio danzare. Non in senso naïf, ma in senso di un sinusoidale equilibrio in movimento. Mi sento invecchiare nella voce, che se da un lato si fa sempre più sicura e consapevole, dall'altro si "introspettisce". Mi sento staccata dalla forza rivoluzionaria delle ultime lettere pubblicate, e questo stesso sentimento risulta inverosimile di fronte a chi ha più di trent'anni.

Quel che voglio dire, e mi permetto di dirlo volgarmente, semplicemente, nudamente, è che siamo nella merda. Siamo nella merda perché non crediamo in quello che invece continuiamo a credere. Ci addossiamo colpe, crisi, paure, frammentazioni, talmente tanto che finiamo per essere protagonisti di cori senza canzone.

È vero, lo testimonio sulla mia pelle, passando dei severi periodi d'introversione e dubbio, altalenando tra la disperazione e il cinismo, non scoraggiata ma affranta e soprattutto sola. Non *ci*, no, perché *ci*? Non *mi* fido più di niente, di nessuno. Le relazioni, succulenta placenta per grandi e bambini, mi si sgretolano sui polpastrelli. Competizioni, insicurezza, tradimenti, corsa sfrenata e zoppa non ai soldi, ma al successo, all'accessorio, al riconoscimento. Di questo vivo.

Come pretendo, e pretendiamo, di cambiare il paese, di cambiare la politica, di cambiare il mondo, con tutta questa sfiducia, mancanza di discussione critica, eccesso di distruzione paranoica, mancanza di azione lenta, profonda, artigianale? Mentre torniamo sui nostri passi piangiamo la ripetizione, senza accorgerci che il meccanismo di ripetizione potrebbe essere una ruota, e allora lì sì: le scintille, se solo ci credessimo!

Leggere le lettere pubblicate mi ha riscaldato il cuore, le mani e i piedi, le orecchie: carburante settimanale. Allora mi sono decisa a ringraziarti, perché la voce adolescenziale è così bella, così pura, così selvaggia. E mentre scrivevo mi sono resa conto di questa cosa: la tristezza, che personalmente condivido oltre a credere di comprenderla, la tristezza che divora foresta e gregge, se è presente in tutti, non è presente in nessuno. Mi spiego: forse che, ipotizzando per un istante il tutti e il nessuno, tutti siamo semplicemente tremanti e impauriti e vigliacchi, ci freghiamo e mangiamo le dita a vicenda perché qualcuno (e chi? il Dio Sole?) ci ha detto che se non lo facciamo sarà lui a mangiare noi?

I maestri (capi?) attuali, i quarantenni incazzati e sfiduciati che passano il loro tempo e la loro attività di formazione, lavorativa o educativo-universitaria, a rimpicciolire, sbriciolare, e ridurre noi, che arriviamo pieni di sogni, belli e brutti, infranti o da conquistare, e a distruggere non nel senso di esigere severamente un rigore formale, ma distruggere in senso psicologico, inumano e vergognoso, perché anche loro, cominciati i trent'anni, hanno abbandonato i loro sogni? Se così fosse, non sono loro ad avere il potere, ma sono loro ad averlo perso.

E noi non dobbiamo ascoltare loro, ma i nostri maestri sono piuttosto dietro (a sinistra, a destra, davanti): gli adolescenti, informati e sensibili, forti e critici, che hanno tutta la voglia e il diritto di lottare. Allora noi, tra i venti e i trent'anni, se ascoltassimo loro, ci sentiremmo più forti, e ammaestreremmo l'ingegno per crescere e non distruggere. E arrivati ai trent'anni non avremo voglia di trattare male tutti per i nostri sogni sconfitti. E a quaranta non tratteremo male tutti per essere presi dalla costrizione dell'abitudine, del "non posso fare altrimenti".

E allora potremmo essere capaci di decidere, e di votare, e di credere. Perché ci siamo, più di quanto crediamo, solo che non lo sappiamo e non si riesce a fare fronte comune, non si riesce a sentire che abbiamo le spalle difese. Persi in un labirinto virtuale, di muri virtuali. Basta cominciare a essere positivi, onesti, camminare, aver fede. Perché, leggendo queste lettere, penso che ho voglia di conoscere queste persone, e queste persone forse le vedo ogni giorno, ma non le riconosco. La responsabilità è individuale, non risponde: è. Grazie per aver pubblicato queste lettere. Grazie se leggi le mie parole, la più importante è questo grazie.

Mia

Egregio prof. Galimberti, leggendo la lettera di Gaia e la sua risposta, riflettevo sull'idea così diffusa che le generazioni che hanno preceduto la mia (io ho trentadue anni) ci abbiano privato della capacità di sognare, o addirittura del nostro futuro. Vorrei provare però a ribaltare la prospettiva.

Sono cresciuto in un piccolo borgo dell'Appennino marchigiano. Fino a poco più di quarant'anni fa, questa era una terra di mezzadri, pastori e mulattieri, dove essere "ricchi" voleva dire possedere un piccolo appezzamento di terreno da coltivare in proprio, o godere di uno stipendio da dipendente pubblico. Una realtà, questa, per niente rara, anzi maggioritaria, nell'Italia di quegli anni.

Non l'Italia di un millennio fa, ma quella dei miei nonni, dei miei genitori e dei miei zii, emigrati in Svizzera non per "fare fortuna", ma più semplicemente alla ricerca di un lavoro di cui vivere. Era questo il "sogno" per la gran parte degli italiani fino a pochi decenni fa. C'è sempre stata, è vero, una media e medio-alta borghesia urbana, complessivamente minoritaria nel paese, i cui rampolli potevano permettersi di sognare in grande. Ma il sogno come speranza di grandi fortune, di un lavoro singolare e "alternativo", di esperienze uniche, nel nostro paese non è mai esistito come realtà maggioritaria, se non per un breve periodo a cavallo degli anni ottanta, peraltro alimentato da quel debito pubblico che ora ci troviamo a ripagare euro su euro con tanto di interessi.

Si potrebbe addirittura affermare, quindi, che il grande errore di una parte piccola ma mediaticamente influente della generazione che ci ha preceduto non sia stato quello di averci tolto la possibilità o la capacità di sognare, ma quello di averci trasmesso i sogni sbagliati, impedendoci di apprezzare quelli ben più concreti e proficui delle generazioni precedenti. In particolare, il sogno dell'emancipazione e dell'ascesa sociale per mezzo del proprio lavoro, sempre degno del massimo rispetto, qualunque esso sia.

Mi pare che questo sogno non sia per niente scomparso nei giovani di questo paese, ma sia stato semplicemente (e colpevolmente) relegato a sogno di serie B. Eppure è proprio questo il sogno a cui ci invita il tanto citato articolo primo della nostra Costituzione.

Francesco

Gentile Galimberti, lei ha pubblicato la lettera di una mia coetanea che parla a nome di "noi ventenni di oggi", generazione dell'Apocalisse. O meglio, parla a nome dei ventenni occidentali, e in particolare di quelli che hanno avuto "tutto quello che volevano", cioè vestiti, viaggi e sballo, e quindi non hanno imparato a desiderare. Quella categoria molto, molto ristretta che esprime il proprio disagio giovanile scrivendo lettere forbite a periodici femminili.

Non mi stupisco che qualcuno possa scrivere una lettera del genere, qualcuno che evidentemente ha ascoltato poco rock e letto poco Salinger, ed è di conseguenza convinto che non sapere dove andare sia prerogativa dei giovani degli ultimi anni. Certo, sta finendo la sessione d'esami invernale, e gli universitari come me (e credo Gaia) sono stanchini e stressatelli.

Mi stupisce invece che lei, che, da professore, qualcosa di ventenni la saprà, abbia scelto di dare voce al nichilismo *preppy* di una ragazza che cita Dante e allo stesso tempo si lamenta di una società che non le ha insegnato a sognare. Certo, l'Italia ultimamente *ain't no country for young men*. E questa è una cosa. Dire, parlando a nome di tutti noi, che abbiamo pochi sogni è un'altra.

Noi non siamo degli inermi idioti innocenti allo sbando nel vuoto di valori della società occidentale. Vestiti, viaggi e sballo non è tutto quello che vogliamo. È esasperante quest'immagine di noi, proposta in diverse salse da diversi media, spesso e volentieri con un certo voyeurismo. Finisce che la gente ci crede. Finisce che ci credono anche quelli che, come Gaia, hanno studiato e letto e dovrebbero avere gli strumenti per rendersi conto che a vent'anni si è troppo vecchi per essere solo vittime della propria educazione.

I palliativi sono per tutti: la disco, la droga, la curva, varie ed eventuali distrazioni patinate non sono un problema solo nostro, anzi, mi sembra che sappiamo farvi fronte meglio di molti di quelli che giovani non sono più. Non mi sembra proprio che siamo ubriachi di sensazioni presenti, siamo proiettati in avanti molto più dei giovani scorsi, più consapevoli che riceviamo un'eredità pesante, qualcosa di cui ci dovremo prendere cura. Così, quando saremo noi a trovarci sul lato sbagliato dello scisma generazionale, forse i prossimi giovani non avranno troppo da rimproverarci.

La Storia è piena di crisi, e anche di giorni in cui il mondo sarebbe dovuto finire e invece non è finito. Non dovreste temere (né sperare) di aver costruito per noi un mondo senza desideri semplicemente esaudendo i nostri capricci. Quello che vogliamo non è un'astronave colorata che ci porti via, né uno smartphone colorato, né altre cose colorate che emettono luci e suoni. Ci sono sogni dappertutto. Volevo solo protestare un po', scusi il disturbo e grazie.

Francesca

U.G. Questo dialogo tra giovani prende le mosse dalle lettere sulla violenza e sull'Apocalisse che precedono questo confronto da cui emerge che non si tratta di giovani nichilisti che non si pongono alcuna domanda perché non hanno neppure i mezzi culturali per porsela, ma di giovani che, al termine del loro percorso di studi, incontrano una realtà che distrugge il loro sogno. Un sogno che non è l'espressione di un desiderio da soddisfare senza sforzo, ma semplicemente l'esigenza di realizzare ciò per cui si è nati, o come direbbe Aristotele: il proprio "demone", in cui consiste la felicità, che gli antichi Greci chiamavano per l'appunto *eu-daimonia*, "la buona realizzazione di sé".

In questo impatto con la realtà, osserva Paola, nessuno rimpiange i propri sogni adolescenziali, e però, dopo averli "levigati e trasformati in qualcosa di più concreto", vede che, nonostante questo sforzo, neppure così possono essere realizzati. Di qui l'invito di Mia: ricominciamo a sognare come fanno gli adolescenti, impariamo da loro a recuperare la forza del sogno che i "maestri e i capi attuali, quarantenni incazzati e sfiduciati, sbriciolano, disilludendo noi che arriviamo pieni di sogni".

Ma poi due lettori che non accettano questo scoramento, e rifiutano di attribuire la responsabilità alla generazione che li ha preceduti, i cui sogni, ci ricorda Francesco, erano molto più aderenti alla realtà di quanto non siano i sogni dei giovani d'oggi, che per giunta "si trovano a pagare con tanto di interessi il debito pubblico accumulato a partire dagli anni ottanta". Ciononostante, commenta Francesca, non possiamo rassegnarci, perché nessuno ci risarcisce delle colpe che non abbiamo commesso. E quindi basta con questa passività, e con l'accusa ai nostri genitori di averci estinto il desiderio, riempiendoci fin da piccoli di giochi e poi di vestiti, di vacanze, di telefonini e altro, perché "a vent'anni si è troppo vecchi per essere solo vittime della propria educazione".

Dopo aver letto queste lettere e altre ancora, dico anch'io agli adulti: imparate dai giovani, scoprite e apprezzate le risorse che hanno dentro, e la forza che li anima nonostante tutto. E nel confronto con loro sentite quanto siete disanimati, e non dimenticate che quel denaro e quel potere, a cui avete affidato la vostra identità e la vostra autostima, li dovrete lasciare, perché il futuro, in ogni caso, è loro.

Parte seconda

Noi ce la possiamo fare, ma voi non spezzateci le ali

Scrive Nietzsche: "Il giovane viene spinto selvaggiamente nell'esistenza", in quella bella continuità di speranze che, al dire di Conrad, "non conosce pause né introspezioni".

"Dove andiamo?" chiede Kerouac in *Sulla strada*. "Non lo so, ma dobbiamo andare."

8.

Ci accusate di piangerci addosso e di cullarci in un mondo fatto di sogni

E chi, se non noi, ha preparato per loro questo mondo?

Noto che lei lascia sempre che i giovani si piangano addosso lamentandosi che non riescono a fare quello che vorrebbero. Sappiamo tutti che la vita non è così facile come la sua promessa farebbe sperare, ma è la vita di tutti. E soprattutto si lamentano proprio quelli che studiano e viaggiano e trovano esperienze che non possono sempre essere all'altezza delle aspettative. Ma non c'entra la generazione di oggi, è sempre stato così anche per chi nel passato ha dovuto fare tante rinunce perché più povero, meno supportato dai genitori e abilitato solo a conquistare il suo posto nel mondo.

Tutti hanno fatto fatica, anche se trovare un lavoro forse era più facile, ma un lavoro quasi sempre non soddisfacente e con molte privazioni. Forse ci adattavamo meglio, forse sapevamo soffrire, forse eravamo più tenaci. Basta con i piagnistei! Creiamoci il nostro mondo vero e non quello fasullo sognato sdraiati sul letto e con la cuffia stordente. La vita chiede impegno e tenacia, richiede voglia di fare e di combattere per i propri fini, ogni generazione del mondo lavora e fatica per questo.

Quindi, basta con i giovani lamentosi ai quali il mondo attuale apre spazi che le generazioni passate potevano solo sognarsi prese dal lavoro, da pochi soldi, dallo studio di sera se volevano promuoversi socialmente. Questi cittadini del mondo, amanti delle comodità, dei super-master e degli

Erasmus, degli anni sabbatici passati a spassarsela e dei viaggi intorno al mondo per "conoscerlo", delle auto sportive e dei raduni rave (non tutti fortunatamente), delle droghe e delle discoteche, dovrebbero finalmente darsi una mossa concreta e positiva.

gf

U.G. Prima di accusare i giovani d'indolenza, mancanza di sacrificio e incapacità di promuoversi in qualsiasi attività lavorativa, anche se non necessariamente connessa alla tipologia dei loro studi, i vecchi, come penso sia lei dalla qualità del suo impietoso *j'accuse*, dovrebbero rendersi conto che forse i giovani sono come lei li descrive per effetto del mondo in cui sono nati e cresciuti. Un mondo che noi vecchi – e più siamo vecchi più siamo responsabili – abbiamo creato per loro.

Nessuno di noi è individualmente responsabile, se non per il fatto di aver lasciato avanzare, senza contrastarla, una cultura che non ci percepisce più come "persone", ma come semplici produttori e consumatori, quindi come funzionari delle merci, dalla cui circolazione si alimenta, come la nostra di un tempo, anche l'odierna economia. Con una differenza radicale, che consiste nel fatto che l'economia dei nostri tempi concepiva il denaro come un "mezzo" per soddisfare bisogni e produrre beni, oggi invece l'odierna economia lo concepisce, in modo perverso, come un "fine", per realizzare il quale si vedrà se soddisfare i bisogni e in che misura produrre i beni.

Questo capovolgimento, che ha messo da parte l'uomo, i suoi bisogni e i beni necessari per soddisfarli, per privilegiare dell'uomo unicamente le sue prestazioni, purché siano funzionali alla produzione del denaro, ha determinato la miseria estrema dei disperati della Terra che abitano un'Africa la cui ricchezza non è nelle loro mani, la schiavitù nei paesi più poveri e più ricchi dell'Asia, e infine l'aumento della povertà qui da noi, dopo il relativo benessere di cui abbiamo goduto noi vecchi, non per merito nostro, ma perché ai nostri tempi l'economia era più reale che finanziaria.

Per essere apprezzati dal mondo finanziario bisogna produrre con il minor costo possibile merci che si rinnovino nel modo più rapido possibile, per una loro sempre più veloce e massiccia circolazione nel mercato. Qui subentra il tratto nichilista tipico della nostra economia, per la quale il consumo dei prodotti non coincide tanto con la loro fine ma è il loro fine. Le cose vanno condotte alla loro fine il più velocemente possibile, per cui la data di scadenza non l'hanno solo i generi alimentari, ma anche le automobili, i frigoriferi, i televisori, per non parlare dei telefonini e dei computer. In ciò la nostra economia ha due potenti alleate che riempiono le pagine e i video dei media: la pubblicità che, quando non si riesce più a vendere le merci, interviene per produrre i bisogni che poi richiedono i prodotti, e la moda che di anno in anno rende beni ancora funzionanti e utilizzabili oggetti socialmente improponibili.

Come chiamiamo una cultura che si regge sul consumare e ridurre al nulla nel tempo più rapido possibile tutte le cose? Io la chiamo nichilista. E non vedo perché i giovani dovrebbero essere entusiasti di vivere in una simile stagione della storia. E per giunta senza speranza, per due ragioni: innanzitutto perché gli abbiamo fatto vedere solo questa, come se non ci fossero altri mondi possibili, in secondo luogo perché in effetti non ce ne sono davvero, dal momento che, con la globalizzazione, il mercato ha sottoposto a sé sia i "servi" sia i "signori", che non possono più contrapporsi come ai nostri tempi, ma devono allearsi per stare sul mercato, che ormai più nessuno contesta come se fosse una legge di natura.

Di qui l'invito alle persone anziane di non pensare che noi eravamo meglio dei giovani d'oggi, al contrario vivevamo in un mondo decisamente più umano e meno caratterizzato dai valori di efficienza, funzionalità, produttività come il mondo che abbiamo creato per loro, e che a loro non desta alcun entusiasmo. Semplicemente ci fa capire la ragione profonda del loro lamento, reso tragico dalla consapevolezza dell'impossibilità di modificare la loro situazione.

9.

In realtà, anche se siamo la "generazione dei senza", non ci rassegniamo

Non tutti i giovani sono senza futuro. Certamente non lo sono quelli che, invece di attenderlo, lo prendono.

Mi chiamo Marta, ho diciannove anni, frequento l'ultimo anno di liceo classico. Sono figlia della crisi economica, della disoccupazione, figlia dell'instabilità politica, della dipendenza da internet, del conflitto israelo-palestinese.

Faccio parte di quella generazione cresciuta con i Pokemon, con le videocassette, con L'albero azzurro, con il game boy, con le Big babol, con Messenger; di quella generazione che ha imparato a contare le monete negli anni in cui si passava dalla lira all'euro, di quella generazione che, quando in televisione hanno trasmesso in diretta il crollo delle Torri gemelle, piagnucolava per l'interruzione. Siamo la generazione dei "senza": giovani senza ambizioni, giovani senza lavoro, giovani senza futuro. Siamo la generazione del condizionale presente. Dicono di noi che siamo immaturi, superficiali, maleducati, viziati, pigri, privi di valori. Dicono che non sappiamo come funziona il mondo, che non siamo in grado di costruire legami solidi, che siamo incapaci di dialogare, che non sappiamo cosa sia il sacrificio.

Nel 2007 l'allora ministro dell'Economia e delle Finanze Tommaso Padoa-Schioppa definì i giovani "bamboccioni" e invitò le famiglie a buttarli fuori di casa; il viceministro al Welfare Michel Martone chiamò "sfigati" gli studenti che si laureano fuori corso, affermando che sia migliore la scelta di chi a sedici anni non ha troppi grilli per la testa e punta sugli istituti professionali; la ministra Cancellieri se la prese con i giovani "mammoni" che vogliono "il posto fisso nella stessa città, vicino a mamma e papà", quel posto fisso che fu definito "un'illusione" dalla Fornero, e "una cosa monotona" da Monti.

Si parla della giovinezza, e ancora più dell'adolescenza, come se fosse una malattia incurabile e contagiosa. A voi coetanei chiedo: come vi sentite mentre leggete queste parole? Io mi sento frustrata, incompresa, sminuita, delusa, sottovalutata. Indignatevi con me, diciamo loro tutti assieme: "Noi ce la possiamo fare", "Possiamo farvi cambiare idea".

Perché Alessandro Magno a ventitré anni aveva conquistato metà del mondo allora conosciuto, Leopardi a ventuno scrisse *L'infinito*, Mozart a tredici suonava davanti a imperatori e papi, ma ventitré anni è anche l'età che avevano Sergey Brin e Larry Page nel 1996, quando si preparavano a cambiare il nostro mondo, lanciando l'anno dopo Google, è l'età che aveva Mark Zuckerberg, nel 2007, quando annunciò il lancio di Facebook, Christopher Paolini aveva quindici anni quando scrisse *Eragon*, un libro che ha venduto trenta milioni di copie.

E questi sono solo alcuni dei nomi più noti, ma ci sono anche Adriana ed Enrica, siciliane, cinquant'anni in due, che stanno sviluppando nanotecnologie per ricavare tessuti dalle bucce degli agrumi della loro terra, tanto bella quanto dilaniata dalla crisi, che altrimenti finirebbero al macero; Filippo e Marco, due ragazzi giovanissimi che, nonostante la crisi editoriale, hanno messo in piedi delle librerie-baite nel parco nazionale della Val Grande, riuscendo a conciliare la passione per i libri e l'amore per la natura; Raul, vent'anni, napoletano, che ha creato insieme a sua sorella una startup per comparare i prezzi dei vari servizi di trasporto; e Monica, anche lei studentessa universitaria, che ha fondato un'impresa per aiutare famiglie che cercano baby-sitter.

Di ragazzi come Adriana, Enrica, Filippo, Marco, Raul e Monica ce ne sono tantissimi, sono quegli stessi ragazzi che chiamano bamboccioni, sfigati e mammoni, quei ragazzi che continuano a sentirsi ripetere: "Se vuoi fare qualcosa di buono nella vita, non puoi farlo qui", quei giovani che hanno negli occhi l'entusiasmo e nel cuore la voglia di vivere, di vedere il mondo, di lavorare e di sporcarsi le mani per un sogno, nonostante la crisi economica, la disoccupazione, l'instabilità politica, la dipendenza da internet, il conflitto israelo-palestinese; nonostante i Pokemon, le videocassette, L'albero azzurro, il Game boy, le Big babol, Messenger.

Date più fiducia a questi giovani così bravi, iniziamo a parlare di loro invece di continuare a ribadire la disastrosa situazione scolastica italiana. Tutti insieme dovremmo alzare la voce per dire che il futuro esiste perché esistiamo noi, che nel mondo di oggi le possibilità sono infinite, che tra cento e mille anni gli uomini leggeranno, ascolteranno, studieranno i capolavori che noi scriveremo e comporremo.

Lo diceva sant'Agostino molti anni fa: "*Nos sumus tempora: quales sumus, talia sunt tempora*", "I tempi siamo noi: come siamo noi, così sono i tempi". Non sono i tempi che ci rendono quelli che siamo, ma viceversa, noi dobbiamo fare i tempi, noi dobbiamo togliere quel "senza" e diventare la generazione dei "con", noi dobbiamo smettere di usare il condizionale e iniziare a usare verbi al futuro.

E sarò impopolare a dire tutto questo nell'era della lamentela, ma sono certa che Mario Calabresi ha ragione quando scrive: "Chi predica l'entusiasmo si assume il rischio di provocare reazioni di fastidio, spesso viene guardato con sospetto perché rompe il fronte del malumore, ma rischia anche di dare coraggio a qualcuno, e questo è un rischio che vale la pena correre".

Marta e buona parte della "generazione dei senza"

U.G. Grazie alla pubblicazione in questo libro ho potuto finalmente riportare per intero la sua lettera, che a suo tempo su "D" ho dovuto tagliare, privandola in parte della sua forza per quella ragione che i grafici chiamano "spazio". E così meglio comprendiamo quella che lei chiama la "generazione dei senza", con riferimento a voi giovani di cui alcuni politici parlano solo per segnalarne l'indolenza, invece di illustrare i provvedimenti che, per la funzione che svolgono, sarebbe loro compito adottare, onde favorire le occasioni di lavoro, magari studiando da vicino e finanziando le iniziative e i progetti che quelli della sua età inventano, e che i media non illustrano e non diffondono, limitandosi a riferire quotidianamente i dati Istat che danno la disoccupazione giovanile italiana tra le più alte in Europa.

Eppure i giovani della sua generazione vanno incoraggiati, come fa Mario Calabresi sul quotidiano che dirige, non con parole generiche o di circostanza, ma mostrando una vera attenzione alle loro iniziative che meritano di essere studiate, seguite e segnalate, e come da tempo fa Riccardo Luna di "Repubblica" che nel 2013 ha scritto, per voi giovani e per quanti non hanno fiducia in voi, un libro importantissimo dal titolo *Cambiamo tutto! La rivoluzione degli innovatori* (Laterza), senza smettere di girare l'Italia per conoscere e poi segnalare tutte le vostre iniziative e ideazioni in ordine alla creazione dei nuovi lavori che anche lei opportunamente nella sua lettera segnala.

In fondo siete stati voi, ad esempio, a insegnare agli adulti l'uso e l'abuso dei mezzi informatici da cui ormai tutti dipendiamo. E quindi il mondo l'avete già cambiato voi catturando con anticipo, rispetto alle generazioni che vi hanno preceduto, i segni del futuro per il quale voi siete nati. Perché il futuro è già vostro, cari ragazzi, per il solo fatto che l'avete davanti e, per ragioni biologiche, spetta solo a voi. L'unica cosa che dovete evitare è di "attenderlo", come molti di voi purtroppo ancora fanno, invece di "afferrarlo" con decisione, fidandovi della vostra forza biologica, sessuale e intellettuale che, come dagli esempi che lei riporta, sono al massimo tra i quindici e i trent'anni.

Quanto a lei, che a diciannove anni ha questa qualità di scrittura, questa quantità di informazioni, questa sensibilità per i problemi giovanili e questa forza nel segnalarli, lei che non disdegna tutti gli strumenti che la tecnologia mette a vostra disposizione e insieme sa citare sant'Agostino in latino, non deve temere niente quanto al suo futuro. Perché i giovani che insistono nella loro formazione, e non si lasciano scoraggiare dalla gran massa dei coetanei che, con la scusa della crisi, non si impegnano, vincono.

In risposta alla pubblicazione della lettera. Mi sono arrivate tante mail, caro professore, messaggi di persone che hanno sentito il bisogno di scrivermi, di dirmi che si sono sentite chiamate in causa. Tanti hanno ancora speranza, tanti hanno voglia di rimboccarsi le maniche, tanti hanno gli occhi che brillano come brillano i miei.

Mi ha scritto Anna, ottantotto anni, che mi invita nella sua casa a Ponza per "parlare di questo mondo che non vuole capire che incombono grandi cambiamenti", quel mondo che sono certa conosce meglio di me. Mi ha scritto Angelo, preside di Vicenza, che si dice commosso e mi invita a non mollare affermando che sono la prova che un mondo migliore è possibile. Mi ha scritto Adriano, che ha venticinque anni e ha fondato il suo marchio di abbigliamento a diciannove anni. Mi ha scritto Francesco, ventisei anni, odontoiatra che non ama il suo lavoro e si è riscritto nuovamente all'università, per sapere di più sul mio conto.

Ma mi ha scritto anche R., cinquantotto anni, costretto a emigrare in Gran Bretagna per trovare un lavoro qualificato. "Bella la tua lettera," dice, "ma non basta la creatività degli entusiasti per vincere la crisi italiana. Occorre vincere mafia-'ndrangheta-camorra, occorre sconfiggere la corruzione-concussione, occorre abbattere la spesa pubblica per poter tagliare le tasse, occorre moralizzare la pubblica amministrazione e rilanciare i servizi pubblici, occorre introdurre l'indennità di disoccupazione per tutti quelli che sono seriamente in cerca di un lavoro. Si tratta di una Rivoluzione," continua, "da combattere come la Rivoluzione americana, come quella francese o quella sovietica o quella cubana, che combatterò anch'io, se ci sarà l'opportunità."

Dal basso di questi miei diciannove anni a R. posso dire solo due cose: che forse ha ragione a pensare che l'entusiasmo non basta, ma se è accompagnato dalla tenacia è di certo un buon punto di partenza. E che se veramente si farà una Rivoluzione come quella americana, quella francese, quella sovietica o quella cubana, con in mano le armi e i morti per le strade, allora non combatterò al suo fianco, perché l'uomo in quanto essere pensante dovrebbe utilizzare una sola arma: la parola.

Quell'arma che tutti noi possediamo e che lei e molti altri hanno usato in questi giorni per non farmi sentire sola. E io glielo ripeto con il cuore pieno e gli occhi che splendono: noi che crediamo in un mondo migliore non siamo soli. Grazie a lei, ad Anna, Angelo, Adriano e Francesco, oggi il futuro mi fa meno paura e mi sembra di aver fatto cadere il primo mattone del muro del malumore che fino a ieri mi appariva invalicabile. Non so davvero come ringraziarla.

Marta

10.

E spieghiamo le ali controvento

Perché molti adulti scoraggiano i giovani? Per scaricare il senso di colpa di non aver predisposto per loro un futuro.

Mi chiamo Ludovica e sono all'ultimo anno di liceo linguistico. Mi ha colpito molto l'ultimo suo articolo: "Ragazzi, il futuro è già vostro: prendetevelo". In realtà devo ringraziare immensamente, la mia professoressa di italiano, che puntualmente, ogni lunedì, ritaglia quei dieci minuti per leggere uno dei suoi articoli. Avevo in programma di scriverle già da un po', ma leggere la mail di Marta (autrice della riflessione, nonché mia coetanea) mi ha chiamato a rispondere a questo grido di solidarietà tra noi, "generazione dei senza" (se posso permettermi).

La parte che più mi ha affascinato dell'articolo è il suo finale: "Perché i giovani che insistono nella loro formazione, e non si lasciano scoraggiare dalla gran massa dei coetanei che, con la scusa della crisi, non si impegnano, vincono". Poche righe e una forza incontenibile. L'opposizione tra "scoraggiare" e "vincere" che ripropone un po' la selezione darwiniana, con la sola differenza che quella era "naturale", per cause di forza maggiore, ma questa di oggi è per gran parte volontaria, sta alla base di tutto. Paradossalmente è proprio all'interno del primo verbo che si trova la parola chiave. Coraggio. Coraggio di tentare, di alzarsi, di emergere, di vincere.

"Fatti non foste a viver come bruti, ma per seguir virtute e canoscenza" (*Inferno*, canto XXVI). Questo passo di Dante su Ulisse mi ha sempre stimolato come vero e proprio manifesto di incitamento alla curiosità. Quel "bruti" mi ha sempre fatto rabbrividire. Ho sempre pensato, allora, che bisognasse attingere a piene mani da tutto il sapere possibile. Attraverso la formazione, che non ha né età, né limiti. Ulisse e i suoi sono ormai vecchi, ma vale la pena ripartire. Sta qui la sua fama, nell'incolmabile desiderio di conoscere. L'approfondimento, andare oltre pagine di libri scolastici, oltre la carta, esplorare da vicino, aver fame.

Spesso e volentieri ci osserviamo vivere, ma non viviamo. E vivere non è respirare, ma farsi sentire, contribuire al cambiamento. Un cambiamento che oggi è necessario. Per concludere, io credo che lei più che mai abbia capito chi siamo. E a noi, che ce la mettiamo tutta per essere come "non" ci descrivono, che spieghiamo le ali controvento, qualche certezza in più fa solo piacere.

Ludovica

U.G. Alberto Faustini, direttore del quotidiano "Trentino", in occasione dei settant'anni di storia del giornale, ha invitato a una tavola rotonda del Festival Trentino.live Marta, quella ragazza di diciannove anni che a "D – la Repubblica delle donne" aveva scritto la bellissima lettera che precede questa. Alla base dell'invito del direttore c'era la sua persuasione che "bisogna smettere di parlare dei ragazzi, perché è molto più utile parlare con i ragazzi". E io aggiungo: non in modo solo confidenziale o peggio paternalistico, ma, come ha fatto Alberto Faustini, mettendoli in primo piano, davanti a un pubblico, per conoscere cosa pensano i giovani e cosa stanno inventando per il loro futuro in questa società che sembra li guardi solo per etichettarli.

Marta, prima nella sua lettera, e poi in quell'occasione, ha raccontato quante iniziative lavorative i giovani della sua età inventano, perlopiù inosservati, perché di loro l'informazione si occupa solo quando fanno disastri. Ha riferito delle molte lettere ricevute da suoi coetanei che le illustravano i loro progetti e le loro realizzazioni, di adulti che la lodavano per la sua scrittura e per la sua cultura, da cui lei si schermiva dicendo che nella sua classe c'erano ragazze e ragazzi più bravi di lei. Quasi per dire: "Guardate che siamo in tanti che ci stiamo impegnando nella nostra formazione perché crediamo sia l'unica garanzia per inventare il nostro futuro". Sì, perché per i ragazzi di oggi il futuro non è lì ad attenderli come lo era per la mia generazione, ma se lo devono inventare.

Anch'io ho ricevuto moltissime lettere a commento di quella di Marta, alcune delle quali la accusavano di "ingenuità" (perché i vecchi la sanno lunga, vero? Infatti, hanno preparato per i giovani un futuro che, se non è minaccioso, certo è imprevedibile. E quando, parlando con i giovani, cominciano con quella frase "Ai miei tempi", state tranquilli che con quell'espressione vorrebbero farvi conoscere le loro prodezze, in realtà rimpiangono la loro giovinezza).

Altre lettere deridevano l'entusiasmo di questi ragazzi con quel ritornello: "I problemi sono altri". E di seguito elencavano i problemi della mafia, della corruzione, della spesa pubblica esorbitante, dei posti di lavoro che in realtà sono posti di stipendio. Tutte cose vere, di cui però la responsabilità è loro e non dei giovani che ne pagano le conseguenze. Altre, infine, lamentavano che, per lasciar spazio ai giovani, i quarantenni e i cinquantenni sono fuori mercato, mentre dovrebbero essere tutelati perché, rispetto ai giovani, hanno maggiori responsabilità. Tutte cose vere. Ma è questo lo sguardo con cui gli adulti guardano ai giovani? Che cosa vogliono trasmettere? Che se ne stiano quieti nella loro insignificanza sociale?

A conforto di Marta e di tutti i ragazzi come lei, ho deciso di pubblicare la lettera di Ludovica che invita gli adulti a non scoraggiare i giovani che vogliono vincere e che, per non essere velleitari, si impegnano nella loro formazione. Una formazione che non promette nulla in termini di occupazione, ma garantisce la costruzione di una personalità che, per l'impegno profuso, è sicura del proprio valore. Questa infatti è la carta più interessante da giocare per quel futuro che, anche se non si offre ai giovani carico di prospettive, comunque, se non altro per ragioni biologiche, li attende. E sarà di quelli che, da ragazzi, hanno profuso il loro massimo impegno.

11.

Perché sappiamo essere liberi anche quando la realtà ci imprigiona

> Se si è imparata l'arte del vivere, si può essere artisti anche se non si pratica la propria arte.

Professor Galimberti, è un piacere scriverle. Sono un pittore *in fieri* di ventiquattro anni. Terminati gli studi all'Accademia di Firenze, sto ora aiutando mio padre al lavoro, in una piccola società a conduzione familiare sfiorante il fallimento. Per la prima volta nella vita, mi sono trovato a dover aiutare i miei genitori, che per tutta la giovinezza hanno rappresentato un inossidabile modello di sicurezza. Ne ho visto le debolezze, e li ho aiutati a placare le idiosincrasie provocate dall'improvvisa incertezza economica in cui versano e dal senso di colpa di non poter garantire a me e a mio fratello un lascito decoroso; di averci privato, tramite il lavoro, di parte della nostra vita.

Certo non sono felice di svolgere una mansione più odiata che altro e piuttosto pesante. Sono stressato e sotto tono, ma la soddisfazione di capire che qualunque eredità materiale possano lasciarmi può sfumare senza per questo intaccare il rispetto e l'amore per loro è stata una ricompensa più che sufficiente.

Il mio futuro ora dipende dai miei soli sforzi autonomi, e dal vero tesoro che mi hanno donato: l'educazione ricevuta, la quale, mescolata con quella procuratami attivamente, mi sta permettendo di sopravvivere a questa situazione scomoda, e so che continuerà a farlo quando ne sarò uscito. Di fatto ho semplicemente applicato le apparentemente banali lezioni verbali che qualunque genitore impartisce ai figli piccoli: le persone, mi pare, non sono mai veramente "adulte".

Le generazioni precedenti possono aver fallito nel consegnarci una società completamente asservita a logiche di potere che utilizzano i valori-feticcio come travestimento per dominare coscienze ingenue. Non hanno però fallito nel garantire a molti di noi gli anticorpi necessari per capire che, nonostante la fine delle ideologie, il vero cambiamento è quanto possiamo mettere in atto noi nel piccolo della nostra vita, senza scomodare grandi princìpi metafisici. Ogni giorno, siamo in grado di giocarci una serie di scelte; scelte che hanno un peso, che si muovono nello spazio e riecheggeranno nel tempo a nostra disposizione, influenzandolo.

La consapevolezza alla base di queste scelte è necessaria per bene indirizzarle, ed è l'unica vera facoltà da allenare, non in nome di una vita "soddisfacente", ma in nome di una vita onesta, una vita che non si basi sulle flebili certezze del sentimentalismo, dell'economia, della salute, ma sull'interesse nell'esperire e metabolizzare quanto più possibile di questo virtuoso meccanismo esistenziale, e nel disporne come strumento per resistere a ogni ingerenza che non siamo in grado di schivare a distanza.

Posso essere artista anche se di fatto non pratico la mia arte, solo guardando le cose da prospettive molteplici, indagandole ed eventualmente cambiandone il significato. Predico una riscoperta dell'egoismo propositivo, aggregante ma non omologante; la libertà credo sia questo: una persona consapevole sa di essere libera anche se, nei fatti, è imprigionata. Lo sguardo sul mondo libera, lo sguardo sulle cose precede le cose stesse. Forse si tratta solo di una consolazione che mi aiuta a superare il trauma dell'occupazione societaria?

Vedo attorno a me tante persone, molti coetanei e la maggioranza dei "grandi", in preda a una completa mancanza di autonomia, rifugiate in mondi immaginari, digitali, di una letteratura disarmante per quanto melensa e autoreferenziale, fuori controllo. E sono infatti vittime di bullismo, sono fragili e manipolabili, in preda agli istinti e credono alle bufale perché non ammettono di aver perso la fiducia in loro stesse, provano timore per ciò che non conoscono e per la realtà immutabile ai loro occhi. Ne sono vittime.

Senza la pretesa di voler essere da esempio, come si fa però a insegnare al prossimo, totalmente sguarnito, queste virtù interiori e senza bandiera che ho sentito battezzare con l'appropriato neologismo di "antifragilità"? Sono valori, questi dell'autonomia, dello sguardo e del dialogo spirituale, da troppo tempo così disincentivati che molti nemmeno più riescono a concepirli. Vorrei prendere la mano di queste persone, per fare un passo indietro insieme e capire cosa sarebbe meglio fare, per migliorare e placarci l'un l'altro, come io ho fatto con i miei genitori. Un passo indietro, senza magari la pretesa di dover riprendere a camminare in avanti.

Ludovico

U.G. La sua lettera contiene una buona indicazione per i giovani che, non avendo per mille ragioni la possibilità di realizzare se stessi, si rifugiano nell'inedia che li spegne, oppure nell'alcol o nella droga che li anestetizza per evitare di assaporare ogni giorno la loro insignificanza sociale. E tutto questo perché a loro il futuro non appare più come una promessa, ma come uno scenario vuoto che non retroagisce come motivazione. E se nulla mi attende, perché devo darmi da fare?

I suoi studi all'Accademia hanno creato le condizioni per realizzare il suo demone che è la pittura. E chi realizza il suo demone, ce lo ricorda Aristotele, raggiunge l'*eudaimonia* che in greco significa "felicità". Le condizioni economiche della sua famiglia non le hanno spento il sogno, ma l'hanno reso al momento impraticabile, e lei, invece di rassegnarsi o di ribellarsi, uscendo di casa per avviarsi sui sentieri che conducono a una vita ai margini della società, come non di rado capita a molti artisti, ha guardato in faccia la realtà. Sostenuto da un sentimento di affetto e riconoscenza verso i suoi genitori, quando li ha visti deboli ha deciso di aiutarli, non senza un notevole sacrificio da parte sua, e con l'unica ricompensa che lei giudica "più che sufficiente per non intaccare il rispetto e l'amore per loro".

Con questa decisione lei ha raggiunto un tipo di felicità più eroica di quella indicata da Aristotele, che la colloca nella compiuta realizzazione di sé. La felicità che lei ha riconosciuto è quella indicata da Kant, per il quale la virtù è in se stessa felicità. Cambiando il paradigma della felicità, lei ha operato un cambiamento radicale della sua vita per cui noi siamo in grado, "senza scomodare grandi princìpi metafisici, di giocarci una serie di scelte che hanno un peso, che si muovono nello spazio e riecheggeranno nel tempo a nostra disposizione, influenzandolo".

Invece di consegnarsi all'inesorabilità di un tempo vuoto perché senza speranze, lei assume le scelte che le condizioni date le mettono a disposizione per "influenzare il tempo". Non è più il tempo anonimo a disposizione di tutti, ma è il suo tempo, il tempo che lei ha deciso di costruire per sé, assaporando in questa costruzione la sua libertà. La libertà, come lei dice, di "poter essere artista anche se di fatto non pratico la mia arte", perché ha imparato l'arte della vita, dove a sorprenderci non sono mai le cose, ma il nostro modo di guardarle ed eventualmente di cambiarne il significato, per cui anche una rinuncia, anche una prigione, come può essere la sua (una volta assunta consapevolmente l'occupazione lavorativa che non era propriamente il suo demone), diventa un'espressione di libertà.

Lei vede molti suoi coetanei privi di autonomia, rifugiati in mondi immaginari e perciò fragili e manipolabili, intimoriti per ciò che non conoscono e terrorizzati da una realtà che non offre loro alcun gradiente d'accesso. Probabilmente non hanno avuto genitori come i suoi. Con loro lei vorrebbe fare un passo indietro per invitarli a riconciliarsi con chi li ha messi al mondo e, partendo da questa riconciliazione, trovare la condizione per un po' di autonomia e un miglior rapporto con la realtà, anche la più inospitale. Grazie per questa sua testimonianza.

12.

Perché abbiamo supplito alla mancanza d'esperienza con la conoscenza

> Scrive Nietzsche: "La vita come mezzo di conoscenza. Con questo principio nel cuore si può non soltanto valorosamente, ma anche gioiosamente vivere e gioiosamente ridere".

Egregio Prof. Galimberti, mi rivolgo a lei perché ritengo che la questione a proposito di cui chiedo la sua attenzione e il suo parere sia un tema che riguarda non soltanto me in particolare, ma tante persone, perché è qualcosa in cui ci si imbatte quasi quotidianamente nella vita. Anzi, attiene proprio a come vivere la vita. Sono giovane, ed è in effetti forse più da giovani, perlomeno per alcuni giovani, porsi domande esistenziali. Anni fa me le ponevo molto spesso. E lo facevo in modo del tutto teorico. Voglio dire, senza tener conto dell'esperienza delle cose. È appunto lo sperimentare, e la natura della sua importanza, il cuore di questa mia riflessione che desidero condividere con lei.

Soprattutto per carattere, ma anche per storia personale, la mia tendenza è sempre stata quella di temere ciò che non si conosce. E quindi temere molte cose, dato che quando si è giovani si ha poca esperienza. Ma proprio tale atteggiamento basato sulla paura mi ha portato a scegliere di non fare esperienza di molte cose (amore, viaggi, divertimenti giovanili ecc...). Ciò ha inevitabilmente mantenuto tante cose ignote a me, facendo dunque permanere la paura, e con essa gli approcci tutti teorici alla vita. Approcci forse non banali, ma altrettanto sicuramente privi di fondamenti pratici. Quindi non verificabili.

Solo con l'aumentare dell'età dentro di me sono cresciuti la voglia e il coraggio di sperimentare l'ignoto. E ciò in particolare nel passato più recente, in quanto ho avuto occasione di diventare più consapevole di me stessa. Queste le premesse. Ora arriva il nucleo della questione.

Relativamente all'atteggiamento di evitamento che le ho appena descritto, da diverse persone mi è stato detto che io per molto tempo di fatto non avrei vissuto. Perché appunto non ho fatto esperienza, o almeno ne ho fatta pochissima. Che io abbia per la mia età (trent'anni) sperimentato poco è senza dubbio vero. Non è questo dato che metto in discussione. Bensì l'affermazione secondo cui io non avrei fino a ora vissuto. È una considerazione secondo me troppo categorica, troppo generale e troppo assoluta. Direi paradossalmente troppo teorica. E paradossalmente in quanto proveniente da coloro che mi hanno sempre detto appunto di aver sbagliato nel non essermi misurata con la realtà delle cose. Forse lei lo avrà già intuito. Ma lo voglio esplicitare.

Sono una persona che alcuni definirebbero, non senza una punta di critica, "intellettuale". Cioè una persona che pensa molto, che si pone molte domande. Animata da una grande curiosità appunto intellettuale, e niente affatto altrettanto curiosa di fare esperienza. Ebbene, questo è certamente vero. E lo dico senza volermene vantare. Quello che contesto è l'affermare con facilità che tale "intellettualità", da sola, porti a non vivere. Perché per me "vivere" significa, prima di ogni altra cosa, imparare, conoscere. E se per molto tempo io non ho conosciuto molte cose facendone esperienza, non sono rimasta a dormire, in uno stato vegetativo. Ho letto, studiato, imparato.

Così, dal mio punto di vista, secondo il quale vivere equivale appunto a conoscere, io mi sento di poter dire che, sì, ho vissuto. Certo non completamente, in maniera parziale. Tuttavia per me questi anni, passati non a fare esperienza, non sono trascorsi affatto invano. E anzi sono proprio essi che mi permettono oggi di apprezzare con maggior consapevolezza le esperienze che sto facendo.

Alessandra

U.G. "Esperienza" è una parola equivoca. Lei e i suoi amici che le rimproverano di non aver fatto esperienza partite dal presupposto che l'esperienza sia offerta dalla realtà che basta frequentare per "fare appunto esperienza". Di fatto la realtà non è mai accessibile se non nella forma già codificata da un'interpretazione collettiva, a cui si aggiunge un'interpretazione personale. L'uomo, infatti, non ha mai abitato la realtà, ma sempre e solo l'interpretazione che le varie epoche ne hanno dato. Se infatti è vero che nel mondo antico la realtà era descritta dal mito, nel Medioevo dalla visione religiosa, nell'età moderna dalla scienza e oggi dalla tecnica, ci è consentito dire che gli uomini non hanno mai conosciuto la realtà, ma solo la sua interpretazione: prima mitica, poi religiosa, poi scientifica e ora tecnica. Se non fosse stato così, non potremmo parlare di storia e di successione di epoche.

All'interno di questa interpretazione collettiva della realtà c'è poi l'interpretazione personale, per cui quando i padri dicono ai figli e i vecchi ai giovani: "Parlo per esperienza", la loro esperienza non è di alcuna utilità. Come scrive infatti il filosofo Andrea Tagliapietra in un suo libro dal titolo *Esperienza* (Raffaello Cortina): "Nell'era di internet, dello smartphone, dei Google Glass e degli altri apparecchi tecnologici che affollano la nostra vita quotidiana con la capillarità di un'ossessione psichica e l'invadenza di protesi corporee, l'esperienza appare sempre filtrata, mediata da dispositivi composti da schermi che tocchiamo ma non attraversiamo mai e che, quindi, non ci fanno mai toccare il mondo".

Se un tempo l'uomo doveva percorrere il mondo per esplorarlo e farne conoscenza, ora, tramite radio, televisione, internet, il mondo ci è fornito a casa come l'acqua, il gas, la luce, e ciò modifica radicalmente il nostro modo di fare esperienza. Se per conoscere quel che avviene nel mondo dobbiamo tornare a casa, non "siamo più nel mondo" come vuole l'espressione di Heidegger, ma semplici consumatori del mondo, di cui peraltro consumiamo solo le immagini. Le quali, potendo essere evocate in qualsiasi momento, confondono in noi i concetti di "limite" e di "onnipotenza" a stretto confine con il mondo dei sogni e delle allucinazioni. Se infine l'importanza di un fatto dipende dalla sua diffusione mediatica, allora la realtà dovrà misurarsi sull'apparire, anzi sulla sua illimitata duplicazione. Di questa noi facciamo esperienza, non della realtà.

Ci veniamo così a trovare in una condizione analoga a quella descritta da Günther Anders in quel racconto per bambini dove si narra questa storia: "Il re non vedeva di buon occhio che suo figlio, abbandonando le strade controllate, si aggirasse per le campagne per formarsi un giudizio sul mondo; perciò gli regalò carrozza e cavalli: 'Ora non hai più bisogno di andare a piedi' furono le sue parole. 'Ora non ti è più consentito di farlo' era il loro significato. 'Ora non puoi più farlo' fu il loro effetto".

Se l'esperienza non è un contatto con la realtà come i più credono, ma con l'interpretazione collettiva e individuale della realtà, e oggi con le immagini della realtà fornite dai media, il fatto che lei pensi molto e si ponga domande significa che è nelle condizioni migliori per decodificare le interpretazioni della realtà e per smascherarne le immagini, che i più scambiano per realtà perché vivono solo nella realtà diffusa dai media.

13.

Perché non ci arrendiamo a chi ci dice che c'è un solo modo di affrontare la vita

> I nostri sogni sono tanti e siamo capaci anche di fare un "passo indietro" pur di trovare le condizioni idonee alla loro realizzazione, onde evitare di vederli spegnere come le stelle che si estinguono.

Egregio Dott. Galimberti, le scrivo in risposta a due lettere precedenti che mi hanno molto colpito, come se parlassero precisamente a me o, ancora di più, come se io stessa le avessi scritte. Anch'io, come Alessandra, ho trent'anni e ho scelto nella mia vita di conoscere la realtà attraverso lo studio, prima ancora che sperimentando nel mondo reale determinate situazioni che, come riti di iniziazione, vengono considerate tappe imprescindibili (ma lo saranno davvero?) della crescita di una persona. E anch'io, come Ludovico, sono un'artista *in fieri*, una scrittrice che fatica a trovare il suo spazio e a guadagnarsi da vivere con il frutto della propria arte.

Mi sono sembrati, entrambi, rappresentare bene il grido di una generazione e a loro, a me stessa, a quelli come noi, vorrei dire soltanto due parole: "Non arrendetevi". Non arrendetevi a chi vi dice che c'è un solo modo di sperimentare il reale, che la pratica (le cosiddette "esperienze") vale più di qualsiasi chiave interpretativa si possegga per capire e padroneggiare con consapevolezza le situazioni della vita.

E non pensate nemmeno che i passi indietro debbano essere definitivi. Illudersi mai, ma è ancora più sbagliato non ribellarsi a questo stato di cose, che ci vuole tutti pronti a rinunciare ai nostri sogni, dopo che siamo stati educati e formati per poter desiderare di tutto, anche di fare uno scatto in avanti rispetto ai nostri genitori.

Anch'io ho dei genitori che rispetto molto, che mi hanno dato tanto e continuano a supportarmi anche in questo momento economico difficile, e capisco benissimo il momentaneo passo indietro di Ludovico, ma non deve per questo rassegnarsi all'idea che sia per sempre. Siamo troppo giovani e abbiamo troppa vita davanti per pensare che tutta la nostra arte e la nostra carriera vadano definite prima dei trent'anni. E siamo abbastanza liberi da non permettere a nessuno, nemmeno agli amici, di invitarci a cedere a una singola visione della vita, che pretende che "facciamo esperienze" a una certa età e in un certo modo, se vogliamo dire di avere vissuto davvero.

La realtà è troppo complessa per pensare che sia tutto qui, che le possibilità siano così limitate, che ci sia un solo modo di approcciarsi a essa. Continuiamo a lottare, per adattarci allo stato di cose, va bene, ma anche per provare, uno sforzo dopo l'altro, a cambiarlo in meglio.

Ilaria

U.G. Le strade si incrociano: sia quella di Ludovico, che per salvare l'azienda di famiglia sull'orlo del fallimento rinuncia momentaneamente alla sua vocazione artistica, sia quella di Alessandra, stanca di essere accusata di intellettualismo per aver anteposto la conoscenza alla pratica di vita. Storie diverse, tra loro irrelate, che però offrono a Ilaria, che scrive questa lettera, la sensazione di potersi identificare con entrambe, per una sorta di "passo indietro" che talvolta la realtà chiede anche ai giovani, solitamente spronati a guardare avanti e a non fermarsi mai.

Un "passo indietro" non rinunciatario, non rassegnato e soprattutto non per cancellare un sogno, ma per quella sorta di esame di realtà che, proprio perché tiene conto delle condizioni esistenti, evita al sogno di risolversi nell'illusione e pazientemente pone le premesse per la sua realizzazione.

Questo passaggio non è frequente nei giovani, educati in famiglia alla soddisfazione immediata dei desideri. Da piccoli per un fraintendimento dell'amore che passa più attraverso la gratificazione dei doni che attraverso l'ascolto e la comunicazione ininterrotta, e da grandicelli per il timore che il richiamo al principio di realtà induca comportamenti ribelli o avvii su percorsi rischiosi. Il risultato è che alle soglie della maturità questi giovani, trovandosi per la prima volta a fare i conti con la realtà con cui non si sono mai misurati, cadono in depressione, si abbandonano all'ignavia, rinunciano prematuramente alla realizzazione dei sogni, passando repentinamente dall'illusione alla delusione, invece di fare quel "passo indietro" che consente di andare alla ricerca delle condizioni che permettono di tradurre i sogni in realtà.

"Ma ormai non c'è più tempo," dicono tra loro quando si rendono conto di aver perso tempo in attesa che qualcuno si accorgesse della loro inclinazione, o se preferiamo del loro sogno, e creasse le condizioni favorevoli per poterlo esprimere. Questo "principio di passività", a cui l'educazione che hanno ricevuto li ha abituati, rende difficile sconfiggere l'inerzia e sostituirla con un'attesa attiva che ha in vista il sogno, ma anche le condizioni per realizzarlo, le quali, se proprio non sono a portata di mano, non sono neppure così lontane da reperire. E il tempo c'è perché, lo ricorda Alessandra: "Abbiamo troppa vita davanti per pensare che tutta la nostra arte e la nostra carriera vadano definite prima dei trent'anni".

14.

Perché, a differenza di voi, noi conosciamo la passione

Scrive Goethe: "Mi è odioso ciò che mi istruisce, senza accrescere o vivificare immediatamente la mia attività".

Caro Professor Galimberti, sono una laureanda in Filosofia nonché diplomanda in viola. Le invio qualche pensiero relativo a una mia recente esperienza professionale quando ho fatto il mio ingresso nel mondo del lavoro. Mi sono trovata a suonare con un'orchestra stabile e professionista di una città italiana, che preferisco non precisare, in qualità di aggiunta occasionale con regolare contratto di lavoro per una produzione molto impegnativa ma anche molto stimolante.

Era la quarta volta che mi trovavo a suonare con questa orchestra e quello che fin dalla prima volta mi aveva colpita era la scarsa passione che i musicisti mettevano nella propria professione, ridotta a una sorta di lavoro "a catena" stile industriale, dove i dipendenti timbrano il cartellino, lavorano quelle sei ore di rito e se ne tornano a casa a fare chissà cos'altro.

Ingenuamente cresciuta con l'idea che il musicista fosse una professione a parte, diversa da ogni altra proprio perché richiedeva un particolare coinvolgimento emotivo, dove ogni concerto ti svuota (o ti riempie, per come vogliamo vederla) di ogni energia, l'adrenalina in circolo quasi al pari degli sportivi, che al termine di una gara sono sfiniti ma soddisfatti, trovandomi davanti a un simile appiattimento emotivo degli orchestrali (perché non si tratta più di musicisti a questo punto, ma di operai della musica) sono rimasta piuttosto stordita. Certo, me l'aspettavo, sapevo che all'interno di questa orchestra l'ambiente non era dei migliori, tutti presi dalle loro scaramucce burocratiche e sindacali, ma che dire, in fondo non si è mai preparati al crollo dei propri ideali.

La situazione specifica che ha confermato ogni mio peggior dubbio è questa: ci trovavamo appunto in questa produzione molto impegnativa, con un direttore molto bravo, che quindi rendeva meritevole di essere vissuta una produzione come questa, e al terzo giorno di prove, nonché giorno prima del concerto, viene indetta un'assemblea dagli orchestrali dipendenti per un problema di adeguamenti sindacali. Il risultato è questo: viene proclamato uno sciopero per il giorno del concerto, con il risultato che il concerto viene annullato.

Quello che più mi sconcerta è questo: dove sta la passione per il proprio lavoro? Che poi di lavoro non si tratta, perché, per come la vedo io, la musica è una passione che dura tutta la vita e poter vivere di musica è solo una fortuna inimmaginabile, soprattutto in questi tempi di crisi in cui, a quanto pare, la cultura sembra essere l'ultima ruota del carro, senza rendersi conto che in realtà è il motore di tutto, come il cuore lo è del corpo. Perché una vita senza cultura, senza passione, che vita è?

Perché alla fine sempre di passione si tratta, che è proprio quello che io ho trovato mancare in questi signori. Con qualche eccezione, per carità, ma di pochi si tratta e purtroppo schiacciati in un ingranaggio che non lascia scampo. Anche chi di loro si diceva tanto entusiasta dell'esperienza con questo direttore e si professava tanto amante del proprio lavoro e pronto a gettare in discredito molti colleghi per la scarsa passione per il proprio lavoro, in questa situazione si è dimostrato essere uguale a tutti gli altri, noncurante nei confronti della Musica e legato a minuzie burocratiche.

Le ragioni possono anche essere state le più giuste del mondo, e questo non lo metto in dubbio, ma quello che trovo sconcertante è l'aggrapparsi vanamente a problemi di burocrazia, perché alla fine di quello si tratta, passando sopra al rispetto per l'arte e per qualcuno che era lì a fare il suo lavoro con passione, e a farlo bene (mi sto riferendo al direttore), non curandosi di nulla. Valeva la pena farlo il concerto, perché, rispetto a molti altri con direttori incapaci e privi di passione (perché alla fine sempre intorno a quello si gira), questo non meritava di saltare.

C'è da aggiungere anche che questi signori non si rendono nemmeno conto di quanto fortunati sono a suonare ancora in un'orchestra stabile, ad avere la possibilità di avere a che fare con artisti ammirevoli, di fare il lavoro che hanno scelto di fare. Lottare per i propri diritti è giusto, ma non passando sopra al rispetto per la cultura.

Quello che mi domando è: qual è la lezione che noi giovani alle prime armi nell'ambiente musicale dovremmo trarre da questa esperienza? Come potremmo trovare la motivazione per entrare in un ambiente fatto di disillusione e di burocrazia, quando dovrebbe essere uno dei pochi nei quali il motore è qualcos'altro che non siano scartoffie?

Preparato già dall'inizio al fatto che quella del musicista è una vita difficile, che di musica non si campa, chi comunque decide di rischiare e inseguire le proprie passioni viene ucciso in questo modo. Se si uccide la passione nei giovani, come potremo risorgere come paese? Perché alla fine il problema è anche questo, che la cultura sta colando a picco insieme all'Italia. Ma, se questo è lo spirito dei lavoratori della cultura, la cosa non mi stupisce più di tanto.

Quello che mi viene da pensare è che un paese che uccide i propri giovani è un paese che merita di affondare. Perché una foresta che vive di soli alberi centenari e non pianta e coltiva i propri semi è destinata a inaridire.

Sarah

U.G. Il problema che lei pone è davvero importante e riguarda la differenza tra lavoro alienante e lavoro non alienante. Chiamo "alienanti" quei lavori che non realizzano noi stessi, ma gli obiettivi degli apparati di appartenenza. Tali sono i lavori dei metalmeccanici, delle commesse dei supermercati, degli impiegati negli uffici, delle collaboratrici domestiche, degli operatori ecologici, di quanti lavorano nei call center, dove non vedo altra motivazione per l'impegno nel loro lavoro che non sia lo stipendio.

Poi ci sono lavori "non alienanti", che chiamo tali perché chi li esercita realizza se stesso, la propria vocazione, la propria passione, che, oltre a essere un privilegio, è senz'altro un compenso decisamente superiore a quello rappresentato dallo stipendio. Tali sono i musicisti, gli attori, gli artisti delle arti figurative, gli scrittori, e perché no: gli insegnanti, i ricercatori, i professori universitari, i medici, i giornalisti e via elencando.

In una società che ci prevede sempre più come funzionari di apparati e sempre meno come persone, che ci fa lavorare sempre più spesso per gli scopi che si propongono "altri" (questo è il senso della parola "alienazione"), che ci chiedono esclusivamente efficienza e produttività, trascurando quel bisogno naturale presente in ciascuno di noi che è l'autorealizzazione, chi è sottratto alla condanna di vivere quotidianamente una vita non sua non dovrebbe ignorare questo privilegio e sacrificarlo per rivendicazioni monetarie che non pagano quanto paga una vita che garantisce la possibilità di essere se stessi e di potersi esprimere secondo la propria vocazione.

Ma per questo ci vuole passione e non solo abilità e competenza. Ciò significa che occorre una drastica selezione che consenta di non arruolare insegnanti demotivati, medici più attenti al profitto che ai pazienti, artisti più amanti dei compensi che della loro arte. Poi ci sono i giovani, spesso più bravi degli arruolati, e più motivati dall'entusiasmo che dalla remunerazione. Perché lasciarli ai margini o utilizzarli con compensi da fame in sostituzione di professionisti demotivati che non perdono occasione pur di non essere sul posto della loro privilegiata professione?

C'è un ultimo aspetto nella sua lettera che richiama il senso di responsabilità. Gli operatori della cultura sono responsabili del livello culturale del nostro paese. E perché noi italiani, pur disponendo di un patrimonio artistico e culturale che ci invidia tutto il mondo, nelle classifiche europee occupiamo posti di mezzo, quando addirittura non di bassa classifica? Si fa ancora fatica a capire che dal livello culturale di un paese dipendono anche la sua ricchezza e le sue possibilità di crescita? E se questo non avviene, di chi è la colpa se non del basso profilo dei nostri operatori culturali?

E qui veniamo al punto più dolente della nostra struttura sociale che non presta sufficiente attenzione alla scuola, all'istruzione, all'educazione, perché non può esserci futuro per la musica, per il teatro, per l'arte, se queste discipline sono praticamente assenti dalla nostra scuola e la maggior parte della popolazione è del tutto estranea a questi mondi. Qui la televisione, solo per citare un mass media pervasivo, ha grandi responsabilità in questa mancata educazione di massa, senza la quale riempiremo gli stadi, ma non le pinacoteche, i teatri e le sale da concerto.

15.

E sappiamo coniugare la passione con il rigore della mente

> Dunque c'è ancora speranza per i giovani? Sì! Naturalmente solo per quelli che al rigore intellettuale aggiungono la passione del cuore.

Gentile professor Galimberti, sono una studentessa di ventidue anni che ha conseguito la laurea triennale in Scienze politiche alla Luiss, con una tesi su Piero Calamandrei che le invio, perché sarebbe per me un sogno che finalmente si avvera avere un suo parere al riguardo, anche se so di compiere un'azione forse non ordinaria o comunque non collegata al contesto della rubrica di cui lei si occupa. Ci tengo a precisare che già il fatto di poterle recapitare un mio pensiero è un'emozione che mi onora e mi gratifica e di questo la ringrazio in anticipo.

Ho trascorso i primi tre anni di università con l'ansia, le gioie e le paure che accompagnano una studentessa, ma il periodo della tesi mi ha messo di fronte a una realtà: la passione e l'amore per quello che si studia portano a una più grande soddisfazione che trascende i risultati frutto di quel lavoro.

Mi sono infatti convinta che la scelta dei titoli, degli aggettivi, degli avverbi può comunicare e descrivere una persona, anche in un mondo in cui la tecnologia, la concisione e l'intermediazione delle macchine stanno prendendo il sopravvento sui rapporti interpersonali. Inoltre la figura di Calamandrei mi ha affascinata per la straordinaria attualità e perfetta coincidenza di certe tematiche da lui affrontate negli anni cinquanta e pienamente inscritte nei temi della cosiddetta "agenda dei media e della politica".

Il problema delle carceri nell'articolo *Bisogna aver visto*; il crescente e dannoso problema del professionismo della politica, in un testo che, se non fosse per la data degli anni cinquanta scritta in calce, potrebbe essere l'intervento di un intellettuale, sociologo, antropologo e politologo che parla, oggi, del fenomeno pienamente attuale; il rischio e la tecnica subdola di favorire le scuole private screditando quelle pubbliche in un complesso meccanismo pericoloso rilevato nei dettagli dall'oratoria straordinaria e metaforica di Piero Calamandrei, capace di parlare a tutti e su tutto con una chiarezza che oggi purtroppo non fa più parte del nostro modo di dialogare in una società che, noi, abbiamo reso complessa.

Mi chiedo se sia sbagliato essere ottimisti e credere che di uomini del genere, e per fortuna egli non fu un'eccezione della sua generazione, ne esistano ancora e se al contrario non sia riduttivo, semplicistico e volgare, oltre che tipico di una cultura fatta di stereotipi e cliché, il pensiero del tipo "non esistono più gli uomini di una volta".

Ci tenevo ad avere da lei se non una soluzione, almeno uno spiraglio di luce che mi possa indicare verso quale direzione il mio cervello, o forse dovrei dire il mio cuore, dovrebbe guardare di fronte a un tal bivio di pensieri, per non cadere nell'abisso dell'idealismo da un lato e dello scetticismo e cinismo dall'altro.

In questa fase della mia vita, grazie a una tesi di laurea ho capito quanto importante sia l'amare il tema che si affronta e la passione con cui lo si fa, perché spesso nella scrittura esce un lato di me che la fisicità del parlare faccia a faccia non mi permette. Una volta un amico disse, a me ancora incredula del potere curativo delle parole: "Credo che sia ancora possibile poter credere in qualcosa di grande, avere dei sogni, degli ideali, dei valori e una visione della vita che la rende degna di essere vissuta". Un discorso che oggi mi sento di condividere pienamente in quel caleidoscopio di sentimenti ed emozioni che caratterizzano, anche se spesso ci sfuggono, la nostra quotidianità.

Antonia

U.G. Pubblico la sua lettera, che lei stessa ritiene anomala per la rubrica che curo, per segnalare due cose: la prima è che ci sono molti giovani che scrivono decisamente meglio di molti adulti (lo deduco dalle lettere che ricevo), la seconda per sottolineare l'importanza della tesi di laurea nel percorso formativo di uno studente universitario.

Spostando l'attenzione su questi due temi, so di deludere le sue attese di un mio giudizio. Che la sua tesi sia davvero ben costruita e sorvegliata in ogni particolare del suo svolgimento l'avrà saputo dai professori che l'hanno giudicata e, immagino, positivamente valutata. Ma la cosa che più mi ha colpito è la qualità della sua scrittura che smentisce l'opinione diffusa secondo la quale i giovani oggi non sanno più scrivere, anche per quell'analfabetismo di ritorno indotto dalla scrittura con strumenti informatici. E siccome la scrittura non è solo una tecnica, ma un'espressione che traduce in lettere una partecipazione dell'anima, vien da pensare che, a differenza degli adulti, i giovani, anche se non tutti, abbiano più anima, più cura dei loro sentimenti, più voglia di raffinatezza nell'esprimerli e nel riprodurli con precisione in tutte le loro sfumature, sia che parlino d'amore o di Piero Calamandrei.

Questo mi induce a ritenere che la tesi di laurea sia un'esperienza fondamentale al termine di un ciclo di studi, perché, a differenza degli esami, con la tesi di laurea lo studente è autore e, sia per ragioni narcisistiche (e vanno bene anche queste), sia per autentico entusiasmo e partecipazione con l'autore e l'argomento scelto (anche se talvolta i professori muovono agli studenti il rimprovero di essersi identificati troppo con l'autore, sottintendendo che mancano di senso critico), la tesi di laurea, diversamente dagli esami, è un'esperienza che impegna non solo l'intelligenza, ma l'intera struttura della personalità, che in quelle pagine si mette in gioco e le firma.

Oggi le tesi che concludono la laurea triennale perlopiù non superano le trenta pagine, che spesso non sono neppure lette (e gli studenti lo sanno). Alcune università hanno addirittura prescritto che dette tesi non devono superare le 27.000 battute, spazi compresi. E così la tesi diventa un fatto burocratico, assolto senz'anima, quando invece gli studenti, dopo tre anni di studi, l'anima vorrebbero mettercela, per sapere, prima che dai loro professori, per se stessi, chi sono e cosa sono diventati dopo tre anni di studi e una trentina di esami.

Per le tesi triennali, così come per i giornali, vale il numero invalicabile delle battute, e perciò mi congratulo per il fatto che, non richiesta, lei ha potuto diffondersi nella sua tesi per centodieci pagine senza ridondanze e con un controllo rigoroso nell'uso delle parole. Spero che il futuro che l'attende non la deluda e non la deprima rubricando il suo lavoro, come spesso avviene, a una pratica burocratica che si deve assolvere per laurearsi. Perché proprio nel trascurare o nel non accorgersi del livello di eccellenza raggiunto da alcuni giovani ravviso una delle cause della decadenza del nostro paese e lo spegnersi della speranza.

Parte terza

Il vostro disfattismo non ci farà rinunciare ai nostri valori e ai nostri ideali

Scrive Heidegger: "I valori non sono, semplicemente valgono". E a farli valere oggi sono proprio i giovani.

16.

Non potete più parlare a noi giovani in nome di niente

Oggi i giovani vivono in una cultura che ha misconosciuto il primato della comunità rispetto ai singoli individui e spezzato il vincolo di continuità tra le generazioni.

Come potrei chiamarla? Professore? Filosofo? Dottore? Ho scelto di chiamarla Maestro. Ho diciannove anni, sto finendo l'ultimo anno di liceo classico. Non sono mai stata una studentessa modello, di conseguenza non so se i miei professori presterebbero l'attenzione che desidero in merito ai pensieri che sto per esporle. Non escludo che potrebbero darmi una risposta esauriente, ma nonostante ciò credo sia lei, caro Maestro, il vero destinatario di questa lettera.

Ogni mattina, quando sento pronunciare la tipica frase detta dalla mia professoressa di latino e greco: "La crisi di Roma è dovuta alla perdita totale dei valori del *mos maiorum*", penso immediatamente all'Italia. È possibile che, come nell'antica Roma, anche la situazione di crisi culturale e morale sia data da una perdita di quei valori che formano il basamento di una civiltà? È possibile che oggi noi giovani siamo tormentati dall'idea del futuro, dalla realtà quotidiana, perché quei valori che hanno sostenuto i miei nonni, i miei genitori, sono scomparsi?

Conosco una realtà che non è più basata sull'onestà, sulla verità, sulla forza del duro lavoro, sul merito, sulla fratellanza e sulla speranza. Purtroppo guardo e vivo una realtà che è formata da uomini che gridano egoismo, che sono per quello che appaiono, che surclassano il prossimo senza nemmeno guardarlo in faccia pur di ottenere ciò che vogliono; che imbrogliano e che si sentono soddisfatti nell'aver ingannato.

Io, e come me penso molti altri ragazzi della mia età, non mi sento parte di una comunità. Non sono italiana, non sono bolognese, sono solo Maria Giulia, sono sola nel mondo. La mia identità non è data da un'appartenenza a qualcosa, ma solamente dal mio nome e dal mio cognome, ed è in sé perciò un'identità labile. Ora mi chiedo dove e come ritrovare le cause che hanno portato alla perdita di questi valori. Nell'antica Roma la perdita dei valori del *mos maiorum* ha dato il via alla discesa lungo la china del più grande impero che ci sia mai stato nel mondo. Cosa accadrà all'Italia? Cosa accadrà a noi giovani? Noi, che non crediamo più in niente, ma soprattutto, cosa più triste, *noi ai quali non si può più parlare in nome di niente.*

Non riesco a comprendere se questi valori scomparsi siano stati inghiottiti da una classe dirigente che agisce in modo di per sé egoistico, e di conseguenza, volendo o no, ha rimandato questa *forma mentis* all'intera popolazione; oppure se la perdita dei valori sia scaturita da qualcos'altro, qualcosa insito nelle persone, tutte quante, qualcosa che le ha fatte cambiare nel loro modo di pensare ed essere, qualcosa che dalle persone si è traslato poi nella classe dirigente e nello stile di vita attuale.

Forse quel qualcosa potrebbe essere il progresso? Il cambiamento del mondo avvenuto negli ultimi due secoli è stato incredibilmente rapido, così via via i valori di cui parliamo sono divenuti da primari a secondari, quindi terziari e infine ultimi. E sono stati sostituiti da bisogni oppure "valori" fittizi, che, mi pare, invece di fecondare una cultura, almeno in Italia, la stanno portando verso un vicolo cieco. A questi pensieri, che mi riempiono la testa, non so proprio cosa rispondere.

Maria Giulia

U.G. Quando cinquant'anni fa insegnavo al liceo, spiegavo la storia su base economica e trovavo superficiale l'idea secondo la quale l'Impero romano sarebbe crollato per effetto della corruzione dei costumi. Oggi mi ricredo e, come la sua professoressa di latino e greco, penso che proprio la corruzione dei costumi e il prevalere degli interessi individuali su quelli collettivi siano la vera causa del declino di una nazione, quando è popolata da individui che più non si riconoscono nei valori che hanno fondato la loro comunità e garantito il suo primato rispetto ai singoli. Questo è il senso profondo del *mos maiorum*, del costume degli antenati, al cui cedimento lei imputa giustamente il suo sentirsi "sola nel mondo".

Naturalmente questi valori fondanti possono anche mutare quanto al contenuto, come è accaduto ad esempio con la Rivoluzione francese, quando si è passati da una società fondata su valori gerarchici a una società fondata (almeno formalmente) su valori di uguaglianza. L'importante è che, nella mutazione dei valori, si mantenga il primato degli interessi della comunità rispetto a quelli dei singoli individui, e soprattutto quei vincoli di continuità che connettono il passato con il futuro, la generazione dei padri con la generazione dei figli.

Oggi, da noi, il primato degli interessi della comunità non è più un valore aggregante capace di ispirare modelli di comportamento in grado di garantire quella continuità tra passato e futuro che consenta ai giovani di vedere davanti a sé un avvenire che li motivi. Spezzato questo vincolo, siamo entrati in quello scenario nichilista che Nietzsche così descrive: "*Nichilismo*: manca il fine, manca la risposta al 'perché?'. Che cosa significa nichilismo? – che i valori supremi perdono ogni valore".

Dei valori si è detto, e dal momento che non scendono dal cielo, perché i valori altro non sono che dei coefficienti sociali con cui una comunità riduce il proprio tasso di conflittualità facilitando così la realizzazione del bene comune, il problema resta l'imprevedibilità del futuro, dove la mancanza di uno scopo da realizzare retroagisce, soprattutto in voi giovani, come demotivazione per un impegno nel presente. Manca il fine e quindi la risposta al perché mi devo dar da fare se il futuro non è più una promessa, anche se ancora non è diventato, come invece crede il filosofo Miguel Benasayag, una "minaccia".

La vostra crisi non è tanto psicologica, quanto culturale. Non siete nati in un prato verde dove tutti i fiori possono fiorire, ma in una cultura che ha misconosciuto il primato della comunità rispetto ai singoli individui e spezzato il vincolo di continuità tra le generazioni. Spero che tra i maestri che nel suo percorso di vita avrà modo di incontrare non ci sia nessuno che le "parli in nome di niente" come spesso capita di sentire ogni volta che si discute di voi.

17.

E neppure in nome di quei valori riconducibili unicamente al denaro

Solitari e ribelli. Così i ragazzi, che rifiutano tutte quelle "belle cose" che il denaro può acquistare, si salvano dal nulla.

Sono una ragazza di tredici anni e frequento la scuola media in un paese nelle Dolomiti. Vivo in una famiglia di umili condizioni e in una piccola casa. Sono la più piccola di cinque fratelli e il mio sogno è sempre stato sparire da qui perché sono stata vittima di bullismo, perché i miei compagni sono superficiali, perché non sopporto le prese in giro, non sopporto le superstizioni, la superficialità, chi non legge. Non tollero chi prende in giro un nero, uno di un'altra nazione.

La mia classe è composta da ragazzi che credono di essere fighi. Le idee sono ad esempio queste: se non hai il cellulare da 700 euro non sei mio amico, se non hai le scarpe della Nike non sei mio amico, se non ti vesti alla moda non sei mio amico, se non hai Facebook non sei mio amico, se non hai cose firmate non sei mio amico, se non sei scollata non sei mia amica, se non scii (e io non so sciare perché non ho soldi per pagarmi le lezioni di sci) non sei mio amico, se vivi in una casa piccola e che sta cadendo a pezzi non sei mio amico, e la cosa più orrenda è che, se studi e fai i compiti, ti prendo in giro, secchione! Quest'ultima mi fa più rabbia perché in questa classe la cosa più importante è essere fighi e apparire. Siccome non seguo tutte queste idee sono asociale, sono fuori dal gruppo. E poi volano tantissime bestemmie e parolacce.

Purtroppo i professori non fanno niente, nessuno se

ne accorge e il prossimo anno lasciamo le medie. Io non posso dire ai miei compagni che il mio cantante preferito è gay, e che ascolto musica classica, perché mi prendono in giro. Tutti ascoltano musica truzza, vedono video porno e guardano le tette di tutte le ragazze della mia classe. Che futuro avranno questi? Che futuro ho io vivendo la mia adolescenza così? Il mio sogno è fare la cantante lirica, perché la musica per me è come un mostro che mi ha divorato, che mi ha completamente immerso nell'immaginazione, nella fantasia.

È l'unica cosa che non mi fa sentire sola.

Lucia

Sono un ragazzo di sedici anni. Spesso mi capita di osservare le persone e giudicarle o meglio tentare di appiccicare loro un adesivo con scritta una specifica cerchia sociale ben distinta. Mi soffermo su particolari stupidi ma al contempo molto utili per fondare il mio giudizio. Osservo attentamente i vestiti, ascolto i loro discorsi, guardo la postura con cui parlano ecc. Noto sempre più spesso che il soggetto dei loro discorsi è volgarmente pragmatico; di rado sento parlare di politica o di opere liriche. I discorsi molto più in auge sono quelli riguardanti *Il grande fratello* e altri volgari programmi televisivi. Mi pongo un dubbio: la cultura italiana sta forse svanendo? Il futuro risiederà nella speranza di diventare veline o calciatori? Questo dubbio mi affligge e mi ritrovo sommerso da dubbi, preoccupazioni, domande che mi portano ad avere una visione tragica dell'Italia.

Omar

U.G. Quando eravamo poveri, penso agli anni cinquanta e ai primi anni sessanta, i valori trasmessi in famiglia coincidevano con quelli della società. Oggi, che stiamo diventando poveri ma in una società che non nasconde l'opulenza, la famiglia insegna ancora, anche se sempre più debolmente, valori che sollecitano l'impegno, l'applicazione, la disciplina, il rispetto, mentre la società, sempre meno etica e sempre più mercantile, diffonde valori che sollecitano il consumo, il successo, il potere, avendo come alleato il principio del piacere a cui i giovani sono già naturalmente portati.

La partita è impari e la famiglia cede e si rassegna. Chi si impegna a costruire il proprio futuro, oltre alla fatica, deve sopportare anche il disprezzo e l'isolamento. Di questo si lamentano i due ragazzi che mi hanno scritto, i quali non si sentono migliori dei loro compagni, ma semplicemente emarginati. Di questa emarginazione, che è la porta spalancata per la depressione, la famiglia non si accorge e la scuola, economicamente e culturalmente sempre più povera, ha scarsi strumenti e capacità per intervenire.

La mancanza di prospettive future già da una ventina d'anni ha inaugurato l'epoca nichilista che Nietzsche aveva predetto. E in un'epoca dove il denaro tutto può comprare, persino il sesso e il potere, cosa si pensa possano acquisire e volere i giovani se non "le belle cose", come scrive Platone nel mito della caverna, che sfilano davanti alla caverna dove sono incatenati gli schiavi?

E però, come nel mito della caverna, uno schiavo si libera dalle catene, esce dall'antro e prende a guardare e ad ammirare le "cose vere". È un percorso difficile, che avviene in solitudine, accompagnato dal riso e dal disprezzo di quanti dalla caverna non sono usciti, rassicurati dalla loro prigionia. Una prigionia che, al pari degli schiavi di cui parla Platone, i giovani di oggi non avvertono come schiavitù, perché le catene sono dorate e luccicanti. E perciò pensano di essere, più degli altri, all'altezza dei tempi, perché hanno lasciato alle spalle libri e cultura, impegno e rispetto. Valori d'altri tempi, anche se verrà il giorno in cui avvertiranno il vuoto che li circonda e il nulla in cui orientarsi. Ma resta pur sempre il divertimento con cui distrarsi, il vivere il presente in presa diretta ventiquattro ore su ventiquattro, anche se nel frattempo la loro vita, vissuta da virtuosi dell'irresponsabilità, si srotola in un esperimento dall'esito incerto.

18.

E nemmeno in nome di quei valori che risolvono l'identità nell'immagine

> Abbiamo consegnato la nostra identità a tutti coloro ai quali ci siamo esposti e dal cui giudizio abbiamo cominciato a dipendere.

Gentile Signor Galimberti, sono una ragazza di ventun anni, con poca, pochissima esperienza nella scrittura, quindi la prego di scusarmi se queste mie poche e semplici righe non saranno di un italiano corretto e scorrevole (d'altronde il livello d'insegnamento della scuola italiana è stato quello che è stato, ed è quello che è).

Avrei da farle molte domande, ma non voglio sottrarle troppo del suo tempo, così sarò semplice, concisa e diretta. Perché in questo mondo bisogna per forza apparire? Perché bisogna essere qualcuno? Perché se non si compare su una rivista, se non siamo i più trend del momento, se non abbiamo milioni di like sui social network non siamo nessuno?

Saranno sempre le stesse domande, e chissà quante mail simili alla mia le saranno arrivate; ma io, come i miei coetanei e come un sacco di persone che mi circondano, sono continuamente e incessantemente tempestata di stereotipi e di immagini giorno dopo giorno, che ogni tanto, sarò sincera, mi fanno dimenticare chi sono veramente. Sono stanca, sono stanca di tutto questo.

Inconsapevolmente il mondo di oggi trasforma, plasma e ci fa diventare diversi da come siamo realmente; è talmente forte quest'influenza che, inconsapevolmente, scegliamo e ci comportiamo come la società ritiene sia più corretto in quel momento e non seguendo il nostro "Io". Per me è una battaglia giornaliera, perché non voglio sottostare a queste regole (per così dire) d'immagine, non voglio finire a passare le mie giornate su Instagram (che non ho) a vedere e a postare foto in maniera compulsiva, per riuscire a dimostrare che riesco a essere bella, attraente, alla moda pure io. Ma poi, per riuscire a dimostrarlo a chi? Ai miei amici? Ai miei parenti? Al mondo? E poi? Quando sono in cima alle classifiche dei like cosa ho ottenuto? Riconoscenza? Le persone mi conosceranno come sono veramente? Non credo.

Io sono convinta che al giorno d'oggi ci sia uno "spaccio" di superficialità e conformismo, oltre che una perdita incondizionata di valori. Le scrivo perché mi sento rinchiusa e oppressa da tutto questo, tant'è che non sono più sicura delle scelte della mia vita, da quelle più semplici a quelle più complesse. Lei che ne pensa? Come è possibile affrontare questa società, che più si va avanti e più sembra che cada nel baratro?

Chiara

U.G. A me pare che lei scriva benissimo e le cose che dice – e che io mi guarderei bene dal dire per non essere accusato di essere troppo vecchio e quindi di non capire nulla del mondo giovanile – dette da lei che ha solo ventun anni mi fanno molto piacere. Ma anche se condividiamo la stessa idea, la guerra l'abbiamo già persa. E questo anche, come lei dice, "per l'insegnamento della scuola che è stato quello che è stato, ed è quello che è".

Venendo al tema, diciamo subito che "essere" è più complicato che "apparire", soprattutto in una società dei consumi come la nostra, dove la pubblicità delle merci, necessaria per farle conoscere, ha contagiato anche gli uomini, i quali, degradandosi al livello di merce, hanno la sensazione di esistere solo se si mettono in mostra, compensando la loro individualità mancata con la pubblicità dell'immagine. Siamo diventati tutti "es-posti", ossia "posti fuori da noi", per cui la nostra identità più non ci appartiene, perché è laggiù, in ciò che si vede e si dice di noi.

Per effetto di questa esposizione chi non si mette in mostra – in un mondo che è diventato una "mostra" che non è possibile non visitare, perché comunque ci siamo dentro –, chi non è irradiato dalla luce della pubblicità, non lo riconosciamo, anzi di lui neppure ci accorgiamo, al limite non c'è. Di qui tutto quel darsi da fare per apparire, perché più non conosciamo il nostro essere e, per via di questo mancato riconoscimento, la nostra identità è affidata agli altri. Siamo infatti nelle mani degli altri, al punto che il nostro pensare e il nostro sentire, la nostra gioia e la nostra malinconia non dipendono più dai moti della nostra anima che abbiamo perso e probabilmente mai conosciuto, ma dal "mi piace" o "non mi piace" espresso dagli altri, a cui ci siamo consegnati con la nostra immagine, che, per non aver mai conosciuto noi stessi, è l'unica cosa che possediamo e che vive solo nelle mani degli altri. Ci siamo espropriati e alienati nel modo più radicale, perdendo ogni traccia di noi.

Pur di sentirci al mondo, abbiamo perso il nostro mondo, quello intimo, quello segreto, quello per cui siamo quello che siamo. E con il nostro mondo abbiamo perso il pudore, che non è una faccenda di vesti o sottovesti, ma la custodia della nostra interiorità, che certe trasmissioni televisive pubblicamente, e i social network privatamente, ci invitano a consegnare agli altri con intime confessioni, emozioni in diretta, trivellazioni della nostra vita privata, storie d'amore che perdono il loro segreto, in quelle forme sguaiate di "spudoratezza" che vengono apprezzate e fatte passare come espressioni di "sincerità". Una volta che la spudoratezza è diventata una virtù, non abbiamo più vergogna. E siccome "vergogna" significa "temo la gogna, la mia pubblica esposizione", non ci si vergogna più della colpa, ma della sua pubblicizzazione, che il nostro pudore, ormai corrotto, avverte più disdicevole della colpa.

Di intimo c'è rimasto solo il dolore, la malattia, la povertà, che ciascuno cerca di nascondere per non essere isolato dagli altri. E così abbiamo reso inespressive tutte quelle figure dell'esistenza che avrebbero bisogno del massimo di comunicazione, per trovare quel sollievo che deriva dal non essere inabissati nella nostra solitudine, resa inespressiva per l'impossibilità di comunicarla. Infatti non si pubblicizza il dolore, la malattia, la povertà, perché gli altri non ne vogliono sapere e noi, che abbiamo dimenticato noi stessi quando ci dedicavamo alla nostra sfrenata esposizione, ci troviamo senza risorse per reggere da soli il buio della nostra notte.

19.

Se poi, come voi dite, non ci sono più valori, starà a noi trovarli

Al nichilismo passivo della rassegnazione voi giovani dovreste sostituire il nichilismo attivo di chi, prendendo proprio le mosse da lì, e non da consolanti speranze o attese, inventa il proprio futuro.

Ho vent'anni e mi ritrovo completamente spaesata, non riesco a definire quest'epoca. Mi sembra di vedere intorno a me persone interessate sempre più all'aspetto fisico, persone sempre più egoiste e tristi. Tutti mi dicono che sono io ad avere dei problemi e a vedere il mondo così oscuro, senza un senso. Sono stata un anno in terapia e sono arrivata a capire che il mondo ha il senso che vuoi dargli. La vita assume significati diversi a seconda del tuo modo di vedere le cose. Io continuo a vedere l'orrore intorno a me, tanto da sentirne ogni giorno la pesantezza.

Vorrei fare la rivoluzione, ma allo stesso tempo intorno a me vige il nulla assoluto. Non ne posso più di sentir parlare del nulla. Siamo l'epoca del nulla cosmico. Chiedo scusa per la ripetizione del "nulla" ma è quello che vedo ogni giorno, quello che sento quando parlo con qualcuno, quello che respiro la mattina appena esco di casa. Sento la sensazione del nulla associato a quell'immobilità che hai la mattina quando hai appena spento la sveglia delle sette, una sorta di fastidio assopito proprio dall'effetto del nulla. Avevo voglia di condividere il mio stato d'animo con lei.

Isabella

U.G. Nel 1887 Nietzsche scriveva: "Il nichilismo è alle porte: da dove ci viene costui, il più inquietante degli ospiti?". Dopo questo annuncio, qualche mese dopo scriveva: "Mi capirete tra cinquant'anni". Noi ce ne abbiamo messi centocinquanta per capirlo, ma già nel 1956 Martin Heidegger scriveva: "Nietzsche chiama il nichilismo 'il più inquietante fra tutti gli ospiti', perché ciò che esso vuole è lo spaesamento come tale. Per questo non serve a niente metterlo alla porta, perché ovunque, già da tempo e in modo invisibile, esso si aggira per la casa. Ciò che occorre è accorgersi di quest'ospite e guardarlo bene in faccia".

Lei se n'è accorta, lo assapora da tutte le parti, ma forse non lo guarda bene in faccia, e nello spaesamento che il nichilismo diffonde, ho l'impressione che lei, pur lamentandosi, vi si consegni, alimentando quel "nichilismo passivo", che Nietzsche riprovava, tipico della rassegnazione. Guardare bene in faccia il nichilismo significa abbandonare quelle parole che io considero "parole della passività" come "speranza", "augurio", "auspicio", che lasciano intendere che qualcuno provvederà a darci un futuro e a noi non resta che attenderlo. Non è così. Nietzsche invita al "nichilismo attivo", che può prendere avvio solo guardando bene in faccia il nichilismo che lui così definisce: "*Nichilismo*: manca il fine, manca la risposta al 'perché?'. Che cosa significa nichilismo? – che i valori supremi perdono ogni valore".

Ora, che i valori si svalutino non è un grosso problema. Come già abbiamo detto, i valori non sono entità metafisiche che scendono dal cielo o hanno fondamenti immutabili. I valori sono dei semplici coefficienti sociali con cui una società cerca di vivere con la minor conflittualità possibile. Prima della Rivoluzione francese, ad esempio, la società era ordinata secondo valori gerarchici, dopo la Rivoluzione la società si regolò, almeno formalmente, secondo valori di cittadinanza. Se i valori non cambiassero saremmo ancora all'età dei Babilonesi. Nichilismo è quando un sistema di valori crolla e non ne nasce un altro. O quando, come diceva Hölderlin: "Più non son gli dèi fuggiti e ancor non sono i venienti".

Più importante è che "manca il fine". Il futuro, che la cultura occidentale, su ispirazione cristiana, ha sempre pensato come una "promessa" o almeno come una "speranza", oggi appare come una minaccia o, perlomeno, soprattutto per voi giovani, come "imprevedibile". E quando il futuro è imprevedibile retroagisce come demotivazione. "Perché devo studiare?" "Perché devo lavorare?" A questo punto, come dice opportunamente Nietzsche: "Manca la risposta al 'perché?'". "Perché devo impegnarmi?" E al limite: "Perché devo vivere?".

Se questa è la situazione, e la situazione è davvero questa, accanto alla strada del "nichilismo passivo" di chi si rassegna abbiamo la strada del "nichilismo attivo" di chi, per averlo guardato bene in faccia, non si nutre di attese, speranze o auspici, ma prende in mano la sua vita, partendo da lì, perché il giovane sa che il futuro è comunque suo, e, se non se lo prende, nessuno glielo regala. Circa il modo di prenderselo, la scelta la lascio a voi giovani. Avete la biologia a vostro vantaggio e, se la rassegnazione non vi divora, avete anche la fantasia. Forse vi serve solo un po' di forza d'animo.

20.

Non spegnete la nostra tensione morale chiamando utopie i nostri ideali

Sono ideali che qui di seguito illustreremo, sperando di non ottenere in risposta un vostro sguardo di sufficienza.

Teoricamente tutti dovrebbero occuparsi, e preoccuparsi, dei diritti e doveri di ognuno. Assicurarsi che vengano rispettati, i propri, e quelli delle persone che ci circondano. Dei nostri familiari, dei nostri concittadini, che vivano a cinque metri da noi o a cinquemila chilometri. Perché? Perché noi siamo cittadini del mondo, e come tali dobbiamo prenderci cura del luogo in cui ci troviamo e delle persone che ne fanno parte. Invece non è quasi mai così. Sono milioni le persone che cercano di aiutare gli altri, in qualunque modo possibile. Ma sono ancora di più quelle che non lo fanno. Forse non ci pensano neanche, forse non gli interessa, forse hanno "problemi più grandi", forse non hanno i mezzi per farlo, forse non sono al corrente di ciò che succede, forse di qua, forse di là. Non si accorgono, però, che il problema più grande è l'indifferenza, l'ignoranza, la presunzione, la cattiveria.

Alcune di queste persone che non fanno niente credono che non sia normale vedere due uomini baciarsi. Pensano che la guerra vada bene, che gli stranieri debbano restare nel proprio paese. Questa gente crede che non sia normale dare la cittadinanza a chi nasce qui. Per me non è normale vedere esseri umani che lottano ogni giorno per la sopravvivenza. Non è normale che ci siano esseri umani che non si possono sposare. Non è normale che ci siano esseri umani che non possono andare a scuola. Non è normale che ci siano esseri umani che non possono praticare la propria religione. Non è normale che ci siano esseri umani che non possono esprimere la propria opinione. Non è normale che ci siano esseri umani torturati e schiavizzati e carcerati e uccisi per il loro credo, la loro etnia, il loro sesso, la loro condizione sociale. Non è normale che venga ancora eseguita la pena di morte, che gli esseri umani non possano sposarsi e adottare dei bambini se hanno un compagno dello stesso sesso. Non è normale che tutto questo accada sotto gli occhi di chi potrebbe rivoluzionare le vite di queste persone.

Perché in futuro sui libri di storia ci sarà scritto che gli omosessuali vennero discriminati, che i neri vennero discriminati a distanza di anni dall'abolizione della schiavitù, che gli immigrati di qualunque paese vennero discriminati, che i bambini vennero discriminati, che le donne vennero discriminate, che i disabili vennero discriminati, che gli anziani vennero discriminati, che gli adolescenti vennero discriminati, che i musulmani vennero discriminati, gli ebrei, i credenti di qualsiasi religione "diversa".

I miei figli, e i figli dei miei figli, leggeranno tutto ciò e si chiederanno come sia potuto accadere. In un'epoca così moderna, così tecnologica, così sviluppata. Così crudele. E io gli dirò che qualcuno là fuori non ne poteva più. Qualcuno là fuori voleva cambiare le cose una volta per tutte. Qualcuno là fuori voleva combattere. Qualcuno là fuori voleva giustizia. Qualcuno là fuori decise di comportarsi da essere umano. Perché è ciò che siamo noi, tutti, sette miliardi di esseri umani.

Martin Luther King, Gandhi, Nelson Mandela, persone come queste hanno cambiato il corso della storia. Ci hanno aperto gli occhi, ci hanno donato la chiave per la libertà. E noi questa chiave non l'abbiamo ancora fatta girare del tutto nella serratura. E io voglio farlo. Con centinaia, migliaia, milioni, miliardi di altre persone. Non sono sola, e non voglio esserlo. Si può sempre fare qualcosa, non abbiamo ostacoli. L'unico ostacolo è l'annullamento delle proprie idee. Non annulliamole. E non importa essere grandi o piccoli. Io ho quindici anni, a gennaio sono entrata a far parte di Amnesty International e poco fa di Do Something.org. Perché so quanti ragazzi stanno già smuovendo le acque, e quanti ancora ce ne saranno. Ma so anche quanti adulti lo hanno già fatto, e continueranno a dare l'esempio. Non si tratta di destra o sinistra. Io sono per l'uguaglianza.

Denise

U.G. C'è una tensione morale negli adolescenti di oggi che non si registrava negli adolescenti di ieri. Di seguito avrete modo di leggere la lettera di una ragazzina di dodici anni di nome Diletta che, con argomenti molto seri, si pronuncia contro il razzismo. Quella lettera ha suscitato moltissime reazioni, alcune di apprezzamento, ma molte altre dettate da paternalismo e sufficienza, il cui senso era: "Quando crescerai, cambierai idea".

La peggior cosa che gli adulti possono fare, oltre a tutte quelle elencate da Denise in questa lettera – e sono cose che producono vera indignazione –, è svalutare la tensione morale degli adolescenti, qualificarla come utopia, o peggio come sogno da cui, prima o poi, ci si risveglierà. Questo atteggiamento è la vera essenza del nichilismo che tutti i benpensanti aborrono, ma di fatto concorrono a crearlo con il messaggio: "Non c'è niente da fare, le cose sono sempre andate così". In questo modo si depotenzia il futuro dei giovani togliendo loro la tensione morale dei loro ideali.

Eppure la lettera di Denise elenca cose che gli adulti possono fare, perché i suoi ideali sono di "morale civile", dove la politica, che è praticata dagli adulti, può intervenire con opportune leggi che consentano la libera espressione dell'affettività alle coppie di fatto e a quelle gay, un'adeguata istruzione a tutti, anche a quanti non possono permettersela, la cittadinanza a chi è nato nel nostro paese e frequenta le stesse scuole dei nostri figli oltre a parlare la stessa lingua, leggi che impediscano lo sfruttamento degli immigrati fino al limite della schiavitù, e tutte quelle discriminazioni di sesso, di religione, di etnia che, denunciate in linea di principio, sono di fatto smentite nella pratica quotidiana.

E tutto questo da noi. Ma poi ci sono i problemi del resto del mondo, che Denise elenca, ma che, a quanto pare, a noi non interessano, chiusi come siamo nelle pareti di casa nostra senza neppure una finestra che si apra sul mondo. Con adulti fatti così, pensate davvero di avere figli migliori? Anche se non ve lo dicono, già vi guardano con disprezzo in risposta al vostro sguardo di sufficienza.

21.

Non vi vergognate del vostro razzismo?

Tante volte i pensieri degli adolescenti sono molto più evoluti di quelli degli adulti.

Egregio dottor Galimberti, spesso leggo con mia madre la sua rubrica dove lei risponde a domande che a volte mi faccio, ma che non ho il coraggio di rivelare. Chi le scrive è una ragazza dodicenne con la passione di evidenziare le ingiustizie che le accadono intorno. Il motivo di questa mia lettera è denunciare le discriminazioni e le umiliazioni che ogni giorno subisce chi è "diverso" da noi.

In tutto il mondo e in tutti gli ambienti, si manifestano atti di razzismo che portano a scontri e incomprensioni. La nostra vita di tutti i giorni è caratterizzata da atti violenti e irrispettosi. A scuola vedo bulli che insultano, disturbano e stuzzicano ragazzi più piccoli e deboli di loro troppo spaventati per difendersi. Camminando per le strade del mio paese, sento barzellette offensive su ebrei, africani, cinesi e sulle donne. Ai telegiornali raccontano di incendi appiccati nei campi del popolo rom, di venditori ambulanti picchiati e di ragazze straniere violentate. Perfino i politici non hanno rispetto per gli altri popoli. Un ministro francese ha proposto di sterilizzare le donne rom, in modo che non possano più avere figli.

La nostra intolleranza nei confronti di chi è diverso ha raggiunto livelli estremi: anche gli animali vengono trattati con maggior rispetto! Perché, nelle aziende, le donne vengono pagate meno degli uomini? E perché gli africani sono tutti considerati dei ladri e dei saccheggiatori? Il razzismo è in ognuno di noi, confinato in un angolino della nostra mente: siamo talmente condizionati da programmi televisivi e da racconti sentiti a scuola o negli ambienti di lavoro che sobbalziamo se vediamo un mendicante che ci chiede qualche soldo o pensiamo male se un venditore straniero ci passa accanto.

Abbiamo costantemente paura del diverso perché non lo conosciamo. È come un vuoto buio e ignoto, di cui non sappiamo nulla. Tutto ciò che non procede secondo la normalità viene considerato come un pericolo da eliminare. Invece dovremmo considerarci fratelli di tutti e "cittadini del mondo". Anche se abbiamo la pelle, la religione e i costumi diversi, avremo sempre qualcosa che ci accomunerà tutti: la stessa forza generatrice che ci ha creati e l'amore per la libertà. Se noi ragionassimo avendo questa ottica, forse le guerre e i conflitti che imperversano nel pianeta cesserebbero e renderemmo il nostro mondo un posto più felice per tutti.

So di essere solo una ragazza con gli orizzonti troppo idealizzati, ma spero che condivida e accolga le mie idee, creando una rubrica che cerchi di sensibilizzare i giovani al concetto della libertà e della tolleranza. Con la speranza di essere ascoltata.

Diletta

U.G. Cara Diletta, sono stupito dalle idee che abitano la tua mente e dal modo con cui riesci a esprimerle. E se anche qualcuno ti ha aiutato nel pensarle e nell'esprimerle, questo qualcuno ha preso le mosse dagli spunti che tu gli hai fornito. La tua età, dodici anni, è interessante in ordine alla formazione di pregiudizi razzisti, perché, finché si è bambini e si scopre il mondo, ogni cosa nuova che si incontra, e quindi ogni curiosità – che si tratti del colore della pelle o del taglio degli occhi degli altri bambini, del loro modo di parlare o di vestirsi –, desta interesse.

Ma i bambini non crescono solo in un prato verde dove giocano con tutti quelli della loro età, i bambini crescono anche in famiglie, in alcune delle quali sono invitati a non familiarizzare troppo con chi ha la pelle nera o non parla bene la nostra lingua, perché questi bambini non sono proprio uguali a noi, dove è sottinteso che sono inferiori a noi. E infatti abitano case che non sono belle e spaziose come le nostre, a scuola hanno qualche difficoltà in più nell'apprendere, talvolta quando si esprimono fanno ridere, e allora nell'età della prima adolescenza, in cui ogni bambino è alla ricerca di una propria identità, non c'è strada più facile per trovarla che arroccarsi nella differenza che li distingue da loro e, a partire dalle considerazioni che hanno ascoltato in famiglia, sentirsi in questa differenza superiori.

Quando uno si sente superiore a un altro cade facilmente preda di quella legge animale dove il forte aggredisce il debole. E il gioco riesce, perché chi viene da noi, lasciando la sua terra, la sua lingua, le sue abitudini, è davvero più debole di chi cresce nella propria terra, parla la propria lingua e non deve cambiare il suo modo di vivere. L'aggressione del debole fa sentire ancora più forti, e la propria identità così rafforzata diventa uno stile di vita.

Ma siccome oltre alla "legge animale" del più forte esiste anche la "legge umana" in base alla quale chi da subito incontra difficoltà e con il tempo e l'impegno le supera diventa più abile di chi le difficoltà non le ha mai incontrate, e quindi non ha avuto occasione di affrontarle e superarle, alla fine tutto si capovolge, e quello che un tempo era più debole diventa più forte di chi si riteneva forte, perché così in famiglia aveva sentito dire. Succederà allora che, in un mondo che ormai mescola tutte le culture, chi fin da piccolo è stato abituato a inserirsi e convivere con una cultura diversa dalla sua sarà più capace di muoversi nel mondo, rispetto a chi non è mai uscito dal proprio paese e in questo recinto ha trovato la sua misera identità.

22.

Sapete dirci chi è lo straniero?

E a questo proposito, "straniero" si scrive con la "s" minuscola o maiuscola?

Gentile Galimberti, l'assessore romano alla Scuola Laura Marsilio, in visita a una scuola elementare, ha dichiarato che i bambini nati in Italia da genitori stranieri non sono realmente italiani. A me, sinceramente, è salita un attimo di ansia identitaria. Un genitore italiano basta per essere italiana? Qui c'è poco da scherzare. Qui si parla di me, della mia appartenenza. Qui, se si comincia a misurare l'italianità a seconda dei genitori, potrei avere dei problemi pure io. Perché non solo mio padre non è italiano, ma io non sono neppure nata in Italia. Però ci ho vissuto vent'anni – vale? Quanti punti ho nella scala da 0 a 100 dell'italianità pura? L'assessore Marsilio dice che i figli di stranieri in Italia sono stranieri. Mi sono guardata allo specchio e ho pensato: Oddio, parlava di me?

Poi, però, ho tirato un sospiro di sollievo. Io non sono di origine straniera straniera. Lo sono solo un pochino, sono solo un pochino straniera, perché mio padre non è "Straniero" ma "straniero", un gioco di maiuscole e minuscole che può cambiare tutta una vita. Del resto l'Inghilterra non è veramente "straniera". Certo è più lontana dall'Italia della Tunisia o dell'Albania, però non è straniera straniera. Infatti io ne ho pagato le conseguenze. A me a scuola nessuno poneva domande esotiche e favolose sulle mie origini – non ero molto interessante – e, a parte qualche domanda d'aiuto durante i compiti in classe d'inglese, la mia origine straniera era ignorata. Mi rendeva molto più esotica il fatto che non avessi la televisione a casa. In tutte le altre cose, io ero italiana. Ma in che modo?

In che modo io sono italiana più dei bambini delle elementari incontrati dalla Marsilio? Come si misura l'italianità? Dall'"aria che si respira in casa", rispondono sia la Marsilio che la preside della scuola elementare. Ed ecco che scattano di nuovo in me dubbi d'appartenenza. Come si misura l'aria che si respira in casa? In quale percentuale deve essere italiana l'aria respirata per mettere in circolo nel corpo l'essenza dell'italianità? Perché io sono cresciuta in una casa un po' stramba, e non sono sicura se l'aria che ho respirato negli ultimi venticinque anni si possa considerare "italiana". Esiste un rilevamento scientifico? Un rilevatore di qualità offerto dal ministero dell'Interno per misurare in modo quantitativo di che nazionalità sia l'aria di una casa? Quanti punti mi toglie nella scala d'italianità il fatto che tra le mura della casa della mia infanzia non circolasse solo l'italiano?

Del resto ora l'inglese va di moda, ma sicuramente i signori misuratori d'identità converranno che la popolarità dell'inglese è solo il risultato di giochi di potere e moderno colonialismo linguistico e che quindi il fatto che questa lingua contaminasse l'aria della mia casa debba togliere molti punti alla misura della mia italianità. O siamo così meschini che chiudiamo un occhio quando la lingua altra che contamina la nostra è quella del più forte, del colonizzatore? Certo che no.

Quanti punti toglie alla mia italianità il fatto che tornassi ogni anno, per tutta la mia infanzia e adolescenza, al mio paese d'origine? Perché, se ho capito bene, è così che dovrei considerare l'Inghilterra. Così vale per i bambini in fila per entrare in classe che ha incontrato la Marsilio, quindi immagino valga così anche per me. Poco importa se i miei mi hanno portata via dal mio paese natale che avevo tre settimane, se ho frequentato l'asilo, la materna, le elementari, le medie, le superiori in Italia, se i miei "ritorni" all'isola britannica li ho sempre considerati vacanza. Poco importa se in Inghilterra sorridevano per il mio accento italiano e se sono sempre stata vista dai miei parenti là come la nipote italiana. Secondo le leggi astratte delle appartenenze, un bimbo con genitori marocchini portato in Italia a tre settimane d'età è marocchino, e quando se ne torna in Marocco d'estate torna "al suo paese d'origine". Questo, a rigor di logica, dovrebbe valere anche per me.

Quanti punti di italianità mi dà il fatto che a casa mia si festeggi il Natale con i tortellini? Ma quanti punti poi mi toglie il fatto che attorno al tavolo del pranzo di Natale ci sia seduto non solo un inglese, mio padre, ma pure un cinese, mio zio, il marito di mia zia, la sorella di mia madre? Certo l'aria che respiro fin da bambina non si può definire esattamente italiana. O forse sì? Del resto mentre si mangia si parla solo italiano perché questa è la lingua che tutti capiamo, e mio zio è in realtà cittadino italiano. Dal punto di vista burocratico, l'unico straniero a quel tavolo è mio padre, che però mangia più tortellini di mia madre (cittadina italiana con genitori italiani e nonni italiani).

Mi confondo sempre quando si utilizza la parola "cultura" – cosa si intende per "cultura italiana"? Cantare l'inno? Essere bianchi? Andare in chiesa? Parlare italiano? Pagare le tasse? Non pagarle? Avere la madre casalinga? Avere la madre lavoratrice? Essere cattolici o almeno cristiani o, a seconda del momento storico, pure ebrei o pure atei ma comunque non musulmani? Essere italiani vuol dire non essere musulmani? Mangiare i tortellini vale? Essere precari? Mammoni? Mafiosi?

Sicuramente la cittadinanza non basta. La Marsilio non parla della cittadinanza dei bambini in fila fuori dalle elementari, ma della loro "cultura", della loro "origine", e probabilmente la sua scelta è stata azzeccata. Avrebbe potuto creare delle incomprensioni se avesse parlato solo di bambini non cittadini italiani. Perché alcuni di quei bambini in fila per entrare in classe, etichettati dalla Marsilio come "stranieri", probabilmente sono effettivamente cittadini italiani, figli di cittadini italiani. Per evitare disguidi, per evitare che questi bambini, cittadini italiani, si sentissero in qualche modo esclusi dal suo discorso e non si sentissero abbastanza stranieri, la Marsilio ha sottolineato che "non è solo un fatto anagrafico, ma un fatto di cultura".

E ha ragione, la signora Marsilio, a dirlo a bambini di sei anni, nei primi giorni di inserimento a scuola: che sia ben chiaro, nelle loro teste, che sono diversi da tutti gli altri. Nel caso in cui si confondessero o solo provassero un sentimento di appartenenza al paese, alla città, alla scuola, al quartiere, le cose sono da subito messe in chiaro. È evidente dunque che anche la mia cittadinanza non basta come sicurezza, come prova della mia italianità. Il discorso della Marsilio suggerisce che ci sono cittadini più cittadini di altri, più italiani di altri, con il passaporto più rosso degli altri. Date le mie circostanze, il mio passaporto di che rosso è?

Se alcuni di quei bambini "stranieri" della scuola elementare erano cittadini italiani, altri non lo erano, perché i loro genitori non possiedono la cittadinanza. Come mio padre, del resto. Che cosa, dunque, mi rende più italiana di questi bambini? Forse il fatto di non dover fare la fila periodicamente in questura per richiedere il permesso di soggiornare un altro anno nella mia casa, nella mia città, nel paese in cui sono cresciuta? Forse il fatto che, quando ho compiuto diciotto anni, non ho dovuto presentare una motivazione "valida" per rimanere in Italia e non rischiare di diventare clandestina? Ma questa non è una questione di "cultura", questa differenza tra me e quei bambini dipende solo dal fatto che possiedo i documenti giusti, che mi è andata bene con la burocrazia. E, se qui quello che conta è la cultura e non la burocrazia, l'appartenenza e non l'anagrafe, cosa mi rende, realmente, più italiana di una ragazza arrivata a tre settimane d'età dal Marocco? O di un ragazzo nato in Italia da genitori che un tempo vivevano in Tunisia?

Certo, qualcuno potrebbe dirmi che la mia "origine" è più "europea" della loro. Quando si parla di "aria italiana respirata in casa", però, siamo veramente sicuri che l'aria inglese si avvicini di più all'aria italiana rispetto all'"aria albanese", all'"aria marocchina", all'"aria cinese"? L'aria marocchina respirata in casa da bambini figli di marocchini "inquina" l'aria italiana che i bambini respirano più dell'aria inglese, americana, austriaca, svizzera respirata da bambini figli di inglesi, americani, austriaci, svizzeri che nascono e crescono in Italia? Forse il ministero dell'Interno dovrebbe veramente distribuire degli efficaci rilevatori della qualità dell'aria a ogni casa, roulotte, tenda in Italia. Così tutti potremmo dormire sonni più tranquilli. Perché finalmente sapremmo esattamente chi è italiano puro e chi no, chi è italiano solo per un terzo, chi per quattro quinti, chi per sette noni.

Alice

U.G. Non conosco l'assessore alla Scuola da lei citata, ma assumo la sua dichiarazione come esempio di una mentalità diffusa in molti "italiani", che sono tali perché nati da genitori italiani in terra italica. Non per loro merito o per loro scelta, ma per puro caso ed evento di natura, che però conferisce loro diritti che chi non ha fruito di questo caso e di questo evento di natura non ha. Primato della biologia rispetto alla persona. Prendiamone atto.

Lei è figlia di un padre inglese e quindi – stanti i livelli di accettazione nel nostro paese, che a quanti provengono da nazioni ricche non fa le stesse difficoltà che invece pone a chi proviene da nazioni povere – lei è una straniera con la "s" minuscola a differenza di un cingalese che, come lei dice, è uno straniero con la "S" maiuscola. E tuttavia sia lei che il cingalese dovete fare i conti con la condizione tipica di ogni straniero che, se si integra fino a rimuovere la propria origine, perde le sue radici, se invece ne conserva memoria e fedeltà, in terra straniera è guardato con sospetto. Di questa sofferenza psicologica, da cui lo straniero non esce comunque si muova, sono esonerati gli abitanti del luogo, i quali, a questo punto, potrebbero dismettere il loro atteggiamento di superiorità e di scarsa tolleranza, che è indice unicamente del loro essere in ritardo rispetto al cammino della storia.

Gli anni che stiamo vivendo, infatti, sono caratterizzati

da quei processi migratori che inevitabilmente sfilacceranno i confini dei nostri territori che avevamo assunto come recinto della nostra sicurezza. Il prossimo, sempre meno simile a noi e sempre più "altro", ci obbligherà a fare i conti con la "differenza". E adatto sarà solo chi si sarà allenato per tempo, come sembra sia facile per i bambini i quali, se non indottrinati, giocano naturalmente con i loro coetanei di tutti i colori, di tutte le lingue, di tutte le religioni, di tutte le usanze e di tutti i costumi. Perché così sarà il mondo, e "straniero" finirà con l'essere chi ancora, tardivamente, si arrocca sull'origine dei propri natali e sul sangue dei padri.

La convivenza tra gli uomini sarebbe migliore se tutti seguissimo l'invito di Charles Baudelaire: "La tua patria? Ignoro sotto quale latitudine essa sia situata".

23.

Ne sapete qualcosa della “colpa metafisica” di noi occidentali?

Perché ebola è un flagello che ci riguarda, anche se ci ha contagiato solo nella sua innocua versione mediatica?

Gentile dott. Galimberti, sono un'antropologa medica di ventotto anni, appena tornata dalla Sierra Leone, dove ho collaborato con l'università locale, e non ho potuto non notare come da qualche mese, ma soprattutto nelle ultime settimane, il virus ebola abbia contagiato anche l'Europa, ovviamente nella sua igienica, civile e tutto sommato innocua versione mediatica. Così, con il crescere del numero dei morti in Guinea, Sierra Leone, Liberia e Nigeria, abbiamo assistito al crescere delle dimensioni dei titoli apocalittici sui nostri quotidiani, del numero delle pagine dedicate, del lessico millenarista e da epopea. I fogli dei nostri giornali hanno cominciato a grondare “mostri”, “eroi”, “catastrofi umanitarie”, e tutto quel corredo di immagini che, come per magia, fanno di una tragedia molto umana – e molto politica – una lotta epica e all'ultimo sangue tra il Bene e il Male, tra la Vita e la Morte.

Sì, perché quel che troppo poco si è detto, e che sarebbe invece il caso di ribadire in ogni sede, è che se il virus sta imperversando proprio in Sierra Leone, Liberia e Guinea, tre dei paesi con il più basso reddito pro capite al mondo, la ragione è da cercare meno in un imperscrutabile disegno divino e più in una storia, remota e recente, di sfruttamento e dominazione selvaggi da cui l'Occidente non può chiamarsi fuori; meno nell'infantilismo un po' barbaro e nelle inveterate usanze antiscientifiche e antirazionaliste dei locali, quelle sì troppo dure a morire, e più in una mondializzazione iniqua a cui le popolazioni di questi tre Stati pagano oggi un tributo altissimo, anche in termini di vite umane.

Chi è stato in Sierra Leone lo sa bene. Chi ha visto con i propri occhi l'operazione di spoliazione sistematica e quasi ostentata del paese da parte di compagnie d'affari estere sa che le voci secondo le quali i medici bianchi venuti dall'Europa e dagli Usa prelevano campioni di sangue e di tessuti dai malati e dai morti per cibarsene come vampiri o insidiosi cannibali, più che il retaggio di credenze ataviche e intrise di magia, di un Medioevo che in Africa fatica a cedere il passo alla modernità, sono la rappresentazione – poco metaforica e molto letterale – di ciò a cui la popolazione locale ogni giorno assiste impotente.

Se dietro agli episodi di assalti agli ospedali, di malati che sfuggono alla quarantena, di cadaveri tenuti nascosti e di pietre lanciate con rabbia contro chi è venuto ad aiutare, mosso dal più nobile spirito filantropico, si vuole vedere l'ostinazione irrazionale, venata di tragico *cupio dissolvi*, tipica dell'uomo africano, significa continuare, come l'Occidente ha fatto per secoli, a rappresentare l'Africa nei termini "di ciò che è incompleto, mutilato e non concluso [...], di un continente che va ancora in cerca dell'umanità", come scrive il filosofo camerunense post-colonialista Achille Mbembe. E significa, al tempo stesso, incaponirsi nel non vedere, anzi, nel negare a questi atti il valore e la portata politica, la drammatica denuncia di un'altrettanto drammatica contraddizione.

Se sono i Bianchi, gli Occidentali, i primi ad aver contribuito alla "violenza strutturale" che si abbatte su queste popolazioni e a trarne vantaggio, a concepire gli Africani come l'altro da sé per antonomasia sull'asse dell'irrilevanza, come ci si può aspettare che nelle mani dei Bianchi, seppur in veste di medici, ci si rimetta con fiducia e magari con gratitudine per farsi curare da una malattia che – vale la pena sottolinearlo – è così difficile da debellare proprio a causa dello stato di prostrazione non solo sanitaria, ma anche politica, economica e sociale in cui versano questi Stati?

La Sierra Leone è un paese lussureggiante e ricchissimo, oltre che di risorse naturali, di saperi e competenze che, lungi dal rimanere ancorati a un immobile e arcaico trapassato remoto, cercano metodi e strategie per rispondere alle drammatiche sfide che il presente globalizzato pone con urgenza agli uomini e alle donne di oggi.

A noi Europei il compito sempre più urgente di interrogare questo presente fosco con onestà e coraggio, rinunciando a immagini stereotipate e di sapore coloniale e a epiche *prêt-à-porter* e tutto sommato rassicuranti, per domandarci davvero cosa oggi ebola dice di noi, della nostra storia e del nostro attuale posto nel mondo, nonché quali indicazioni importanti ci dà per il futuro.

Eleonora

U.G. Più della mia risposta, vale la sua testimonianza. Concordo con lei che, ogni volta che si verifica una tragedia nel mondo, noi occidentali dovremmo chiederci se qualche colpa non l'abbiamo anche noi. Se non altro per il fatto che per secoli l'Occidente ha colonizzato il mondo e l'Africa in particolare.

Oggi non c'è più il colonialismo territoriale, ma non è assolutamente venuto meno il colonialismo economico, dagli aspetti meno evidenti, ma più sofisticati, più insidiosi e più devastanti di quello territoriale. Se è vero, come lei mi riferisce, che la Sierra Leone è un paese lussureggiante e ricchissimo, con un reddito pro capite tra i più miseri al mondo, non è certo per colpa degli abitanti, quanto dei loro governanti, qualora si siano fatti corrompere dalle multinazionali occidentali che hanno come unico codice di comportamento il loro profitto.

E noi, gente comune, che colpa ne abbiamo? Abbiamo quella colpa che Karl Jaspers, inaugurando l'anno accademico nel 1946 a Heidelberg, imputò ai suoi connazionali, e chiamò "colpa metafisica", diversa da quella politica, da quella giuridica, da quella morale. Una colpa che consiste nel fatto che, dopo quanto era accaduto in Germania con i milioni di morti nei campi di concentramento: "Noi tedeschi siamo ancora vivi, questa è la nostra colpa".

Lo stesso possiamo dire oggi noi occidentali che, per analogia, nei confronti del resto del mondo, non possiamo non riconoscerci una "colpa metafisica", se appena consideriamo che il nostro benessere è stato in gran parte pagato dalle popolazioni dei paesi che abbiamo colonizzato, prima territorialmente e oggi economicamente, sfruttando le ricchezze della loro terra senza sollevare di un palmo le condizioni della loro esistenza. Queste popolazioni oggi vengono da noi. Mettono in gioco la loro vita, per avere almeno uno straccio di speranza di vita.

24.

Come possono le atrocità della guerra lasciarvi indifferenti?

Scrive Günther Anders che, se il nostro sentimento, superata una certa soglia, si inceppa, per effetto di questo meccanismo di inibizione "il mostruoso ha via libera".

Ho vent'anni, studio Commercio estero a Venezia. Sono alla mia scrivania, come tutte le sere. E scrivo. Sono settimane che sono ferma al primo paragrafo di un articolo. Riguarda Aleppo. Avrei voluto scrivere della "piramide dei martiri che affligge la Terra". *The usual suspects*: sarebbe stato un gran titolo. Ho costruito e distrutto frasi milioni di volte, non trovando le parole giuste. Poi mi sono fermata, mi sono chiesta se io stessa avrei mai voluto leggere l'ennesimo articolo accusatorio. E mi sono risposta di no. Uno dei tanti. D'altronde un martirio non si ferma con le belle parole. Che sia una discussione bilaterale tra John Kerry e Sergej Lavrov o il coraggioso *j'accuse* della giornalista Lucy Aharish al tg israeliano.

Ricordiamo l'Olocausto ogni anno, in un giorno di gennaio, per poi dimenticarcene nei restanti 364 giorni. Posiamo la forchetta sul piatto per quel servizio al telegiornale, quelle immagini aberranti, le fissiamo, sospiriamo. Per poi riprendere a cenare. Ascoltiamo dopo ogni genocidio, dopo ogni massacro di massa, il grido "mai più" risuonare fino al conflitto successivo. Viviamo di un'eterna indifferenza. E ne siamo consapevoli. A cosa servono, davvero, le parole?

Scrivo perché scrivendo ho capito quello che non avevo

capito studiando. Ho vent'anni, e seppure a volte vedo il mondo scivolarmi tra le dita, sono una sognatrice. Vedo una parte del globo, uomini che non possono più pensare, né amare, né sperare, ma soltanto tremare, tremare incessantemente. Vedo l'altra parte, assuefatta alla sofferenza dell'altro, immobile.

Sento il rumore della pioggia, una serata di dicembre, il calore di casa. Penso al frastuono delle bombe, una serata di dicembre, il gelo dentro. Ascolto la banalità superflua dei notiziari che finisce con il trasformare tutti noi che parliamo e tutti noi che ascoltiamo in complici. Penso a come siamo disfattisti, mentre ci crediamo uomini di pace. A come siamo frangibili.

Ho vent'anni, e seppure osservo una Società delle nazioni e la sua perenne codardia alla Chamberlain, io ci credo ancora. Credo in quel Consiglio di sicurezza, immaginato dopo la Seconda guerra mondiale come istanza suprema di un governo mondiale integralmente rivolto alla pace. In quelle Nazioni Unite che, per un breve periodo, alla fine della Guerra fredda, hanno lavorato senza l'ostruzionismo delle rivalità tra le grandi potenze. In quelle Nazioni Unite che sono oggi teatro della nostra impotenza collettiva. Scrivo perché mi rende consapevole. E a vent'anni, bisognerebbe aver fame di consapevolezza.

Ludovica

U.G. Nel mondo c'è più atrocità che amore. Perché un maledetto "istinto di conservazione", portato all'esasperazione, ci fa dire: "*Mors tua, vita mea*". Come se la propria vita potesse affermarsi alla sola condizione, se non di sopprimere, comunque di limitare la vita degli altri. Nonostante non manchi giorno in cui rivendichiamo la nostra differenza e superiorità rispetto agli animali, siamo esattamente come loro, anzi peggio di loro. Gli animali infatti uccidono per alimentarsi, gli uomini invece, come ci ricorda Hegel, uccidono per ottenere il riconoscimento della loro superiorità nei confronti del vinto. Non uccidiamo per fame, ma per potere, perché il potere potenzia la nostra identità e il nostro vissuto di superiorità.

Come osservava opportunamente Nietzsche, la storia umana è regolata dalla volontà di potenza che si esprime tanto in guerra quanto in pace, perché anche la pace, ce lo ricorda Heidegger, non è che un altro modo di proseguire la guerra, che a sua volta "è una sottospecie della conquista della Terra in vista del suo sfruttamento spinto fino alla sua usura che viene continuata nel tempo di pace. Questa lunga guerra, nella sua lunghezza, non va lentamente verso una pace di tipo tradizionale, ma verso una situazione in cui i caratteri costitutivi della guerra non sono più esperiti come tali, e ciò che costituisce la pace ha perso ogni senso e ogni contenuto".

A questa situazione generale, che dice quanto è arretrata la condizione umana rispetto ai suoi ideali di pace e di reciproco rispetto e riconoscimento – propagati in Occidente dalla religione cristiana e dalla cultura illuminista, che ha declinato in versione laica i valori di libertà, uguaglianza e fraternità a suo tempo annunciati dal cristianesimo alle sue origini –, a questa situazione di spaventosa arretratezza si aggiunge un'ulteriore impressionante arretratezza, quella della nostra condizione psichica, dovuta al fatto che il "troppo grande" ci lascia "freddi", perché il nostro sentimento di reazione si arresta alla soglia di una certa grandezza.

Se muore infatti un congiunto a cui eravamo legati, soffriamo, se muore il nostro vicino di casa facciamo le condoglianze, se ci dicono che ogni otto secondi muore di fame un bambino nel mondo, questa finisce con l'essere solo una statistica, che si stenta ad approfondire per non toccare con mano la nostra impotenza di fronte a una simile situazione. La stessa cosa accade con la commozione e con la reazione emotiva che proviamo di fronte ai nostri morti a opera del terrorismo, e ai morti nelle terre della Siria e dell'Iraq, troppo lontane e troppo grandi per commuoverci e suscitare un minimo di partecipazione.

Ma come scrive Günther Anders: "L'inadeguatezza del nostro sentire non è un semplice difetto fra i tanti, ma è la cosa peggiore delle peggiori cose che sono già accadute. Perché è questo fallimento che rende possibile la ripetizione di queste terribilissime cose. Infatti se il nostro meccanismo di inibizione si arresta del tutto non appena si sia superata una certa grandezza massima, allora, finché vige questa regola infernale, il mostruoso ha via libera".

Capiamo adesso l'importanza dell'invito di Ludovica a educare nei giovani la consapevolezza e il sentimento, affinché non siano indifferenti al proliferare delle armi, alla distruzione del sistema ecologico, alla ricchezza smisurata di alcuni e alla povertà spaventosa di molti. E tutto ciò affinché la loro insensibilità non aumenti e non si traduca in irresponsabilità collettiva, che consentirebbe alla distruttività umana di dilagare indisturbata, senza neppure più bisogno di appoggiarsi come un tempo a tramontate ideologie.

25.

Che impressione vi fa vedere i nostri giovani e i giovani terroristi sull'orlo di un mondo uguale e diviso?

Da parte dei nostri giovani c'è una richiesta di integrazione dei loro coetanei a rischio di radicalizzazione e terrorismo, ma manca il tempo, il luogo, il come, il modo, perché non si sa che cos'è questa Europa, spalancata ai loro viaggi, ma sempre più chiusa al loro futuro.

Una mia compagna di liceo sta studiando a Bruxelles. Sono cinque mesi che sento un piccolo colpo al cuore ogni volta che controllo i trend di Twitter. Sono rapidi e brevi, i trend di Twitter. Quando li ho guardati di sfuggita, e i miei occhi sono caduti su #PrayForBruxelles, sono rimasta a fissare lo schermo per alcuni secondi, poi sono corsa ad accendere la televisione. Mi è sembrato di vedere un reportage sulla Siria. Tanti panorami sono apparsi come reportage sulla Siria, negli ultimi mesi.

Il mondo sta diventando tutto uguale. Ce ne accorgiamo guardando attraverso i mille occhi multimediali che lo inquadrano, ma è ormai una sensazione che va oltre la rappresentazione. Per noi ragazzi soprattutto, noi della generazione Y, noi *millennials* che cresciamo insieme all'interconnessione del mondo, per noi il mondo è uno solo. Viaggiamo nella quasi totale assenza di barriere, e dove non possono arrivare i nostri piedi arrivano i nostri click. Siamo abituati a parlare lingue diverse, magari non perfettamente, ma abbastanza per farci capire. Siamo abituati a trovare in ogni parte del mondo gli stessi segni di identità, dai cibi agli smartphone ai format televisivi. Finché il mondo non esplode, ricordandoci tutte le sue contraddizioni.

Riconoscere negli attentatori dei giovani della nostra generazione è forse uno dei dettagli più spaventosi. Giovani cresciuti immersi nello stesso flusso globalizzante in cui tutti noi siamo immersi – o forse no, forse loro se ne sentono esclusi. Sono nati nella cara vecchia Europa, ma se ne sentono lontani, la vedono come la terra nemica. Non se ne sentono parte? Ma poi, cosa vuol dire sentirsi parte dell'Europa? L'assenza di dogane? Una bandiera comune accanto a quella di ogni Stato? Viaggiare senza barriere?

Viaggiamo tanto, noi giovani, e lo facciamo con strani punti di riferimento. Non siamo abituati a confini, i segni sulle mappe significano poco e niente. Siamo nati in un mondo già spalancato, e l'idea che qualcosa o qualcuno possa bloccare questo movimento continuo suona estranea. Viaggiamo tanto, ma ricordiamo poco i nomi delle strade, perché svariati schermi tecnologici lo fanno per noi. Viaggiamo tanto, ma sappiamo poco delle miriadi di culture che hanno camminato lungo le stesse vie che percorriamo noi. Ovunque andiamo, siamo abituati a trovare il medesimo, generale, comune, globalizzato modo di vivere.

Viaggiano anche gli attentatori, per andare ad addestrarsi, per assorbire un modo di vivere così diverso da quello immersi nel quale siamo nati sia noi che loro. Sono tante le paure che gli ultimi mesi hanno risvegliato, ma a volte temo questo viaggio senza mappe più di molte altre cose. È un progetto bello, quello di un mondo aperto, un mondo senza confini, un mondo dove possiamo tutti sentirci a casa almeno un po', trovare un po' di noi stessi ovunque andiamo. È bello, ma forse stiamo correndo troppo, forse il ritmo dell'economia globalizzata non può, semplicemente non può, essere un ritmo da imporre alle nostre menti. Come possiamo sperare nell'integrazione in Europa, quando non ci siamo dati il tempo di capire cosa significa essere europei?

Gaia

U.G. L'Occidente finirà inghiottito dall'occidentalizzazione del mondo, perché quando tutto il mondo sarà occidentalizzato l'Occidente sarà irriconoscibile. Paradossalmente, contro questa occidentalizzazione globale si muove il terrorismo, praticato da giovani cresciuti in mezzo a noi e che, al pari dei nostri giovani, si muovono senza confini: i giovani terroristi per distruggere la cultura dell'Occidente, i nostri giovani per cercare un luogo dove ancora sia possibile trovarla.

Disperati i primi e carichi di odio, dopo essere nati e cresciuti in un mondo, quello europeo, dal cui tenore di vita si sentono esclusi e privi della speranza di potervi accedere, cercano il gesto che possa esprimere, in modo ai loro occhi eroico, la distruttività del loro nichilismo. I nostri giovani, invece, che il nichilismo lo assaporano quotidianamente a piccole dosi, non trovano nella cultura occidentale, così come va sviluppandosi ed espandendosi, un orizzonte in cui sia possibile proiettare un sogno di vita che sia soddisfacente. E allora, con una disperazione che non è incendiaria e omicida, ma fredda, come freddi si rimane quando un sogno è spezzato, si chiedono che senso hanno l'Europa e l'Occidente, e se c'è ancora un tempo e un modo di trovarlo questo senso, al di là dei valori che andiamo sbandierando e che, prima che arrivassero i terroristi, abbiamo provveduto noi a distruggere.

Grazie ai mezzi informatici con cui sia i giovani terroristi sia i nostri giovani sono ininterrottamente connessi, lo stesso mondo appare agli uni come un mondo da distruggere, agli altri come un mondo dove, nonostante non ci siano barriere, altro non si incontra, come dice la nostra lettrice, che "il medesimo, generale, comune, globalizzato modo di vivere".

Odio e noia si dividono il campo e, se dell'odio qualcosa abbiamo capito e in qualche modo, anche se un po' goffamente, tentiamo di difendercene, dalla noia dei nostri giovani, sostenuta da quel nichilismo freddo di quanti hanno visto drasticamente ridotta la possibilità di sperare in un'Europa spalancata ai loro viaggi ma sempre più chiusa al loro futuro, da questa noia non ancora del tutto rassegnata nasce una richiesta di integrazione, per quel tanto che i giovani dell'odio hanno in comune con i giovani della noia.

E insieme alla richiesta nasce drammatica anche la domanda della nostra lettrice che resterà inascoltata alle orecchie otturate di chi in Europa ci governa: "Come possiamo sperare nell'integrazione in Europa, quando non ci siamo dati il tempo di capire cosa significa essere europei?". E ormai di tempo forse non ce n'è più.

26.

Che morale è quella che abolisce la tortura solo perché non dà i risultati attesi?

Quando si subordinano i valori morali all'utilità e all'efficienza, è inevitabile che ci si possa sentire "nel giusto" anche obbedendo alle peggiori intenzioni.

Le scrivo per condividere con lei un dubbio, una paura che mi attanaglia, nata dalle reazioni alle rivelazioni delle torture operate dalla Cia. Possibile che tutti si interroghino sulla loro *utilità* e solo pochi altri sulla loro *legalità*? E che nessuno ponga il problema della violazione di una morale, di un'etica umana? Possibile che oggi non esista più una morale a cui far riferimento per le azioni degli uomini? Possibile che tutto venga ricondotto all'utilità, all'efficienza di un'azione, senza domandarsi se questa sia giusta o ingiusta, bella o brutta, sacra o profana, se violi o no quelli che dovrebbero essere i princìpi di giustizia, amore, solidarietà, fondamentali e caratteristici dell'essere umano?

Sono uno studente di Fisica per cui non riesco a comprendere appieno il suo pensiero filosofico, ma mi chiedo, e per questo le ho scritto, se queste mie domande non abbiano a che fare con la contrapposizione che lei spesso fa tra l'uomo e la tecnica.

Riccardo

U.G. Sì, hanno a che fare, perché, a differenza dell'uomo, la tecnica non promuove un senso, non si pone problemi etici, non apre scenari di salvezza, non redime, non svela la verità: la tecnica "funziona". E siccome il suo funzionamento sta diventando planetario, la razionalità della tecnica sta diventando l'unica espressione di razionalità. A essa l'uomo non può sottrarsi se non vuol essere marginalizzato o confinato in mondi umanistici, che la tecnica vede come impedimenti alla sua efficienza e alla sua produttività nel conseguire risultati con i minori costi possibili.

A questo punto, come lei giustamente osserva, la categoria dell'"utilità", cui la tecnica fa riferimento, finisce per mettere in secondo piano fino a ridurre alla quasi insignificanza tutte quelle categorie umanistiche che chiedono che cosa è giusto, che cosa è buono, che cosa è vero, che cosa è bello, che cosa è santo, perché in primo piano resta solo "che cosa è utile". A questo punto il bene e il male non riguardano più il contenuto delle nostre azioni, ma la perfetta esecuzione di quanto l'apparato tecnico ci prescrive.

Un esempio. A seguito dei colloqui che ebbe con Franz Stangl, direttore del campo di sterminio di Treblinka, nel carcere di Düsseldorf, la giornalista Gitta Sereny, nel suo libro *In quelle tenebre* (Adelphi), riferisce: "Il 'lavoro' di uccidere con il gas cinquemila esseri umani in ventiquattro ore esigeva il massimo di efficienza. Nessun gesto inutile, nessun attrito, niente complicazioni, niente accumulo: 'Arrivavano e, tempo due ore, erano già morti!' diceva Stangl. 'Ma lei non poteva cambiare nulla di tutto questo?' chiesi io. 'Nella sua posizione non poteva far cessare le svestizioni, le frustate, gli orrori di quei recinti da bestiame?' – 'No, no, no! Quello era il sistema: l'aveva escogitato Wirt. Funzionava. E dal momento che funzionava era irreversibile'". Quindi Franz Stangl era un ottimo funzionario perché eseguiva alla perfezione il suo compito. Che poi il suo compito fosse quell'orrore che Stangl con indifferenza descriveva, questo non era di sua competenza e quindi non ne era responsabile.

Altro esempio. Un giorno il filosofo Günther Anders chiese al pilota che aveva sganciato la bomba su Hiroshima che cosa aveva provato in quel momento. La risposta del pilota fu: "Niente, questo era il mio lavoro". Il pilota dunque ha compiuto un ottimo lavoro perché ha schiacciato il bottone al momento giusto senza sbagliare il bersaglio. Delle conseguenze del suo "lavoro", come lui stesso lo chiama, non era responsabile, perché la sua responsabilità si limitava alla buona esecuzione del lavoro (*Il pilota di Hiroshima, ovvero la coscienza al bando*, Linea d'ombra).

Se la razionalità della tecnica limita i suoi giudizi di valore, ossia il bene e il male, alla buona o cattiva esecuzione del compito prescritto dall'apparato tecnico, a prescindere dal contenuto del compito assegnato, la tecnica ci sgrava da ogni responsabilità etica in ordine alle nostre azioni e alle loro conseguenze, perché limita la responsabilità alla buona esecuzione dell'ordine impartito dai superiori, che si concreta nel mansionario assegnato a ciascun subordinato. Del resto, quante volte davanti a uno sportello ci siamo sentiti dire: "Non rientra nel mio mansionario", oppure: "Non è di mia competenza". Capisce allora perché le torture rivelate dalla Cia sono giudicate negative non per la loro illegalità o immoralità, ma per la loro inutilità, in quanto non hanno portato alcun risultato di quelli che ci si proponeva.

27.

La nostra rivoluzione? Ricominciare a dire “Noi”

Dagli eccessi dell’individualismo rinasce nei giovani il bisogno di relazioni, a cui però mancano i luoghi ove poterlo esprimere.

Sono un ragazzo di ventidue anni che sta crescendo in una periferia romana dove spesso non ci sono luoghi di aggregazione se non la parrocchia. Ho seriamente paura che questo eccessivo propagarsi dell’ateismo, se da un lato può portare a un’evoluzione dell’individuo, dall’altro possa recare un danno irreversibile alla comunità. La chiesa con la “c” minuscola, infatti, oltre che luogo di preghiera, è sempre stata uno spazio dove poter conoscere persone e condividere con loro un percorso dal quale poteva poi nascere un rapporto di fiducia. Fiducia che ora non c’è più nei confronti di nessuno, perché nessuno si conosce in questi quartieri diventati ormai solo tane dove rifugiarsi la notte.

Non pensa sia troppo pericoloso dire “Dio non esiste” per l’uomo e la comunità se non si creano prima luoghi di aggregazione diversi dalla chiesa di quartiere? A cosa può portare la perdita dell’ormai unico spazio per socializzare (visto che non ci sono più le sedi di quartiere dei partiti, in quanto si sono già persi quegli ideali e valori) se non a un ancor più forte individualismo che mette sempre maggiormente in bilico il concetto di comunità?

Mattia

Molte persone dichiarano apertamente il loro disinteresse, anzi la loro insofferenza, verso le riunioni condominiali. Io però ritengo che l'atteggiamento snobistico o di aperto rifiuto che molti hanno nei confronti di tutto ciò che ha a che fare con il "condominiale" sia profondamente sbagliato e nasconda in embrione molti dei vizi più gravi che infestano la vita delle nostre società, a livelli ovviamente molto più estesi e più importanti.

Il condominio, infatti, è la prima forma di aggregazione sociale (non basata su legami di sangue) nella quale ciascuno di noi è inserito (la seconda è data di solito dal posto dove lavoriamo). Ignorarlo o disprezzarlo vuol dire non avere la disposizione naturale al vivere sociale e non fare neanche niente per educarlo e coltivarlo.

Giovanni

U.G. Sono solo piccoli segnali, ma se si fanno sempre più numerosi, come lasciano intendere le lettere che ricevo, allora possiamo dire che, dopo tanto esasperato individualismo, sta rinascendo un bisogno di relazioni e quindi di comunità.

La storia umana, in tutte le sue forme anche le più primitive, non ha mai preso le mosse dall'individuo, ma sempre dal gruppo di appartenenza. Pierre Clastres, antropologo francese che ha studiato da vicino le società amazzoniche, ne *La società contro lo Stato* (Feltrinelli) racconta che chi, per qualche grave colpa commessa, veniva espulso dalla comunità tribale, nel giro di quarantotto ore moriva, non per qualche accidente, ma per un dissesto mentale, dovuto alla perdita della sua identità che aveva le sue radici nel gruppo.

Anche gli antichi Greci anteponevano la comunità all'individuo. Aristotele, ad esempio, scrive: "La comunità esiste per natura ed è anteriore a ciascun individuo che, da solo, non è autosufficiente. Pertanto chi non è in grado di entrare nella comunità, o per la sua autosufficienza non ne sente il bisogno, non è parte della comunità e di conseguenza: o è bestia, o è dio" (*Politica*, 1253a).

Fu il cristianesimo a introdurre il concetto di individuo che ha il suo fondamento nell'interiorità dell'anima, sede della soggettività individuale e della relazione con Dio, con la verità e con la salvezza. Sant'Agostino dice chiaramente: "Nell'interiorità dell'uomo abita la verità". Il suo destino ultimo non è in questo mondo, per cui: "Chi ama il mondo non conosce Dio". Nasce così quella scissione tra individuo e società, che sarà per secoli il tratto caratteristico del cristianesimo, che assegna all'individuo il compito di conseguire la propria salvezza ultraterrena, e alla società e a chi la governa il compito di ridurre gli ostacoli che si frappongono a tale realizzazione. Questa separazione è la ragione che consente a Rousseau di dire: "Il cristiano non è un buon cittadino. Lo può essere di fatto, ma non di principio, perché per lui l'essenziale è andare in paradiso".

Dopodiché le cose sono andate diversamente, anche perché il fondamento del cristianesimo non è tanto nella rivendicazione dell'esistenza dell'anima (concetto del tutto estraneo alla tradizione giudaico-cristiana), quanto nel riconoscere nel prossimo il volto di Dio. Si deve infatti alla Chiesa la nascita degli ospedali per l'assistenza, la nascita delle scuole per l'istruzione, la nascita degli oratori per l'educazione, la ricreazione, la socializzazione dei ragazzi, e oggi la nascita delle mense per l'assistenza ai poveri e ai migranti. Mentre l'individualismo, che come abbiamo visto ha il suo principio fondativo nel cristianesimo, oggi trova espressione soprattutto nella borghesia laica.

Il collasso di tutti i posti di aggregazione riduce le occasioni di socializzazione dei giovani, in quella stagione della vita in cui hanno un gran bisogno di farne esperienza, che non sia solo quella dell'incontro al bar dove si beve, in discoteca dove ci si stordisce, davanti a un computer nella solitudine di un social network. Perché solo se da piccoli e poi da adolescenti si socializza, si impara a trattare i propri simili come persone e non come mezzi per raggiungere i propri scopi, o come estranei accanto ai quali si passa come vicino ai muri.

Del resto il due (qui inteso come l'uno e l'altro) viene prima dell'uno. Nasciamo, infatti, come individui quando ci separiamo dal corpo di nostra madre che, in gravidanza, per nove mesi esprimeva due soggettività. Crescendo, acquistiamo un'identità che non è una dote di natura, ma un puro dono dell'altro, perché la nostra identità ci viene dal riconoscimento o dal misconoscimento che gli altri ci fanno e da cui dipende l'immagine positiva o negativa che ciascuno costruisce di sé. Anche da questo si deduce che la società viene prima dell'individuo e fonda l'individuo, per cui tutti i luoghi che concorrono a favorirla, dall'oratorio al condominio, siano i benaccolti.

Parte quarta

Siamo “nativi digitali”, ma non in modo acritico

Scrive Marshall McLuhan: “Archimede disse una volta: ‘Datemi un punto di appoggio e solleverò il mondo’. Oggi ci avrebbe indicato i nostri *mezzi di comunicazione* elettronici dicendo: ‘Mi appoggerò ai vostri occhi, alle vostre orecchie, ai vostri nervi e al vostro cervello, e il mondo si sposterà al ritmo e nella direzione che sceglierò io. Ma una volta che abbiamo consegnato i nostri sensi e i nostri sistemi nervosi alle manipolazioni di coloro che cercano di trarre profitti prendendo in affitto i nostri occhi, le orecchie e i nervi, il risultato sarà che noi non avremo più diritti’”.

28.

Le nuove tecnologie e i loro effetti

> Come incidono l'uso e l'abuso dei mezzi informatici sui nostri processi cognitivi ed emotivi?

Buongiorno prof. Galimberti, vorrei porre alla sua attenzione e riflessione un problema che, secondo me, riguarda le nuove generazioni, i cosiddetti "nativi digitali": l'utilizzo 24 ore su 24 degli smartphone. Il cellulare dorme con loro, come un bambolotto o un peluche, si alza con loro, fa colazione con loro, va a scuola con loro, torna a casa con loro, pranza con loro, studia con loro, cena con loro, guarda la televisione con loro e infine ritorna a letto con loro. Mi chiedo quali possano essere le implicazioni e i risvolti a livello fisico-cerebrale, quali a livello psicologico.

Come madre ho poco appeal di fronte all'amico, confidente, compagno di giochi e di svago cellulare. Forse anche gli amici in carne e ossa sono superati da lui. Insomma i tempi cambiano, ogni generazione ha avuto un "compagno" fidato e affezionato: chi un amico, chi la radio, chi il motorino, chi la televisione. Penso però che mai nessuno o niente di tutto ciò sia stato così totalizzante.

Daniela

U.G. Cominciamo dalle preoccupazioni del mondo adulto. Quello che la lettrice mi chiede è qualcosa a cui non so rispondere, perché è passato ancora troppo poco tempo per vedere che trasformazione antropologica può determinare questo fenomeno planetario che è la rete. Posso solo segnalarle alcune preoccupazioni espresse da chi conosce bene questo mondo, come Clifford Stoll, uno dei pionieri di internet che, dopo averlo portato in trent'anni al livello che oggi conosciamo, scrive in *Confessioni di un eretico high-tech* (Garzanti): "Quali problemi possono crearsi dedicando sempre più il nostro tempo a strumenti elettronici? A scuola ad esempio, grazie all'elettronica digitale, gli studenti sfornano risposte senza elaborare concetti: la soluzione dei problemi diventa la pressione sui tasti. Le calcolatrici sfornano risposte senza richiedere il minimo pensiero. Gli studenti pigiano sui tasti, guardano i risultati e accettano ciò che la macchina dice loro".

Nella Postfazione al libro di Stoll, Raffaele Simone mette in guardia dai processi di "de-realizzazione" generati dall'uso incontrollato del computer, e in proposito scrive: "Possiamo non accorgerci che la diffusione della conoscenza mediata dall'informatica è la più formidabile barriera che si è mai presentata nella storia verso il contatto con la realtà? Con un software opportuno posso visitare Roma senza averci mai messo piede, navigare sotto l'oceano senza bagnarmi, e perfino fingere un gioco violento senza neppure graffiarmi. È reale questo?".

Oltre ai processi di de-realizzazione si aggiungono quelli di "de-socializzazione", perché se è vero che con internet posso farmi amici in ogni angolo del mondo, quanto tempo sottraiamo ai rapporti faccia a faccia con chi ci circonda, con il compagno di scuola, con il vicino di casa, con l'amico del bar, con chi ci sta di fronte al ristorante per un incontro tra amici, con i quali parliamo distrattamente perché preferiamo comunicare via mail o con inespressivi sms, perdendo così tutti i moti emozionali e la qualità dei sentimenti che traspaiono dagli atteggiamenti del corpo che accompagnano le nostre parole, confermandole o smentendole, e creando quindi quei rapporti di fiducia che non si scaricano da un sito web.

Lo psicologo Giorgio Nardone, che ha lavorato con Paul Watzlawick della Scuola di Palo Alto, ha scritto con Federica Cagnoni *Perversioni in rete. Le psicopatologie da internet e il loro trattamento* (Ponte alle Grazie), dove mette a fuoco i tratti di dipendenza da internet non dissimili dai tratti tipici della tossicodipendenza ("tolleranza" che comporta la necessità di aumentare gradatamente le dosi, "crisi di astinenza" e "smania" che comporta il bisogno irresistibile di connettersi). La dipendenza da internet soddisfa sul piano virtuale il bisogno di controllo che non si riesce a realizzare sul piano di realtà; alimenta il tratto ossessivo-compulsivo, come nel caso dello shopping via internet che consente di entrare non visti in qualsiasi centro commerciale del mondo, soddisfacendo il vissuto infantile di onnipotenza e di libertà illimitata che compensano le frustrazioni che si incontrano nel mondo reale.

Chattando, si ha la possibilità di realizzare virtualmente ciò che si vorrebbe essere e non si riesce a essere. Di qui il bisogno di stare ore e ore davanti al computer che, a nostro piacimento, realizza il sogno della nostra identità agognata. Se a questo si aggiunge il cybersesso – dove la solitudine della masturbazione viene compensata da una rappresentazione condivisa, a cui si aggiunge la possibilità di esprimere nell'anonimato tutte le fantasie vissute nel privato e magari con un senso di colpa che la condivisione, se non annulla, certamente attenua –, il computer diventa l'oggetto erotico per eccellenza, dove, come davanti a una macchina magica, si esaltano le perversioni e le allucinazioni del desiderio, a scapito dei rapporti reali che, al confronto, appaiono insignificanti.

Con questo non ho risposto alla sua domanda né tantomeno ho attenuato la sua preoccupazione. Chi verrà dopo di noi dirà come è cambiato l'uomo, oppure non lo dirà, perché non saprà nulla di come l'uomo era prima dell'avvento dell'informatica, nel caso gli abbia cambiato natura.

29.

Perché non sono su Facebook

> Sotto l'apparente espansione della comunicazione, in realtà Facebook è un monologo collettivo, dove chi scrive dice le stesse cose che potrebbe ascoltare da chiunque, e chi legge ascolta le stesse cose che egli stesso potrebbe dire.

Caro Galimberti, lei è su Facebook? Io sono scappata dalle foto di amici, fidanzati, grigliate, dal tasto "mi piace" e dalle richieste di amicizia circa un anno fa, poco prima dell'esame di maturità, e ho cancellato la mia iscrizione al sito. Mi sentivo tremendamente inadatta: nella mia pagina non c'erano foto di discoteche, non c'erano baci romantici davanti al Ponte vecchio, non c'erano messaggi delle mie amiche che mi scrivevano quanto ci divertissimo insieme. In ogni momento di noia ero là a controllare gli altri, e a confrontare la loro vita con la mia, non certo vuota di impegni, amicizie e divertimenti, ma sicuramente meno caotica e travolgente di quanto mi sembrasse quella dei miei "amici" virtuali.

Mi sentivo inadatta e inferiore, ma allo stesso tempo trovavo gli altri irrimediabilmente finti. A cosa serve far sapere all'artificiosa rete dei tuoi amici, conoscenti e mai visti che non sei più single? È appena mancato un tuo parente, stai andando al mare, stai studiando in biblioteca, hai fatto un incidente in macchina e perché, per prima cosa, lo scrivi su Facebook? Per non parlare delle microcitazioni dei vari Pasolini, Bukowski, De André e altri seminate qua e là: capisci e condividi quello che leggi e che osservi o ti spacci solo per un giovane intellettuale alla moda? Insomma: fai le cose per il gusto di farle o per mostrarti?

Stella

U.G. No, non sono su Facebook, non ci sono mai stato né mai ci sarò. Anche se qualcuno si spaccia per me e scrive e risponde come se fossi io. La polizia informatica mi ha detto che non può niente contro queste intrusioni e, giustamente, ha cose più importanti da controllare. Detto questo, non ho nulla contro i social network e, come al solito, dipende dall'uso che se ne fa. E magari c'è pure un buon uso in questa nostra società fatta di solitudini di massa. Anche se recenti studi americani condotti dal Jeffersonian Institute di Washington hanno individuato forme di dipendenza da Facebook e simili da cui è molto difficile liberarsi.

E questo vale soprattutto per i giovani che passano molto tempo a incontrarsi nel mondo virtuale invece che in quello reale, dicendo cose di scarso interesse per la comunicazione, ma di grande interesse per il mercato che, individuati i loro gusti, bombarda i malcapitati con una pioggia di messaggi pubblicitari per assecondare i loro desideri o i loro sogni.

Passare molte ore a controllare i propri profili e, come lei dice, senza aver nulla di davvero interessante da dire, ma solo per assaporare il gusto di avere tanti contatti che danno la sensazione di sentirsi davvero esistenti e per giunta interessanti, lascia intendere il grado di solitudine in cui siamo precipitati e quanta desuetudine stiamo alimentando a incontrare gli altri senza le maschere di false identità.

Se a questo si aggiunge che, rubando le password delle persone che ci interessano, ci mettiamo a controllarne la vita, i sentimenti, gli scambi epistolari che non ci riguardano, costruendo e decostruendo l'immagine che abbiamo dell'altro a partire dalle informazioni che desumiamo, allora il pericolo della paranoia è in agguato. E questo bisogno di controllo totale prende il posto dell'innocenza da cui una relazione dovrebbe prendere le mosse, accettando quella prima condizione di ogni incontro autentico che è quella che l'altro è davvero un altro e non una risposta che si acconci perfettamente alla nostra prefigurazione, perché questo non soddisfa tanto il nostro bisogno d'amore, quanto il nostro bisogno di controllo e quindi di potere.

È persuasione comune che la tecnologia ci ha fatto progredire, ma, leggendo la sua lettera, l'impressione che ne ricavo è che siamo tornati al pettegolezzo di paese, dove tutti sapevano i comportamenti e gli stili di vita di tutti e li commentavano, inquadrando le persone in stereotipi, intorno ai quali si alimentava la conversazione, quando non anche la maldicenza. Del resto di pettegolezzi sono infarcite molte trasmissioni televisive pomeridiane, dove la messa in piazza dei propri sentimenti, delle proprie emozioni, dei propri desideri sconfina nella spudoratezza fatta passare per sincerità. "Non ho nulla da nascondere, nulla di cui vergognarmi", quando la "vergogna" (parola che significa "temo la gogna", ossia l'esposizione) è già nel fatto che mi privo, mettendola in piazza, della mia interiorità. Uno spogliarello dell'anima che considero più indecente di quello del corpo.

30.

Quanto è povero il mondo chiuso in un telefonino

Siamo malati di social network? No: è quel modo di comunicare la vera malattia.

Egregio professore, ritengo che nel modo di comunicare di una società si possa manifestare la sua più profonda essenza, il suo specifico modo di essere. E oggi sono i social network (Twitter e Facebook *in primis*) la tappa ultima all'interno del processo di sviluppo dei nostri strumenti comunicativi. Ciò che si palesa in questi nuovi orizzonti è la carenza ineguagliabile di autenticità, il perpetuo tentativo di affermarsi di un'immagine artificiale, ormai sostitutiva di ogni sostanzialità.

Ciò che si mostra nella vetrina virtuale è quanto vorremmo che gli altri vedessero di noi, il desiderio mai morto di costruzione di un nuovo io, la ricerca di approvazione, più che di reale comprensione. E se "desiderio di costruzione di un nuovo io" e "ricerca di approvazione" sono elementi connaturati al nostro essere uomini, all'interno di tali piattaforme tutto ciò tende ad atrofizzarsi e ad appiattirsi entro logiche spesso non sane.

Lo sforzo di costruzione di un nuovo io, piuttosto che essere portato avanti creativamente, si riduce al plasmare un modello virtuale a nostra immagine e somiglianza, cullandosi, più o meno consciamente, nell'idea che tale modello sia corrispondente alla nostra più profonda individualità. L'aspirazione al miglioramento, pertanto, tende ad arrestarsi, bloccata dall'opinione (non del tutto consapevole) che lo scarto tra reale e ideale si sia colmato in quel profilo virtuale. Ecco che il social finisce per veicolare istanze profonde, attese tradite, le quali, piuttosto che incentivare una spinta propulsiva, si cristallizzano in quella vuota vetrina.

Oltre a ciò, tali mezzi credo siano denotabili come luoghi del non dialogo, come il trionfo della pigrizia del pensiero. Il desiderio di comprensione reciproca e quello di immersione nell'altro si riducono (il più delle volte) a passive condivisioni o istantanei "mi piace". La parola si svuota, annulla se stessa. L'argomentazione non conta (o conta relativamente), l'autentico confronto neppure; è quel "mi piace" il segno sufficiente dell'approvazione altrui, ciò che più di ogni altra cosa ci interessa.

Siamo poco altro che merci in pubblica esposizione, il più possibile adornate e conformi ad aspettative proprie e altrui; ogni pensiero è un prodotto da consumare rapidamente, qualcosa che si fagocita nel momento stesso in cui si offre. I messaggi divengono slogan (Twitter), in grado di incarnare in sé quello spirito pubblicitario del quale mostrano di essersi appropriati. Si tratta di rendersi spendibili all'interno di un mondo da cui cresce il pericolo di sentirsi sradicati; sradicamento di cui il social rischia di essere una magra e grigia consolazione.

È la mercificazione del linguaggio e della comunicazione stessa ciò che tende a emergere. E se è in parte vero che la validità di un qualcosa dipende dall'uso che se ne fa, non è possibile sfuggire in toto a tali logiche, una volta che sono state accettate. L'oggetto finisce per ingabbiare il soggetto all'interno del suo sistema. E chi sta scrivendo non pretende di esserne esente; è un "malato" che cerca di comprendere la propria malattia.

Mirko

U.G. Lei non è "malato", malata è la forma che ha assunto la comunicazione di massa, dove chi riceve un messaggio finisce per leggere le identiche cose che egli stesso potrebbe tranquillamente scrivere, e chi scrive narra le stesse cose che potrebbe leggere inviate da chiunque. Il risultato è una sorta di "comunicazione tautologica" che, paradossalmente, finisce per abolire la necessità e, al limite, l'utilità della comunicazione.

E tuttavia non si rinuncia perché, come lei giustamente osserva, lo scopo di questo tipo di comunicazione è "il desiderio di costruzione di un nuovo io e la ricerca di approvazione". Due cose che denunciano da un lato la non accettazione di sé e, dall'altro, quella forma di insicurezza che affida all'approvazione degli altri il riconoscimento di chi si vorrebbe essere e non si è.

La non accettazione di sé comincia dal *corpo* che, a partire dall'adolescenza e fino alla vecchiaia, chiede grazie alla chirurgia estetica di poter essere modificato, per poi estendersi all'*immagine di sé*, offrendo sui social network una descrizione che non risponde a quel che si è, ma a quel che si presume possa essere approvato dagli altri. E così ci si mette in mostra come i prodotti si mettono in vetrina. E senza accorgercene diventiamo una "mostra" che chiunque può visitare. E poi approvare o disapprovare, non argomentando, perché non si può farlo con centoquaranta caratteri o scrivendo semplicemente "mi piace" o "non mi piace".

Argomentare è una cosa difficile perché occorre saper pensare e parlare, ma, stante il livello culturale delle nostre scuole, ci esprimiamo con quel linguaggio atrofico e impoverito proprio dei telefonini, che mi fa dire che le invenzioni tecniche non sono mai solamente "tecniche", perché ogni tecnica comporta una modalità d'uso che plasma chi la usa, indipendentemente dall'uso che ne fa.

I messaggi diffusi nei social hanno una vita breve che si consuma, come tutte le cose in una società dei consumi spinta all'eccesso, per cui il tempo della riflessione e del pensiero si estingue in quel tempo breve della risposta emotiva non pensata e non riflessa. Se poi vogliamo considerare i danni fisici, che potrebbero preoccupare anche chi non è interessato al pensiero, mi diceva un primario di oculistica che i giovani d'oggi non sanno più vedere a distanza, e la preside di un liceo artistico mi riferiva che i suoi alunni non riescono più a percepire la prospettiva.

Un mondo accorciato, un mondo ridotto a quella breve distanza che separa il mio occhio dal telefonino, che mi fa vedere non il mondo reale, ma il mondo in immagine, non di rado manipolato dagli operatori di mercato che riescono a intercettare anche i nostri gusti, per vendere gli oggetti che li soddisfano.

Si può prescindere da questi mezzi di comunicazione oggi diffusi su vasta scala? No. Perché, siccome il mondo della comunicazione passa attraverso questa rete, uscirne equivale a un'esclusione sociale. E nessuno vuole provare l'angoscia e la solitudine di questa esclusione.

31.

Come il computer ci cambia la testa

Scrive Günther Anders: "La tecnica può segnare quel punto assolutamente nuovo nella storia, e forse irreversibile, dove la domanda non è più 'Cosa possiamo fare noi con la tecnica?', ma 'Che cosa la tecnica può fare di noi?'".

Salve, sono una studentessa di Design di ventun anni e le scrivo per chiedere il suo parere su un tema spaventosamente sopravvalutato e ormai quotidiano: mi riferisco al progressivo "assorbimento passivo" nell'era digitale che sta avvenendo subdolamente e molto più rapidamente di quanto le nostre menti impotenti possano comprendere.

In questi mesi frequento un corso di Decisione e progettazione per il futuro in cui, letteralmente, l'obiettivo è immaginare come la tecnologia del futuro si evolverà in relazione agli oggetti che progetteremo, tenendo presente che Intelligenza artificiale e Big Data (la grande mole di dati generata dalle "tracce" che lasciamo tramite gps, social network, operazioni bancarie ecc.) saranno i punti focali cui rivolgere le nostre idee e progetti futuri.

Un mondo del tutto virtuale e meno reale è quello che ci proiettano i docenti, descrivendolo quasi come unica prospettiva logica e inevitabile, dove vita concreta e virtuale saranno un'unica grande realtà inscindibile (vedi Google Glass, robot a elevato grado di coscienza ecc.). È pur vero che queste sono tecnologie la cui utilità dipende fortemente dall'utilizzo che l'uomo ne fa, ad esempio un buon utilizzo è rappresentato da app che monitorano in tempo reale le condizioni di salute di alcuni pazienti, oggetti e congegni dotati di intelligenza artificiale che aiutano persone disabili nei gesti quotidiani ecc.

Mi chiedo tuttavia se per molte azioni l'uomo abbia veramente bisogno di un mondo virtuale e digitale, mi chiedo quali e quante professioni verranno sostituite da congegni e dispositivi in grado di fare praticamente di tutto, e una volta che tutto sarà virtuale cosa ne sarà dell'uomo (e della sua essenza) e delle sue prerogative? Il futuro consisterà dunque nello stare a guardare? È ancora possibile immaginare un'alternativa a tutto ciò, o prevederne i rischi evitando di ricorrere indiscriminatamente alla tecnologia per risolvere problemi?

Francesca

U.G. Non so rispondere alla sua domanda che chiede: "Che ne sarà dell'uomo e delle sue prerogative quando tutto sarà virtuale?", ma leggendo la sua lettera mi sono tornate in mente le considerazioni di Nicholas Negroponte, uno dei maggiori esperti mondiali di comunicazione digitale, che già nel 1995 in *Essere digitali* (Sperling & Kupfer) scriveva: "Aumentando le interconnessioni tra gli individui, molti dei valori tradizionali propri dello Stato-nazione lasceranno il passo a quelli di comunità elettroniche, grandi o piccole che siano. Socializzeremo in un vicinato digitale dove lo spazio fisico sarà irrilevante e il tempo giocherà un ruolo differente. Fra vent'anni, guardando fuori dalla finestra, potrete vedere qualcosa distante da voi cinquemila miglia e sei fusi orari. Un'ora di televisione potrà essere stata mandata a casa vostra in meno di un secondo. Un reportage sulla Patagonia potrà darvi la sensazione di andarci di persona. Un libro scritto da William Buckley potrà essere una conversazione con lui".

Qui non si tratta di enfatizzare o demonizzare le enormi potenzialità presenti e future dei mezzi di comunicazione, ma di capire come l'uomo profondamente si trasforma per effetto di questo potenziamento. Allo scopo è necessario far piazza pulita di tutti quei luoghi comuni secondo i quali l'uomo può usare le tecniche comunicative come qualcosa di neutrale rispetto alla sua natura, senza neppure il sospetto che la natura umana possa modificarsi proprio in base alle modalità con cui si declina tecnicamente nella comunicazione. L'uomo, infatti, non è qualcosa che prescinde dal modo con cui manipola il mondo, e trascurare questa relazione significa non rendersi conto che a trasformarsi non saranno solo i mezzi di comunicazione, ma l'uomo stesso.

La tecnica, infatti, è in grado di modificare radicalmente il nostro modo di pensare, perché le macchine, anche se ideate dagli uomini, ormai contengono un'oggettivazione dell'intelligenza umana che è decisamente superiore alla competenza dei singoli individui. La memoria di un computer è decisamente superiore alla nostra memoria. E anche se si tratta di una memoria "stupida", frequentandola essa modifica il nostro modo di pensare, traducendolo da "problematico", come sempre è stato, in "binario", secondo lo schema 1/0, che ci rende idonei a dire solo "sì" o "no", al massimo "non so".

Certo, è più comodo scrivere una mail che scrivere una lettera, affrancarla, imbucarla e attendere la risposta, ma in questa velocizzazione che ne è della riflessione che ha bisogno di tempo, dal momento che il nostro tempo psichico non ha la velocità del tempo informatico?

Certo, essere sempre reperibili grazie al telefonino può essere di una qualche utilità, ma quanta ansia si accumula quando a un nostro messaggio non segue un'immediata risposta (a sua volta non riflessa). E poi perché dobbiamo essere una risposta agli altri, a scapito del nostro esser noi stessi, di cui forse abbiamo perso perfino la memoria?

Certo, possiamo avere amici in ogni parte del mondo, ma che fine ha fatto la fisicità di un incontro, dove, dalla qualità di uno sguardo o di un sorriso, dalla mimica di un volto, da una carezza o da una stretta di mano, si capisce la sincerità di un colloquio o la sua ipocrisia? Noi siamo il nostro corpo che la virtualità elide anche in ordine alla sessualità, per inaugurare una spiritualità degradata, un nuovo Iperuranio platonico, che rifugge dal mondo sensibile gravato da quello che per Platone era l'opacità della materia.

Ma soprattutto temo che l'informatica modifichi la nostra intelligenza rendendola sempre più convergente, quando la storia è sempre andata avanti con intelligenze divergenti. Convergente è quell'intelligenza che trova la soluzione a partire da come il problema è stato impostato (nel caso del computer, il "programma"). Divergente è quell'intelligenza che trova la soluzione ribaltando i termini del problema (del programma), come fece Copernico quando ipotizzò che non fosse la Terra, ma il Sole al centro dell'universo.

È chiaro che il Potere trae vantaggio da una massa di intelligenze convergenti, quindi uniformi, quindi a "pensiero unico", quando non addirittura a "sentimento unico". Ma i fini del Potere sono anche i nostri fini? La sua preoccupazione sugli effetti dell'informatica sull'umano è anche la mia. Ma io sono ancora nella possibilità di morire in una cultura quasi-umana, lei invece è troppo giovane per avere questa consolante certezza.

32.

È davvero necessario il computer a scuola?

> Clifford Stoll, pioniere di internet, definito da Bill Gates "l'avvocato del diavolo", scrive: "L'educazione è una cosa assai diversa e molto più seria dell'alfabetizzazione informatica".

Gentile Professor Galimberti, le scrivo in merito al suo libro *I miti del nostro tempo*. L'ho letto poco più di un anno fa mentre scrivevo la mia tesi di laurea magistrale in Scienze linguistiche, conseguita all'Università per stranieri di Siena, e l'ho ripreso oggi che mi trovo a scrivere la tesi di dottorato alla Sydney University. Se mi è permesso, vorrei farle delle domande o, meglio, condividere con lei alcune riflessioni sorte dopo aver letto il paragrafo *Gli effetti negativi dell'informatica nella scuola*.

Lei è davvero convinto che l'introduzione di internet nelle aule scolastiche non sia una buona idea? Io credo che l'idea di introdurre un computer per ogni studente non voglia essere quella di affidare al computer il compito di pensare per lui. Lo vedo più come un facilitatore dell'apprendimento. Dubito che chiunque possa pensare che sia permesso l'utilizzo del computer per svolgere i compiti in classe di matematica.

Accetto quando dice che con i soldi spesi per acquistare venti computer ci si potrebbe allestire un fantastico o quantomeno decente laboratorio di fisica che nell'arco di dieci anni potrà produrre gli stessi risultati. Ma è qui che c'è la svolta; se nell'arco di dieci anni sarà ancora possibile dimostrare la legge di Ohm con un voltometro, non sarei del tutto certa che i computer, invece, nell'arco di dieci anni, non saranno in grado di dimostrare ben altro. Ciononostante, resto convinta che i laboratori di fisica vadano allestiti, ma anche integrati con attrezzature tecnologiche, laddove possibile.

Il mercato del lavoro oggi richiede una conoscenza di queste attrezzature e la scuola non lo può ignorare. La rete informatica oggi costituisce una nuova forma di semiosi che va insegnata e va imparata! L'ultima generazione è chiamata la generazione dei "nativi digitali" e noi, in quanto esseri umani viventi in questa epoca, dobbiamo farci carico delle trasformazioni subite dalla società e monitorarle per fare in modo che progrediscano, ma non degenerino.

Internet non ha appiattito la facoltà di riflessione o ragionamento, l'ha diversificata e moltiplicata. Più che la televisione, internet è un mezzo democratico. Tutti guardiamo la televisione, ma senza interagire. È un processo passivo. Con internet invece siamo tutti in gioco. Tutti possiamo esprimere le nostre idee, condividerle con chi è seduto accanto a noi fino a raggiungere mete distanti.

Quando lei dice, nel capitolo *Il mito delle nuove tecnologie*, che ormai con l'avvento di internet parliamo con le idee degli altri, mi trovo di nuovo in disaccordo; non imputerei la colpa all'uso di internet. Quando leggiamo un libro, un giornale o ascoltiamo un programma radio, non subiamo lo stesso processo? Che differenza fa leggere o ascoltare l'informazione su internet? Perché ci rende colpevoli di parlare o ragionare con le idee degli altri? Solo perché sono più facilmente accessibili? Bisogna considerare che spesso la rete, proprio perché democratica, è invasa anche da notizie false e fonti poco attendibili. Ma proprio per questo motivo l'introduzione di internet nelle scuole è un altro passo avanti. L'educazione a internet è fondamentale per fare in modo che questa nuova generazione impari a difendersi.

L'unico problema che vedo io è non tanto l'introduzione della rete nelle scuole, quanto il suo insegnamento. È necessario costituire una classe di docenti capaci. Come giustamente fa notare, spesso gli studenti che arrivano al livello terziario (me inclusa) non sono in grado di consegnare una tesina che non sia piena di disastri sintattici e spesso anche ortografici. Ma è davvero colpa del *word processing*?

Se tanti studenti non ne sono in grado, è colpa loro che non hanno imparato o piuttosto sono (siamo) vittime di una classe di docenti che non ce lo ha saputo insegnare? Magari anche per motivi storici. I tassi di analfabetismo sono ancora allarmanti, inutile far orecchie da mercante. E questo ha fatto sì che la dimensione orale sia prevalsa su quella scritta, anche a scuola. Oltre al tema di italiano (quattro in nove mesi, tre se il giorno del compito eri "malato"), in quale altra occasione ci è data l'opportunità di esprimerci sulla carta?

E allora, tornando al punto, se questa classe di docenti non ci ha saputo insegnare a scrivere, sarà in grado di insegnare ai nativi digitali a usare internet? Infine, e concludo, perché in questo capitolo parla sempre all'indicativo presente, come se gli effetti negativi fossero già stati prodotti, quando, in realtà, l'introduzione di internet nelle aule è ancora un processo *in fieri*?

Valentina

U.G. Non ho nulla contro internet e in generale contro l'informatica. Figuriamoci. Sarebbe come se uno, ai tempi di Gutenberg, se la fosse presa con la stampa. Quel che mi chiedo è se l'insegnamento dell'informatica è compatibile con gli obiettivi che la scuola dovrebbe proporsi, e che, a mio parere, sono nell'ordine: la formazione, il senso critico e la capacità di ricerca.

La formazione della personalità, che dovrebbe essere lo scopo principale della scuola primaria e secondaria, non passa attraverso l'informatica. Il senso critico, che significa capacità di giudizio, non è alimentato dalla profusione di dati che internet fornisce, se poi chi li raccoglie non è in grado di operare una sintesi. La capacità di ricerca presuppone l'acquisizione di opportune metodologie che internet non fornisce e che possono solo essere insegnate.

Le trasformazioni che la società incontra per effetto dello sviluppo tecnologico non modificano in alcun modo questi fondamentali compiti della scuola. Altrimenti dovremmo dire, ad esempio, che, con l'introduzione e la diffusione dell'automobile, la scuola avrebbe dovuto insegnare come guidarla. Per questo ci sono le scuole-guida e nulla impedisce che, fuori dalla scuola, si frequentino corsi di informatica.

Clifford Stoll, che dal 1975 ha contribuito a far diventare la rete un fenomeno mondiale, trent'anni dopo, a proposito dell'informatizzazione della scuola dice: "Un computer non può sostituire un buon insegnante. Cinquanta minuti di lezione non possono venire liofilizzati in quindici minuti multimediali. Grazie all'elettronica digitale, gli studenti sfornano risposte senza elaborare concetti: la soluzione di problemi diventa la pressione di tasti. Fisici, chimici, biologi professionisti usano certamente i computer, ma non hanno acquisito le loro competenze grazie a un qualche software".

La scuola ha altri e ben più importanti obiettivi che, stante la scarsità delle ore di insegnamento rispetto al patrimonio culturale da acquisire per la formazione personale, non possono essere sacrificati per una competenza tecnica che si può apprendere anche in orari extrascolastici. Del resto gli studenti di oggi, i cosiddetti "nativi digitali", vengono a scuola con una competenza informatica già acquisita, talvolta superiore a quella dei loro insegnanti, ai quali è forse meglio chiedere di incentivare nei loro studenti la capacità di giudizio e i metodi di ricerca, la capacità di non confondere il reale con il virtuale (sessualità compresa) e, infine, come lei stessa opportunamente constata, una capacità di espressione e di scrittura oggi davvero carente sia nelle scuole secondarie che nell'università.

Parte quinta

I giovani e la scuola: una triste storia di reciproco disinteresse e incomprensione

Scrive Freud: "La scuola deve fare di più che evitare di spingere i giovani al suicidio. [...] La scuola non deve mai dimenticare di avere a che fare con individui ancora immaturi, ai quali non è lecito negare il diritto di indugiare in determinate fasi, seppur sgradevoli, dello sviluppo. Essa non si deve assumere la prerogativa di inesorabilità, propria della vita; non deve voler essere più che un gioco di vita".

33.
Il bullismo nelle nostre scuole: che fare?

> Della dimensione sociale troppi giovani conoscono solo quel cascame che è la banda. E chi potrebbe e dovrebbe educarli ai veri sentimenti ha rinunciato a farlo.

Gentile Professore, le inoltro il messaggio scritto da un professore a proposito della ragazzina di Pordenone che ha tentato di suicidarsi qualche giorno fa. Lei, che sta con i ragazzi e da sempre è così attento alle dinamiche, saprà darci non solo una lettura di questi disperati episodi, ma anche una visione progettuale fiduciosa per la dura e sfidante arte dell'essere e fare il genitore.

Michela

Oggi una ragazza della mia città ha cercato di uccidersi. Ha preso e si è buttata dal secondo piano. No, non è morta. Ma la botta che ha preso ha rischiato di prenderle la spina dorsale. Per poco non le succedeva qualcosa di forse peggiore della morte: la condanna a restare tutta la vita immobile e senza poter comunicare con gli altri normalmente. "Adesso sarete contenti," ha scritto. Parlava ai suoi compagni.

Allora io adesso vi dico una cosa. E sarò un po' duro, vi avverto. Ma ho questa cosa dentro ed è difficile lasciarla lì. Quando la finirete di mettervi in due, in tre, in cinque, in dieci contro uno? Quando la finirete di far finta che le parole non siano importanti, che siano "solo parole", che non abbiano conseguenze, e poi di mettervi lì a scrivere quei messaggi – li ho letti, sì, i messaggi che siete capaci di scrivere –, tutte le vostre "troia di merda", i vostri "figlio di puttana", i vostri "devi morire"?

Quando la finirete di dire "Ma sì, io scherzavo" dopo essere stati capaci di scrivere "Non meriti di esistere"? Quando la finirete di ridere, e di ridere così forte, quando passa la ragazza grassa? Quando la finirete di indicare con il dito il ragazzo "che ha il professore di sostegno"? Quando la finirete di dividere il mondo in fighi e sfigati? Che cosa deve ancora succedere, perché la finiate? Che cosa aspettate? Che tocchi al vostro compagno, alla vostra amica, a vostra sorella, a voi?

E poi voi. Voi genitori, sì. Voi che i vostri figli sono quelli capaci di scrivere certi messaggi. O quelli che ridono così forte. Quando la finirete di chiudere un occhio? Quando la finirete di dire "Ma sì, ragazzate"? Quando la finirete di non avere idea di cosa diavolo ci fanno otto ore al giorno i vostri figli con quel telefono? Quando la finirete di non leggere neanche le note e le comunicazioni che scriviamo sul libretto personale? Quando la finirete di venire da noi insegnanti una volta l'anno (se va bene)? Quando inizierete a spiegare ai vostri figli che la diversità non è una malattia, o un fatto da deridere? Quando inizierete a non essere voi i primi a farlo, perché da sempre non sono le parole, ma gli esempi, gli insegnamenti migliori?

Perché quando una ragazzina di dodici anni prova a buttarsi di sotto, non è solo una ragazzina di dodici anni che lo sta facendo: siamo tutti noi. E se una ragazzina di quell'età decide di buttarsi, non lo sta facendo da sola: una piccola spinta arriva da tutti quelli che erano lì e non hanno visto, non hanno fatto, non hanno detto. E tutti noi, proprio tutti, siamo quelli che quando succedono cose come questa devono vedere, fare, dire. Anzi urlare. Una parola, una sola, che è: "Basta".

U.G. Gentile lettrice, grazie per avermi trasmesso la lettera del professore che, per la forza e la chiarezza della sua denuncia, ho deciso di pubblicare perché la possano leggere in tanti, mentre per quanto riguarda le sue domande – perché succedono questi episodi e quale può essere una visione progettuale e fiduciosa per come essere e fare i genitori – le dico subito che di fiducia ne ho pochissima per due ragioni.

La prima ragione è dovuta al fatto che, a differenza di quanto accade nelle società povere, come era anche la nostra negli anni cinquanta, nelle società opulente i richiami che provengono dalla società (per giunta ridotta a livello mercantile, al punto che gli operatori di mercato conoscono i nostri figli meglio dei loro genitori e dei loro professori) sono inviti al piacere, mentre i richiami che provengono dalla famiglia sono, almeno nelle intenzioni, inviti al dovere. Per effetto di questa divaricazione e della maggior forza che il richiamo mercantile della società ha rispetto alla richiesta d'impegno proveniente dalla famiglia vince il mercato.

La seconda ragione è che oggi i genitori parlano pochissimo con i figli, soprattutto quando sono piccoli, e poi quando crescono si limitano a chiedere come vanno a scuola o a che ora della notte tornano, temendo che, contrastandoli o ponendo loro delle regole o dei limiti, che non hanno mai posto quando i figli erano piccoli, possa succedere il peggio.

E il peggio succede perché i genitori non si sono mai davvero chiesti che cosa accadeva ai loro figli nel loro mondo quando crescevano, non hanno mai parlato davvero con loro, li hanno semplicemente riempiti di giochi che stavano al posto di tutte le parole mancate. Quanto all'esempio, che è l'unica cosa che serve dai dodici anni in poi quando le parole dei genitori diventano ininfluenti, vedendo i genitori di oggi, non mi pare ce ne siano di molto edificanti.

Il risultato è il bullismo, che è un arresto della psiche a livello "impulsivo". Una psiche che ancora non si è evoluta a livello "emozionale", in modo da registrare una risonanza emotiva delle proprie parole e delle proprie azioni che possa dare il senso del bene e del male, né tantomeno a livello “sentimentale”.

E qui la scuola è gravemente colpevole, perché i sentimenti non sono dati per natura, ma per cultura, come ci insegna la storia: dai primitivi che raccontavano miti, ai giorni nostri dove la letteratura narra storie per farci conoscere cos’è l’amore, il dolore, la noia, la disperazione, la speranza, la tragedia, il suicidio, il senso della vita e l’ineluttabilità della morte. E, quando non si conoscono i sentimenti, il terribile è già accaduto.

34.

E se la scuola insegnasse a pensare?

> Questo era l'auspicio di Kant, ma per realizzarsi ha bisogno di insegnanti autorevoli e di genitori che smettano di difendere l'indolenza dei loro figli.

Gentilissimo professore, desidero sottoporre alla sua attenzione il frutto di studio e riflessioni che ho realizzato negli ultimi mesi circa una questione molto attuale. Dal papà che non fa svolgere i compiti per le vacanze a suo figlio con la motivazione di avere solo i tre mesi estivi per insegnargli a vivere, alla mamma che scrive sul diario una giustificazione per la figlia che non ha voluto studiare una pagina del libro, preferendo dedicarsi ad attività ricreative, fino al noto giornalista che fa del sarcasmo su una consegna data da un insegnante di scienze a sua figlia.

La mia prima riflessione, da docente, è relativa al perché questi genitori abbiano preferito diffondere in chiave polemica il loro disappunto nell'etere, mediante post, foto e articoli, invece di ricercare un pacato confronto costruttivo con gli insegnanti, al fine di dare vita a quell'alleanza educativa che vedo essere l'unica chiave per aprire le porte a un futuro in cui questi giovani avranno acquisito la loro autonomia e il senso di responsabilità.

Mi chiedo inoltre se queste polemiche – che rivelano spesso, nei feroci commenti di tanti genitori che rispondono alle provocazioni delle mamme e dei papà "istigatori", chiusura mentale e un punto di vista univoco sulla scuola e sulla ormai minatissima autorevolezza del docente – possano o potrebbero trovare un punto di arrivo utile e valido per tutti. Perché, diciamolo, questo clima teso tra famiglie e istituzioni scolastiche fa male a tutti, *in primis* danneggia bambini e ragazzi.

La mia domanda a lei, professore, è: perché non si dà più spazio alla filosofia nella scuola? Perché la si ritiene unicamente una materia liceale e non si dà ascolto a chi, come me, vorrebbe introdurla fin dalla scuola primaria? Non parlo di Socrate o Platone in pillole per i piccoli, parlo di *forma mentis* da dare quando quella mente è ancora malleabile, e per giunta animata da quella meraviglia che Platone riteneva innata e spontanea nei bambini, primi veri filosofi, quindi.

Caro professore, quanto vorrei che fin da subito i bambini e le loro famiglie scoprissero la bellezza che c'è nella conoscenza e nel processo di scoperta.

Mi aiuti a diffondere questa mia ambizione: portare la filosofia nelle scuole materne ed elementari e far capire a mamme e papà che gli insegnanti non sono loro nemici ma loro alleati, e che lo scopo dell'educare è racchiuso in queste parole di Kant: "Non bisogna insegnare pensieri, bisogna insegnare a pensare". I bambini non sono vasi da riempire, ma menti "meravigliose" da appassionare!

Michela

U.G. Al di là di tutte le riforme del sistema scolastico che, immancabilmente, si introducono a ogni cambio di ministro, i mali della scuola sono arcinoti, ma non si vogliono vedere nonostante la loro evidenza. Il primo è costituito dagli insegnanti, molti dei quali o non sanno la loro materia, o non la sanno comunicare nel modo giusto, o non sono abbastanza carismatici da affascinare i ragazzi che, solo se affascinati, trovano gusto e passione per lo studio. Quando si ha carisma, da cui scende un'automatica autorevolezza, la disciplina non è un problema, e quando lo è, ciò è dovuto al fatto che il professore non è all'altezza del suo compito.

Il secondo problema sono i genitori i quali, dopo che non hanno mai detto un no ai loro figli, e mai hanno chiesto loro un sacrificio, per non avere conflitti in famiglia, invece di riprovare la loro condotta indolente (eufemismo per non dir di peggio), riprovano la condotta dei professori che, con le loro valutazioni, richiamano i ragazzi a un minimo (e dico minimo) impegno. Facendo i sindacalisti dei loro figli, i genitori pensano di garantirsi il loro affetto e la loro stima, quando invece altro non garantiscono che un apprezzamento per la loro indolenza. Il diritto allo studio va assicurato solo a chi ha davvero voglia di studiare, dopo aver dato a tutti la possibilità di farlo e di assaporare il piacere e il sacrificio che lo studio richiede.

Quanto alla filosofia, è ovvio che, al pari delle lingue straniere, sarebbe utile praticarla seriamente fin dalle elementari, a cui i bambini accedono avendo già avuto modo di porsi delle domande filosofiche in quella stagione dei "perché" (quattro anni) in cui chiedevano: "Perché, se la Terra è rotonda e gira intorno al Sole, noi non ci capovolgiamo?", oppure: "Come fa a esistere Dio se non ha una mamma che l'ha messo al mondo?". Sono domande, queste, che di solito non ricevono mai una risposta seria e alla portata della loro età, perché i genitori non hanno mai tempo, oppure, non sapendo come rispondere, dicono: "Quando sarai grande capirai". E così il bambino interiorizza che le domande che fanno pensare non sono interessanti (dal momento che nessuno le prende in considerazione), per cui è meglio non porsele e vivere spensieratamente (ossia senza pensieri, quindi da superficiali, per non dire da deficienti).

La filosofia non è solo, e neppure soprattutto, una materia scolastica. La filosofia è un atteggiamento, un modo di stare al mondo, che stabilisce una differenza tra chi si pone problemi, non solo teorici ma anche pratici, e cerca una soluzione, e chi non si pone problemi, e quando gliene capita uno non ha strumenti per affrontarlo e neppure capisce se è un vero problema oppure no. E questo vale anche per il dolore, a proposito del quale Eschilo diceva che "è un errore della mente". La mente, infatti, se ha solo quattro pensieri in testa, non ha strumenti per affrontare il dolore, oppure, e questo è ancora peggio, il dolore è tanto più acuto quanto meno si è capaci di relativizzarlo, dal momento che l'orizzonte della nostra coscienza è troppo angusto, perché ci si è tenuti per tutta la vita, e magari con orgoglio, lontani dalla cultura.

35.

Quando capiremo che il futuro dei giovani dipende dalla qualità delle nostre scuole?

> Naturalmente per insegnare ci vuole carisma, capacità di comunicazione ed entusiasmo, perché l'attenzione degli studenti passa dal coinvolgimento emotivo.

Caro prof. Galimberti, ai mali della scuola italiana, che lei elenca nella sua risposta a Michela, ne aggiungerei un terzo: la folla indistinta di intellettuali e non che, da almeno vent'anni a questa parte, parlano a ruota libera di scuola e insegnanti sapendone poco o nulla. Il loro unico scopo, forse anche il suo, sembra quello di essere offensivi, distruttivi.

Quali competenze ha lei per affermare che gli insegnanti non sanno la matematica? La fisica? La letteratura? La filosofia? Si sono tutti laureati, hanno in gran parte superato concorsi pubblici, chi altro o che cosa avrebbe dovuto valutare le loro competenze disciplinari? Non hanno carisma? Non affascinano? Vogliamo introdurre un "valutatore di carisma" o di fascino nella selezione del personale docente?

Mi scusi, ma io rifuggo dal carisma e dal fascino, soprattutto con adolescenti: le dico per esperienza che possono essere armi molto pericolose. Ha un modello di insegnante tipo "Capitano, mio capitano"? Io volerei su orizzonti meno retorici e più quotidiani. Giudizi ripetuti, arbitrari, ingiusti e offensivi come i suoi hanno contribuito e contribuiscono ad affossare la scuola italiana.

Insegno Filosofia in uno storico liceo del centro di Roma. Per quanto le sembrerà strano, lo faccio con il preciso intento di "insegnare a pensare". Non sempre, ma spesso, nonostante tutto, ci riesco. Gran parte dei miei studenti sono figli di famiglie benestanti che potrebbero mandarli nel fior fiore della scuola privata. Se vengono da noi, con strutture cadenti, classi affollate, aule fredde o bollenti, vuol dire che noi insegnanti non saremo "bravi", ma almeno discreti.

Paola

U.G. Che molti professori (sottolineo: molti, non tutti) non abbiano una competenza sufficiente nella loro materia è cosa nota agli studenti, ai genitori e ai colleghi professori. Questi ultimi, quando dovesse capitar loro di subentrare l'anno successivo in quell'insegnamento, si trovano a dover recuperare due anni in uno. E c'è chi lo fa e chi non ritiene suo compito farlo. Gli studenti si arrangino come possono. Essere laureati non è di per sé indice di competenza. Posso garantirle che ci si può laureare, ad esempio in Filosofia, anche senza aver letto una sola pagina di Platone o di Kant. Queste cose dovrebbero essere note anche a lei, come lo sono a molti suoi colleghi che mi hanno scritto, confermando *in toto* quanto avevo detto nella risposta a quella lettera a cui lei si riferisce.

Quanto a me, qualche conoscenza diretta della scuola la possiedo, avendo insegnato, prima di accedere all'università, nelle scuole medie inferiori, negli istituti tecnici, negli istituti magistrali, nei licei scientifici e classici. Ho fatto parte di commissioni concorsuali, dove ho potuto toccare con mano il basso livello di competenza di molti candidati che, per ragioni davvero incomprensibili, superavano comunque il concorso.

Lei mi chiede: "Vogliamo introdurre un 'valutatore di carisma' o di fascino nella selezione del personale docente?". Le rispondo. Assolutamente sì, come avviene in qualsiasi colloquio di lavoro, dove chi si presenta è sottoposto a un test di personalità per verificare, ad esempio in una casa editrice, se il candidato è abbastanza ossessivo e quindi idoneo a fare il correttore di bozze.

È Platone a insegnarci che si impara per fascinazione, perché nell'età dell'adolescenza la mente si apre quando la sfera emotiva è coinvolta. Come ciascuno di noi ricorda di aver studiato con impegno le materie dei professori che ci avevano affascinato e davanti ai quali non si voleva fare brutta figura.

Lei pensa che i pericoli della fascinazione siano maggiori dei pericoli della demotivazione che, come una nebbia pesante, grava in molte classi delle nostre scuole? La demotivazione è insidiosissima, è l'anticamera della depressione, e la depressione è l'anticamera del suicidio. Legga il terzo capitolo di un mio libro, *L'ospite inquietante. Il nichilismo e i giovani* (Feltrinelli), ci sono diverse testimonianze di come i giovani vivono la loro pericolosissima demotivazione, spesso a vostra insaputa.

Da ultimo, lei si è accorta che nei nostri licei si è rinunciato alla formazione dei giovani, che vengono giudicati solo sulla base delle loro prestazioni oggettive che fanno media matematica, per cui alla fine del quadrimestre uno si trova in pagella un 6 che risulta dalla media di compiti che, in successione, vanno dal 9 al 3, dal 2 all'8? Ma che idea può farsi uno studente in questa altalena di voti?

E poi, perché non si fanno più i temi, ma solo la comprensione di un testo scritto con un voto a scalare per ogni parola incompresa? Forse perché in un tema si esprime la soggettività dello studente che non è valutabile in termini oggettivi, e magari obbliga l'insegnante a tener conto delle condizioni psicologiche dei suoi alunni?

Perché, cari professori, non aprite un libro di psicologia dell'età evolutiva? Forse capireste perché Freud, già nel 1910, scriveva: "La scuola deve fare più che evitare di spingere i giovani al suicidio, essa deve creare in loro il piacere di vivere e offrire appoggio e sostegno in un periodo della loro esistenza in cui sono necessitati dalle condizioni del proprio sviluppo ad allentare i loro legami con la casa paterna e la famiglia. Mi sembra incontestabile che la scuola non faccia ciò e che per molti aspetti rimanga al di sotto del proprio compito, che è quello di offrire un sostituto della famiglia e di suscitare l'interesse per la vita che si svolge fuori nel mondo". Sembra che i giovani questo interesse oggi lo avvertono appena escono da scuola. Come mai?

36.

Di chi è la colpa se la scuola non funziona?

C'è un concorso di colpa che chiama in causa gli insegnanti demotivati, i genitori sindacalisti, i presidi benevoli, il ministero dell'Istruzione con la sua cascata di riforme burocratiche. Sono i tanti colpevoli del fallimento dell'istruzione e i responsabili del trionfo dell'ignoranza.

Egregio dott. Galimberti, lei attribuisce la responsabilità dei mali della scuola *in primis* agli insegnanti – di cui molti, secondo lei, sarebbero non sufficientemente competenti o accattivanti nell'esercizio dell'attività didattica – e solo *in secundis* ai genitori.

Mi sembra evidente, anche perché ciascuno ne ha fatto esperienza in prima persona, che il ruolo dei genitori sia determinante nell'orientare positivamente o negativamente i figli nei confronti sia delle regole sia dello studio. Per inciso, la doverosa richiesta dei genitori ai figli di fare del proprio meglio a scuola, richiesta che ha un ruolo preponderante nella motivazione scolastica degli adolescenti, è indipendente dal livello di istruzione dei genitori: ricordo bene la correttezza e la diligenza di una mia compagna di liceo, figlia di contadini.

Mi trovo, pertanto, totalmente in disaccordo con lei laddove scrive, a mio parere troppo semplicisticamente, che quando la disciplina è un problema "ciò è dovuto al fatto che il professore non è all'altezza del proprio compito". Può darsi che a volte sia così, ma non lo è sempre, forse neanche spesso.

Io insegno in un istituto professionale di Parma, territorio noto per il buon livello di sviluppo generale e non certo per criticità sociali. Ebbene, le posso assicurare che il biennio iniziale per molte classi non è più da considerarsi "scuola" nel senso tradizionale del termine, perché l'attività preponderante non è più quella didattica, ma quella disciplinare. La priorità dell'insegnante, una volta entrato in classe, è quella di ricostituire un contesto ordinato e non rumoroso (silenzioso è pretendere troppo) in cui tentare di avviare l'attività didattica.

La scuola per molti genitori è diventata un parcheggio per figli ingestibili. Questi adolescenti, presumibilmente abituati a fare quello che vogliono in casa e a non essere contrastati, pretendono di fare altrettanto a scuola. E se l'insegnante esasperato, dopo svariati richiami e ammonizioni, irroga agli studenti disturbatori e/o villani una nota disciplinare, questi la contestano dando la stura a una polemica surreale, nei toni e nei contenuti spesso aggressiva, contro chi ha osato sanzionare il loro comportamento.

Quindi, a mio parere, il punto "competenza ed efficacia degli insegnanti", pur avendo una sua intrinseca rilevanza, è secondario rispetto all'emergenza educativa nelle scuole: problema enorme che gli insegnanti, ben lungi dall'esserne responsabili, *subiscono* in prima persona quotidianamente; problema che va di anno in anno aggravandosi a causa della latitanza dei governi, che non vogliono o non sanno intraprendere le riforme radicali che una riorganizzazione efficace del comparto scolastico ed educativo richiederebbe, a fronte di una massa crescente di adolescenti irresponsabili, pigri e sbandati.

Credo che il Miur, nell'impegno prioritario di contenere le spese, non stia facendo nulla di serio a favore della qualità della scuola, quando, per contrastare l'abbandono scolastico, si limita a richiedere a dirigenti e docenti di contenere il più possibile le bocciature; quando di fatto incentiva, contrabbandandola come "successo formativo" della "buona scuola inclusiva", la politica deleteria della promozione per tutti; e quando si ostina a non prevedere strutture, personale e interventi adeguati per la marea crescente dei cosiddetti ragazzi con "bisogni educativi speciali" – tra cui anche sempre più numerosi sono i giovani immigrati che non sono in grado di capire quello che i docenti spiegano a causa di un'insufficiente conoscenza della lingua italiana –, pretendendo viceversa che siano i docenti delle singole discipline a gestirli quotidianamente, previa redazione, per ciascuno di loro, di piani di lavoro personalizzati e individualizzati, all'interno di classi pollaio!

Maria Chiara

U.G. A costo di annoiare le mie lettrici e i miei lettori, torno sul problema dell'istruzione dei nostri ragazzi perché la questione è troppo importante, non solo per loro, ma anche e soprattutto per il futuro del nostro paese.

Lei distribuisce le colpe del mal andamento della nostra scuola ai ragazzi, ai loro genitori e al ministero dell'Istruzione. I ragazzi li abbiamo messi al mondo noi, e precisamente in un mondo dove quel che conta è il successo, il denaro, l'affermazione di sé anche a scapito degli altri. La scuola e la cultura che essa trasmette dovrebbero almeno prospettare altri valori che relativizzino i primi, facendone apprezzare altri più significativi e interessanti, capaci di gratificare il concetto che ciascuno di questi ragazzi ha di sé.

Se lei mi dice che in un istituto professionale l'attività preponderante è "quella di ricostituire un contesto ordinato e non rumoroso (silenzioso è pretendere troppo) in cui tentare di avviare l'attività didattica", mi lasci dire senza alcuna esitazione che la colpa è di quegli insegnanti che non hanno un'adeguata personalità per stare in una classe o la capacità di conquistarla sul piano emotivo. Di questi insegnanti del tutto inadeguati a ricoprire il loro ruolo, non c'è studente che non abbia fatto esperienza.

Per quanto riguarda i genitori, sono assolutamente convinto che devono essere lasciati fuori dalla scuola, dopo esservi stati malauguratamente introdotti negli anni settanta dai decreti delegati del ministro Franco Maria Malfatti, e negli anni novanta ulteriormente legittimati e incoraggiati dal ministro Luigi Berlinguer. La ragione è molto semplice: i genitori non sono interessati tanto alla formazione dei loro figli, quanto alla loro promozione. E perciò dalla scuola primaria all'ultimo anno di scuola superiore fanno i sindacalisti dei figli, contestando le decisioni prima delle maestre e poi dei professori tramite ricorsi al Tar che, per il quieto vivere, finisce per dar ragione ai genitori.

A sua volta anche la scuola e i commissari degli esami di Stato, sempre per il quieto vivere, finiscono per promuovere tutti, generando il sospetto, assolutamente fondato, della loro inutilità. I soldi che si potrebbero risparmiare con l'abolizione dell'esame di Stato potrebbero essere impiegati per insegnare l'italiano ai bambini stranieri che si iscrivono alle nostre scuole. E questo prima di inserirli nelle classi come se già conoscessero la nostra lingua, mentre non capiscono quasi niente, e di conseguenza si demotivano, quando addirittura non vengono umiliati.

Se poi consideriamo che il ministero dell'Istruzione, come lei ricorda nella sua lettera, invita i dirigenti scolastici a promuovere più studenti possibile per evitare l'abbandono scolastico, e i presidi a loro volta invitano i professori a un analogo comportamento per dimostrare il "successo formativo" del loro istituto, qui il cerchio si chiude. Ed è un brutto cerchio perché segna il trionfo dell'ignoranza, mascherata da diplomi che, alla prova dei fatti, quando ad esempio si scrive un curriculum, mostrano senza inganno la loro falsità. Se a tutto ciò aggiungiamo che i nostri ragazzi avranno come competitori, non i primi della loro classe come un tempo, ma i loro coetanei cinesi e indiani, ci dobbiamo meravigliare se l'Italia e con lei l'Europa, e a guardar bene l'intero Occidente, stanno declinando?

37.

Quanto è responsabile la scuola nella demotivazione degli studenti?

Il degrado delle nostre scuole è dovuto, tra le altre cose, anche al fatto che alla qualità dell'insegnamento abbiamo sostituito la quantità dei "prodotti scolastici", anche un po' idioti, ma misurabili, per cui quel che conta non è più la soggettività dello studente, ma l'oggettività delle sue prestazioni.

Sono uno studente di liceo classico che sta vivendo il travagliato periodo dell'adolescenza caratterizzato dalla metamorfosi che determina il passaggio dal mondo della fanciullezza a quello degli adulti. Mi accorgo sempre più, ormai, dell'analfabetismo emotivo diffuso nelle scuole. Si sta attuando una soppressione della creatività, del pensiero, una mortificazione dell'originalità e un'esaltazione del conformismo. Ridotto a macchina, mi è imposto l'apprendimento di materie delle quali non sono innamorato, non perché non siano interessanti, ma perché nessuno (o pochi) me le hanno fatte amare.

Del mio sentire, delle mie emozioni, dei miei pensieri, dei miei spunti intellettuali nessuno si interessa nell'ambiente scolastico. Dicono che non c'è tempo, che va finito il programma e dunque sono subito richiamato all'ordine. Le uniche discipline che sembrano avere per me senso sono filosofia e religione, nelle quali possiamo raccontarci, rivelarci mediante un accattivante metodo erotico d'insegnamento. Protagonista di questo mondo, immerso nel disagio, mi accorgo di come la scuola, ma più ancora molti professori, abbiano fallito, poiché ci trattano come se, seduti dietro a quei banchi, ci fossero delle macchine il cui unico fine è produrre.

Nikola

Buongiorno professor Galimberti, la buona scuola è, secondo me, quella in cui gli insegnanti amano la materia che insegnano e ancor di più amano i ragazzi che, di volta in volta, frequentano le loro classi. Come ai miei tempi, anche le mie figlie hanno degli ottimi docenti, che insegnano loro il metodo di studio e che cercano di infondere loro coraggio e amore per la cultura. Talvolta però quando, con alcuni insegnanti, le interrogazioni non vanno molto bene, tornano a casa mortificate, pensando di non valere più niente, di non essere intelligenti. Mi piacerebbe che questi docenti prendessero da parte i loro alunni, uno a uno, e chiedessero loro cos'è successo, che spiegassero loro come poter rimediare, che li incoraggiassero e che dimostrassero loro di credere in una sicura possibilità di miglioramento.

Daniela

U.G. Caro Nikola, la tua lettera riflette esattamente la differenza tra i licei classici che la signora Daniela ricorda, e che io stesso ricordo per avervi insegnato negli anni settanta, e i licei classici di oggi. Si è verificata una catastrofe dovuta al fatto che alla "qualità" degli insegnamenti si è sostituita la "quantità" di prodotti scolastici, onde poter misurare "scientificamente" quanto si insegna e quanto si apprende, attraverso prove scritte in cui si misura, ad esempio, la capacità dello studente di sostituire il dizionario (bella, quanto inutile impresa).

Questo capita in greco e in latino, dove si chiede allo studente di apprendere un numero spropositato di vocaboli al giorno per poi verificare se è in grado di tradurre senza dizionario. Questo capita anche in italiano, dove non si fanno più temi in classe per verificare intelligenza, sensibilità, creatività, apertura d'orizzonti degli studenti, tutta roba scientificamente non misurabile e quindi da trascurare, ma si sottopongono gli studenti alla comprensione di un testo dove, su cinquecento parole, ce ne sono quattro o cinque dal significato equivoco, e se sbagli l'interpretazione prendi quattro o cinque anche se a casa leggi un libro alla settimana e hai un linguaggio sciolto e comprensibile nelle interrogazioni in storia e geografia con ottimi voti. In italiano non si sa, perché gli orali sono stati sostituiti da quelle stupide prove scritte "che però danno dati misurabili".

È ovvio che con questo metodo non si misura l'intelligenza degli studenti, ma solo l'idiozia di quei pedagogisti che in questi anni hanno impostato questa modalità d'insegnamento e l'incuria dei ministri dell'Istruzione che, anche se provengono dall'insegnamento universitario, o forse proprio per questa loro provenienza, non si accorgono quanta bellezza hanno sottratto all'insegnamento e quanti studenti, anche bravi durante le scuole medie, hanno progressivamente demotivato.

Ma alla maggior parte dei professori tutto questo non importa granché. A loro basta che sia in ordine il registro elettronico dove scrivono quello che hanno fatto e colorato in rosso e in nero i voti positivi e negativi che assegnano agli studenti verificati su queste stupide prove. Sempre con questi magnifici professori, esonerati dal mettere in gioco la loro personalità e la loro passione nell'insegnamento, non è possibile andare a parlare se non su appuntamenti fissati per via telematica dopo tre o quattro mesi dalla prenotazione, come accade nella sanità.

E come nella sanità per questi ritardi si aggrava la malattia, così a scuola per questi ritardi si aggrava la situazione degli studenti, ai quali i professori tendenzialmente non parlano, non si prendono cura, e assumono nei loro confronti un atteggiamento che sarebbe giustificato se gli studenti fossero una controparte, e non quella parte a cui i professori dovrebbero dedicare anima e corpo per favorirne la crescita con reciproca soddisfazione.

Non mi si dica che ci sono anche ottimi professori. Lo so, ma sono pochissimi, come pochi sono anche i professori che sarebbe meglio esonerare dall'insegnamento. Qui io mi riferisco alla gran massa ignava, spassionata, burocratica, spenta, demotivante, e anche irresponsabile, perché non si rende conto che, in quell'età incerta che si chiama adolescenza, basta una spintarella per far precipitare nell'abisso uno studente, o buttarlo fuori strada per troppe parole che non gli sono arrivate durante il suo percorso scolastico. In ogni caso, caro Nikola e gentile signora Daniela, sappiate in anticipo che la vostra denuncia e queste mie parole non serviranno a modificare assolutamente nulla di questa sconfortante situazione, per cui il peggio può ancora avvenire.

38.

C'è una ragione per studiare anche le materie che non si amano?

È vero che le intelligenze sono diverse, ma la scuola, non potendole seguire tutte, è bene che privilegi l'educazione dell'intelligenza logico-matematica. La prima lezione per crescere è accettare questa condizione.

Buongiorno signor Galimberti, frequento l'ultimo anno del liceo linguistico. Ho passato a scuola quasi tutta la mia vita e ho avuto modo nel tempo di analizzarmi e analizzare le circostanze in cui vivo. E già da molto tempo sono arrivata alla conclusione che il sistema scolastico italiano è rimasto lo stesso da cento anni ormai, sia riguardo la formazione degli insegnanti, sia riguardo l'amministrazione delle materie e delle lezioni.

Porterò il mio esempio: posso dire di me di essere sempre stata prima una bambina e poi una ragazza incredibilmente curiosa, ambiziosa e con spirito d'iniziativa. Queste tre qualità, che io ritengo fondamentali per ogni individuo (in particolare la curiosità), sono state annientate dal sistema scolastico nel momento in cui ho dovuto scegliere il liceo a cui iscrivermi. Dover prediligere delle materie rispetto ad altre, quando ogni cervello umano è fatto in maniera diversa, mi sembrava una punizione. Sono sempre stata portata per la lingua inglese e allo stesso modo per il disegno, ma in Italia o si è in un modo o in un altro, non esistono sfumature. E così ho accantonato la mia inclinazione artistica per scegliere un liceo vicino a casa (dato che nel piccolo paese dove abito io per arrivare a Roma avrei impiegato circa due ore, ma questo è un altro discorso).

Il primo anno finalmente riabbracciai la lingua inglese, che ho sempre amato, insieme alla letteratura epica, che amo allo stesso modo, ma dovetti fare i conti con il latino, che a quattordici anni non riuscivo a comprendere né a studiare. Di fatto, non superai il primo anno. I professori che avevo erano completamente passivi; ci indicavano le pagine da studiare, si studiavano e si ripetevano a memoria. Ma io non ero fatta così, e anche se da quell'anno posso dire di essere maturata moltissimo, non sono ancora fatta così.

Questo per dire che sono convinta che l'insegnare e l'imparare nascano prima di tutto dalla volontà: e come posso imparare se non ho volontà di studiare una materia che mi è imposta? Sono io una studentessa capricciosa o mi ritrovo davvero in un sistema troppo inquadrato e che non lascia spazio a tutte le diversità delle menti?

Elena

U.G. Lei ha ragione su un punto e torto su un altro. Ha ragione quando dice che esistono molte forme d'intelligenza. E a conforto della sua tesi potrebbe leggere un libro importante di Howard Gardner, professore di Scienze cognitive e dell'educazione all'Università di Harvard, che ha per titolo: *Formae mentis. Saggio sulla pluralità dell'intelligenza* (Feltrinelli).

C'è infatti un'intelligenza *linguistica*, abile nel tradurre un termine o una costruzione da una lingua all'altra con una facilità che non è concessa a tutti, così come non è dato a tutti saper disegnare o catturare la bellezza di un'opera d'arte. C'è un'intelligenza *musicale*, che percepisce come armonia quella che per altri è dissonanza, e che con l'udito sa catturare nei suoni un senso che non si può dire ma solo u-dire. C'è un'intelligenza *spaziale*, che dischiude un mondo che sfugge alle coordinate geometriche, per offrirsi come un campo di forze che sollecitano chi la possiede a certi movimenti e che, come nel caso di campioni dello sport, lo congiungono senza troppi calcoli alla meta.

C'è poi un'intelligenza *emotiva*, che è una forza dinamica che ci consente, prima che intervenga una mediazione razionale, di muoverci nel mondo individuando le condizioni più favorevoli rispetto a quelle sfavorevoli, e che, come ci ricorda lo psicologo David Goleman, "ha guidato con saggezza l'umanità nel lungo cammino dell'evoluzione". C'è un'intelligenza *psicologica*, che sa catturare intuitivamente quel che si agita negli abissi dell'anima e perciò chi la possiede, meglio di altri, è in grado di partecipare al patire e al gioire delle persone a cui si rapporta. C'è un'intelligenza *poetica*, che sa consegnare alle parole un significato che va al di là del loro uso abituale, consentendoci di scoprire sensi insospettati.

La scuola, per poter seguire nella loro inclinazione tutti questi tipi di intelligenza, dovrebbe avere classi che non superino i dodici/quindici studenti, e professori competenti in scienze cognitive ed emotive, dal momento che l'intelligenza si apre quando ci si prende cura dello stato emotivo degli studenti in quell'età incerta, l'adolescenza, in cui gli stati emozionali e sentimentali condizionano quelli razionali.

Ma siccome questo non è possibile, la scuola tende a sviluppare, e a mio parere non a torto, quell'intelligenza *logico-matematica* che abitua la mente a cogliere le analogie e i rapporti tra le cose. Del resto, come scrive il filosofo Alfred Whitehead: "Il primo uomo che colse l'analogia esistente tra un gruppo di sette pesci e un gruppo di sette giorni compì un notevole passo avanti nella storia del pensiero". E la tradizione racconta che Platone, a cui dobbiamo il nostro modo di pensare e di parlare in Occidente, fece scrivere sul frontespizio dell'Accademia da lui fondata: "Non si entra qui se non si è geometri".

Su questa base, e non senza questa base, lei può sviluppare le vie che vuol percorrere seguendo l'inclinazione della sua intelligenza, senza tralasciare le discipline per le quali non si sente portata, proprio perché la scuola non è un luogo che si regola sul principio del piacere, che si fonda sulla soddisfazione immediata del desiderio che ha caratterizzato la nostra vita infantile, ma sul principio di realtà che, tra il desiderio e la sua soddisfazione, introduce il lavoro, che chiede un'applicazione anche là dove non siamo sospinti dai nostri desideri o assecondati dalle nostre inclinazioni. E, senza forse, è proprio in questo percorso il momento più educativo ed emancipativo della scuola.

39.

L'*homo sapiens* ha ceduto il posto all'*homo videns*

I nostri ragazzi non sanno leggere perché fin da piccoli sono stati abituati a guardare.

"Troppi ragazzi scrivono male in italiano, leggono poco e faticano a esprimersi oralmente, servono interventi urgenti." Recita così una frase della lettera che più di seicento docenti universitari, accademici della Crusca, storici, filosofi, sociologi ed economisti hanno inviato al governo e al parlamento per denunciare un problema su cui si pone troppo poca attenzione.

Scorro le firme apposte alla lettera, leggo, tra gli altri, i nomi di alcuni professori della mia università. Li incontro spesso per i corridoi, sento parlare di loro da amici che hanno seguito i loro corsi. Che vergogna e che schiaffo morale sentirsi dire che commettiamo errori "appena tollerabili in terza elementare"! Vorrei poter dire che non è vero. Ma come non dar loro ragione? Facciamo fatica a esprimerci, non leggiamo, non sappiamo riassumere un testo, e a scrivere non siamo mai stati abituati. Ma siamo sicuri che una scuola più efficiente e più verifiche durante l'anno bastino a risollevare la situazione? In molti pensano che saper scrivere sia ormai inutile in un mondo in cui a contare non sono più le parole, ma i fatti, e ancor più dei fatti le immagini.

"Le parole sono sangue," scriveva Cesare Pavese in un libro bellissimo che ho citato anche nel mio tema di maturità. Le parole ci scorrono dentro e ci rendono uomini.

È il linguaggio verbale che ci distingue dagli animali, la nostra capacità di elaborare un pensiero complesso e di esprimerlo a parole, che siano pronunciate o scritte, di comunicare, confrontarci, discutere con il prossimo e quindi conoscerlo. Non essere più in grado di fare ciò significa faticare a stabilire relazioni e retrocedere a una condizione bestiale. Nessun genitore, credo, vorrebbe questo per i propri figli.

Quindi, per favore, quando tornate a casa stanchi dal lavoro, non piazzateci davanti alla televisione ma leggeteci un libro; per farci addormentare non dateci in mano uno smartphone ma raccontateci una storia; invece di rispondere ai messaggi sui gruppi WhatsApp, controllate che i compiti per casa siano corretti.

E voi, maestri e professori, non adagiatevi sulla vostra cattedra, parlate con noi prima che di noi, studiate, aggiornatevi, ma non pensiate che aggiornarsi voglia dire imparare a usare una lavagna multimediale, perché sarà la passione che avrete per il vostro lavoro che cambierà la vita dei vostri studenti anche se continuerete a scrivere con il gesso.

E voi, politici e parlamentari, vi prego, indignatevi insieme agli studenti se viene nominato un ministro dell'Istruzione che non sa cosa voglia dire passare metà del proprio tempo all'università, piangere di rabbia per la bocciatura a un esame, stare ogni giorno due ore su un treno per scoprire troppo tardi che il professore non c'è, seguire le lezioni su un pavimento sporco e freddo perché le aule sono sovraffollate; non lasciate la scuola sempre alla fine della lista dell'ordine del giorno; non sottovalutate questa lettera; ricordate che il mondo sarà nelle mani di chi oggi è figlio e studente.

Marta

U.G. La sua lettera distribuisce le colpe dell'incompetenza linguistica dei nostri giovani ai genitori che non hanno mai letto un libro, un racconto, una storia ai loro figli, ai professori che senza passioni si ritengono soddisfatti quando riescono a ottenere in classe un po' di disciplina, e ai politici che al ministero che presiede l'istruzione non hanno mai messo qualcuno che conoscesse davvero la scuola. Il risultato è che i nostri giovani possiedono un vocabolario così ridotto da ricorrere a una sola parola, neppure troppo elegante, per esprimere la gamma di tutti i loro sentimenti: dalla gioia al dolore, dalla depressione all'euforia, dall'entusiasmo alla noia. Una sola parola che si incarica di dire tutto.

Ricordo che nel 1976 il linguista Tullio De Mauro, di recente scomparso, aveva fatto una ricerca per vedere quante parole conosceva un ginnasiale: il risultato fu circa 1600. Ripetuto il sondaggio vent'anni dopo, il risultato fu che i ginnasiali del 1996 conoscevano dalle 600 alle 700 parole. Oggi io penso che se la cavino con 300 parole, se non di meno. È un problema? Sì, è un grosso problema perché, come ben ha evidenziato Heidegger, noi riusciamo a pensare limitatamente alle parole di cui disponiamo, perché non riusciamo ad avere pensieri ai quali non corrisponde una parola. Le parole non sono strumenti per esprimere il pensiero, al contrario sono le condizioni per poter pensare.

Tutto ciò forse è dovuto al fatto che negli ultimi trent'anni siamo passati a una fase in cui le cose che sappiamo, dalle più elementari alle più complesse, non le dobbiamo necessariamente al fatto di averle *lette* da qualche parte, ma semplicemente di averle *viste* in televisione, al cinema, sullo schermo di un computer, oppure *sentite* dalla viva voce di qualcuno, dalla radio o da un paio di cuffie applicate alle orecchie e collegate a un iPad. A questo punto sorgono spontanee le domande: come la trasformazione della strumentazione tecnica modifica il nostro modo di pensare? E ancora: quali forme di sapere stiamo perdendo per effetto di questo cambiamento?

Come ha ben descritto Raffaele Simone in *Persi nella rete. La mente ai tempi del web* (Garzanti), all'intelligenza più evoluta, che è quella "sequenziale", stiamo sostituendo l'intelligenza "simultanea", caratterizzata dalla capacità di trattare nello stesso tempo più informazioni, senza però essere in grado di stabilire una successione, una gerarchia e quindi un ordine. È l'intelligenza che usiamo ad esempio quando guardiamo un quadro, dove è impossibile dire che cosa vada guardato prima e cosa dopo. L'intelligenza "sequenziale", che usiamo per leggere, necessita invece di una successione rigorosa e rigida che articola e analizza i codici grafici disposti in linea. Se leggo la parola "cane", la forma grafica della parola e quella fonica non hanno niente a che fare con il cane, e allora la visione dei codici alfabetici comporta un esercizio della mente che la visione per immagini non richiede.

Naturalmente "guardare" è più facile che "leggere", per cui l'*homo sapiens*, capace di decodificare segni ed elaborare concetti astratti, è sul punto di essere soppiantato dall'*homo videns*, che non è portatore di un pensiero, ma fruitore di immagini, con conseguente impoverimento del capire, dovuto, come scrive Giovanni Sartori in *Homo videns. Televisione e post-pensiero* (Laterza), all'incremento del consumo di televisione e di internet. E, com'è noto, una moltitudine che "non capisce" è il bene più prezioso di cui può disporre chi ha interesse a manipolare le folle.

40.

I ragazzi che leggono vivono tante vite

> Gianfranco Contini disse un giorno: "Solo chi legge tanti libri sa giocare la propria esistenza su molte tastiere".

Carissimo signor Galimberti, ho quindici anni e frequento il liceo classico in un paesino della Puglia, dove il sole splende nel cielo e il mare rallegra gli animi della gente. O almeno una volta era così, ora tutti sono sommersi dalla tecnologia e non hanno nemmeno il coraggio o la volontà, se così possiamo definirla, di guardarsi negli occhi.

Stavo, come ogni venerdì sera, leggendo nel mio letto il giornale e dopo avrei continuato leggendo un libro, ma improvvisamente le mie azioni abitudinarie si sono bloccate su un ricordo di quando avevo cinque anni e la mia vicina di casa, un'adorabile vecchietta morta qualche anno fa, mi regalò un pacco. Questo pacco era quadrato, grande e pesante, io non vedevo l'ora di aprirlo, ma lei mi fece promettere che non lo avrei aperto finché non avessi imparato a leggere. Lo conservai nello scaffale della libreria. Passato un anno, sapevo leggere ormai. Quando aprii il regalo, con mia grande sorpresa ci trovai un libro di favole. Ma non era un semplice libro di favole, era il mio primo libro di favole, quello che avrei letto ogni sera per addormentarmi, quello che mi aiutava a immaginare un mondo tutto mio.

Con il passare del tempo mi regalarono altri libri, tra cui uno in particolare che ancora oggi leggo, le favole di Italo Calvino. Era il mio preferito. Ora la mia camera è piena di libri. Libri di scuola, libri di poesia, libri di fantasia, libri d'amore, libri da far piangere fino all'ultima pagina, libri da far paura, libri che ti lasciano senza fiato. Una volta mi è capitato di comprare un libro che mi ha fatto diventare dipendente. Non dormivo la notte, al mattino la prima cosa che pensavo era se sarebbe finito bene o male.

Io potrei scrivere cento, mille, miliardi di pagine sui libri. Il mio sogno è diventare una scrittrice, una brava scrittrice. Una scrittrice che fa amare il suo libro anche a coloro che pensano che i libri non servono a niente, e che alla fine si rimangiano tutto e una lacrima scende dai loro occhi finalmente aperti al mondo. Ma purtroppo in questa generazione i libri sono l'ultima cosa a cui pensare. C'è troppa tecnologia. La tecnologia ci sta lentamente divorando. Non c'è più contatto umano! Ora le persone si conoscono su Facebook e social network vari. È difficile far avverare i propri sogni in questa generazione.

Nella mia classe, e le ripeto che frequento un liceo classico, su ventiquattro alunni solo quattro leggono libri. Gli altri no. Sono terrorizzata da questi dati. Vorrei che tutti riscoprissero l'amore per i libri. Io nel frattempo attendo e custodisco i miei segreti in una bottiglia di metallo, sperando che un giorno si avverino, e lotterò per farli avverare. Grazie per avermi ascoltata.

Chiara

U.G. Mi piace dar voce alle lettere che ricevo dagli adolescenti, perché, a differenza degli adulti che si lamentano o recriminano o accusano, spesso giustamente, gli adolescenti descrivono la loro condizione, oppure lanciano progetti per il futuro. E ascoltarli nel loro fantasticare e progettare il futuro non deve scatenare, come puntualmente accade nelle lettere di commento che ricevo, la reazione degli adulti che li accusano di ingenuità. Gli adulti conoscono il tempo che hanno vissuto, ma non conoscono, come gli adolescenti, il tempo che verrà, e che comunque è loro.

Così, ad esempio, ci sono degli adolescenti che scrivono meglio dei loro professori. Come può accadere questo? Hanno letto più libri di loro. Ci sono degli adolescenti che conoscono i sentimenti in tutte le loro sfumature. Chi glieli ha insegnati? I libri che hanno letto. Ci sono degli adolescenti che non si annoiano perché, attraverso i libri, hanno scoperto quanti percorsi fantastici la vita può offrire, e non hanno bisogno di droghe per fare un "viaggio" fuori dalla quotidianità. Ci sono infine degli adolescenti che, grazie ai libri che hanno letto, non drammatizzano le sofferenze che incontrano nella vita, non si abbandonano agli amori con l'ingenuità di chi conosce solo la passione del momento. Sanno quanto vasta e articolata è la gamma dei sentimenti, quanto ampia la costellazione delle idee per perdersi nella prima passione che li assale o nella prima idea fissa che li tormenta.

Non sono per questo immuni dall'inquietudine dell'adolescenza e neppure sono divenuti adulti troppo precocemente. Grazie ai libri, hanno semplicemente offerto alla loro mente e al loro cuore tanti percorsi che, senza libri, non avrebbero conosciuto, e così hanno evitato l'afasia del linguaggio, l'atrofia dei sentimenti, la povertà dell'ideazione e della fantasia che, anche quando è appena abbozzata, contiene quasi sempre un progetto di vita.

Questi sono i doni della lettura, che diventa una compagna di viaggio solo per chi comincia a frequentarla da bambino. Si illude infatti chi dice: "Leggerò quando sarò in pensione", perché, se non ha cominciato da bambino, non leggerà mai. La scuola deve impegnarsi a far leggere ai ragazzi, oltre ai libri scolastici, tanti altri libri, perché è impensabile che, in una classe di liceo di ventiquattro studenti, solo quattro leggano libri. Senza esitazione possiamo dire che gli altri venti sono già persi, anche se verranno promossi. Perché l'educazione della mente e del cuore non avviene con il superamento di un corso di studi, ma con la frequentazione appassionata di tutti i sentieri che la vita dischiude e che la buona letteratura sa indicare e descrivere.

41.

Chi non legge non sa cosa succede né fuori di sé, né dentro di sé

La lettura dei libri è fondamentale per non fossilizzare le nostre idee, per arricchire i nostri sentimenti e per accrescere la nostra capacità di decidere quando la vita ce lo chiede.

Ho tredici anni e sono un alunno della terza media. Oggi a scuola, nell'ora di antologia, abbiamo analizzato e commentato una sua risposta alla domanda di una ragazzina che di nome faceva Chiara. Il tema della domanda era: "Perché i ragazzi non leggono i libri?".

Nella nostra classe abbiamo fatto un sondaggio ed è risultato che solo io leggo i libri. Ma il punto non è questo. Una parte dei miei compagni affermava di non avere tempo tra studio e allenamenti dei rispettivi sport; l'altra parte, invece, riteneva che "il leggere" sia una cosa inutile e senza senso, e che se non sanno una parola o un sinonimo adeguato da usare in un compito o in un tema (parole testuali): "C'è sempre internet. A cosa servono i libri se hanno inventato questo magnifico strumento?".

Io da questa citazione ho capito che non hanno mai aperto un libro. Infatti non sanno quanto ti può rapire un libro o quanto puoi andare lontano, viaggiare non fisicamente ma mentalmente. Non vedo l'ora che venga sera per immergermi di nuovo in un'avventura straordinaria, in un mondo diverso dal nostro e carpire le emozioni più nascoste e frammentate dei personaggi.

Purtroppo dentro di me sono un po' triste perché non

sanno cosa si perdono e non so come dissuaderli dalla loro banale idea. Le assicuro che ho tentato di proporre dei progetti, a scuola, per diffondere la lettura ma, anche se alcuni di questi sono andati in porto, i miei compagni hanno aggirato la lettura con film, video o riassunti veramente concisi.

Malgrado i miei sforzi non conosco ancora un metodo interessante per invogliare i ragazzi come me a leggere e volevo chiedere a lei se sa uno stratagemma. Non si senta obbligato a rispondere. Presumo che come me ci siano tanti altri ragazzi che le scrivono. E mi scusi il mio linguaggio poco forbito.

Matteo

U.G. Caro Matteo, non ho una strategia per indurre alla lettura. Posso solo illustrare, da un lato, le ragioni per cui oggi si legge pochissimo e, dall'altro, che cosa si perde a non leggere. Lo sviluppo dei mezzi di comunicazione, dalla radio alla televisione, al cinema, allo schermo di un computer, ha fatto sì, come già abbiamo avuto modo di dire in risposta a un'altra lettera, che le cose che sappiamo, dalle più elementari alle più complesse, le conosciamo non per averle *lette*, ma per averle *sentite* o *viste*. Ciò ha comportato, come già abbiamo visto, un passaggio da un'intelligenza "sequenziale" a una "simultanea".

Non spaventarti per queste parole che possono sembrare difficili. *Simultanea* è l'intelligenza che usiamo quando ad esempio guardiamo un panorama, dove non è possibile dire cosa vediamo prima e cosa dopo. *Sequenziale* è l'intelligenza che usiamo per leggere, dove dobbiamo seguire una successione rigorosa di segni grafici disposti uno dopo l'altro. Se non so analizzare i segni grafici che compongono la parola "tavolo" non riesco a farmi un'idea di che cos'è un tavolo.

Se perdiamo questo esercizio della mente, che non è richiesto dalla visione simultanea che si affida alle immagini, non sappiamo più tradurre i segni grafici in significati, né stabilire la loro successione, la loro gerarchia, la loro connessione e, soprattutto, non siamo più in grado di pervenire ai concetti astratti. La nostra intelligenza regredisce da una forma evoluta a una più elementare, come quella dei bambini che, all'asilo e alla scuola primaria, per capire le cose hanno bisogno di libri pieni di immagini.

Senza lettura non solo si fossilizzano le nostre idee, ma finiamo per non conoscere neppure i nostri sentimenti, perché ci mancano i nomi per chiamarli e richiamarli, per dialogare con loro, per non esserne fagocitati a nostra insaputa, senza alcuna capacità di governarli. Se non leggiamo, come facciamo a conoscere il dolore in tutte le forme che assume, l'amore in tutte le sue sfumature, la disperazione nelle sue espressioni più atroci, la noia nella pesantezza della sua atmosfera, la gioia nei suoi momenti esaltanti ed euforici, l'angoscia che, quando ci assale, ci lascia davanti solo il nulla a cui aggrapparci?

Le vie d'uscita ce le offre la letteratura, perché i sentimenti non ci sono dati per natura, ma si imparano attraverso la cultura, come da sempre gli uomini hanno saputo quando hanno inventato i miti per dare un nome e una traccia al linguaggio del cuore. Accanto alla letteratura c'è poi la saggistica, utile per correggere le nostre idee che altrimenti si fossilizzano, impoverendo la nostra capacità di scegliere e di decidere quando la vita ci pone davanti a problemi che chiedono una soluzione. E noi non abbiamo strumenti.

L'Ocse (l'Organizzazione per la cooperazione e lo sviluppo economico, con sede a Parigi) ha stilato di recente una classifica che vede noi italiani all'ultimo posto per la comprensione di un testo scritto. Con questo dato di ignoranza, pensiamo davvero che sia possibile uscire dalla crisi? Caro Matteo, anche se nella tua classe sei il solo a leggere, non smettere mai.

42.

Cari professori, solo se trattate i vostri ragazzi come adulti, li aiuterete a crescere

Se invece fate loro credere che, in quanto "minori", hanno sempre bisogno di tutela o di chiedere il permesso per ogni loro iniziativa, i vostri ragazzi non cresceranno mai.

Mi permetto di scriverle in merito alla lettera di Matteo. Sono docente e sono rimasta colpita dal testo pubblicato. Ho fatto poi una considerazione e mi scuserà se gliene rendo partecipe: lei ha avuto l'autorizzazione a pubblicare su "D – la Repubblica delle donne" l'indirizzo mail del ragazzo da parte dei suoi genitori? Questa mia preoccupazione mi è sorta avendo avuto l'impulso di scrivergli – sono docente di Scienze umane nelle scuole superiori. Mi sono resa conto che trattandosi di uno studente di appena tredici anni non era possibile interloquire con lui in questo modo. Se avesse già fatto le sue valutazioni, la prego di scusarmi.

Anna Maria

Caro Matteo e gentile professor Umberto Galimberti, siamo le alunne e gli alunni della classe 2ª B e della 2ª C della scuola secondaria di primo grado Il Ponte di Lodi. Abbiamo letto la lettera che hai scritto al professor Umberto Galimberti in classe e abbiamo discusso sull'argomento.

È emerso che non a tutti noi piace leggere, ma abbiamo scoperto, anche dalla risposta del professor Galimberti, che la lettura aiuta la mente a mantenere attiva l'intelligenza sequenziale. A causa dell'eccessivo e inappropriato uso della tecnologia, stiamo tornando all'utilizzo dell'intelligenza simultanea come facevamo da piccoli.

Ad alcuni di noi, comunque, piace leggere e abbiamo scoperto una passione speciale per alcuni autori come ad esempio Gary Paulsen, i cui libri, purtroppo, non sono velocemente reperibili nella traduzione italiana. Durante la lettura di *Io e Cookie* abbiamo trasferito i nostri sentimenti nel Minnesota commuovendoci (un nostro compagno ha pianto in classe) davanti al legame tra un uomo e i suoi cani. In *Quando Hitler rubò il coniglio rosa* abbiamo conosciuto la persecuzione razziale durante la Seconda guerra mondiale.

Quest'anno tutta la nostra scuola (270 alunni) ha letto *Nel mare ci sono i coccodrilli,* con il quale abbiamo viaggiato lungo il Medio Oriente e nell'Europa dell'Est. I ragazzi stranieri della nostra classe hanno avuto nostalgia del loro paese. Questo libro ci ha insegnato che, anche nella povertà, dobbiamo cercare di mantenere comportamenti retti e giusti e sperare nel futuro.

Potremmo fare tante cose per mantenere vivo l'interesse per la lettura: 1. scegliere un pomeriggio alla settimana dedicato alla lettura; 2. incontrarci in biblioteca e scegliere un libro insieme e leggere insieme; 3. discutere dei libri che leggiamo; 4. fare delle presentazioni (grazie all'uso della tecnologia) dei libri che leggiamo; 5. costruire un ambiente favorevole alla lettura: uno spazio silenzioso, in un posto comodo in camera.

Caro Matteo, la tua lettera ci ha fatto pensare molto e vorremmo avere altri momenti per discutere di libri e di lettura.

Gentile professore, vogliamo ringraziarla per aver risposto a un ragazzo della nostra età, le sue riflessioni sono state chiare e utili per noi. Abbiamo discusso tanto in classe sull'intelligenza sequenziale e simultanea e il suo articolo ci ha stimolato a leggere. Faremo tesoro di questa esperienza.

Milena, Ambra, Alessandro, Daniele
e altri quaranta nomi di alunni

U.G. Gentile professoressa Anna Maria, perché un'insegnante si pone il problema se è lecito scrivere a uno studente di tredici anni che voleva coinvolgere quanti più ragazzi della sua età a frequentare la lettura? Quanta burocrazia e formalismi legislativi condizionano la testa dei professori, fino a impedir loro di entrare in un rapporto diretto con uno studente senza l'autorizzazione dei genitori! Con i minori io penso che lei abbia a che fare tutti i giorni, ed è solo la cattedra che le consente di parlare con loro senza dover chiedere ai genitori se può o non può farlo?

Non ce l'ho con lei, che mi scrive una lettera tra l'altro gentile e piena di riguardo, ma con quella mentalità burocratica, e per i ragazzi incomprensibile, che non consente di stare con loro, parlare con loro, vivere con loro, per instaurare quel tratto di partecipazione emotiva che è la prima condizione perché un'intelligenza si apra e cominci a entusiasmarsi del mondo e della cultura che consente di comprenderlo e capirlo.

La lettera del "minore" ha fatto il giro delle scuole, è stata discussa in molte classi che mi hanno scritto a loro volta una lettera, di cui pubblico l'ultima pervenuta. L'editore Loescher, che ha in preparazione un'opera scolastica antologica per la scuola secondaria di primo grado, ha chiesto a me e alla direzione di "Repubblica" la possibilità di pubblicare quella lettera. E tutto questo lascia intendere che a suscitare interesse per quanto accade nella scuola non sono solo gli eventi, talvolta deprecabili, talvolta tragici, di cui si occupano le cronache, ma anche le sollecitazioni a migliorare il livello culturale dei nostri istituti di istruzione, sollecitazioni promosse non da presidi o professori, ma da studenti che con altri studenti mettono in comune le loro esperienze di studio e il modo per migliorarle.

Perché censurare il loro nome e cognome o il loro indirizzo mail, il canale più frequentato dai giovani per le loro comunicazioni, che il più delle volte sono vuote, inutili, insignificanti, quando non deprecabili nei confronti di compagni di classe sfortunati o diversi e perciò emarginati? Forse in questi casi bisogna avvertire i genitori, cosa che non avviene quasi mai, ma non quando un ragazzino invita i suoi coetanei alla lettura e lo fa con tanta passione e voglia di convincere che, a certe condizioni di impegno, a scuola ci si può andare anche con gusto. Perché non dare agli altri ragazzi della sua età la possibilità di entrare in rapporto con lui e favorire così la circolazione di idee buone e "fresche", visto che a diffonderle sono dei "minori" che non hanno bisogno di una particolare tutela quando avviano buone iniziative?

Cari professori, fidatevi di questi "minori" che, al giorno d'oggi, tanto minori non sono, e non tarderete ad accorgervi che, se li trattate con la considerazione che riservate agli adulti, offrite loro non solo il modo migliore per diventarlo, ma anche il maggior impegno che di solito accompagna chi, giorno per giorno, è invitato dal riconoscimento e dal rispetto che gli viene dal professore a comportarsi come un adulto e non come un "minore". Parola, questa, che sottintende un'incapacità di giudizio, di responsabilità, e perciò un bisogno di tutele, attraverso le quali ciò che si trasmette è la visione del mondo degli adulti, che rischia di spegnere le iniziative e i germi di novità che, non raccolti, lasciano i "minori" in un perenne stato di minorità.

43.

Evitiamo che i giovani si sentano stranieri nella propria vita

C'è un'enorme distanza tra le domande segrete che gli studenti comprimono nel loro cuore e le risposte che una scuola ignara evita di dare.

Salve, sono una ragazza di diciotto anni che inizia il quinto anno di liceo classico. Fin dalle scuole medie non ho mai incontrato professori capaci di farmi appassionare a una materia, un argomento. Niente (in ambito scolastico) riesce a entusiasmarmi. Non voglio mettere in dubbio l'ottima preparazione degli insegnanti, ma il loro modo di rapportarsi con noi studenti, la loro freddezza e rigidità nei confronti degli argomenti trattati. A volte è come se ci si dimenticasse che l'importante non è ripetere Seneca, Ariosto, Aristotele, ma capire e interiorizzare il loro pensiero, il loro messaggio. Se chiudo gli occhi e immagino la scuola, la vedo come un luogo stimolante, entusiasmante, dove si svelano i misteri dell'universo, della fisica, della lingua, del pensiero, delle passioni, delle emozioni; insomma, dove si comprende tutto ciò che è indispensabile per costruire e arricchire la propria cultura, la propria morale e, perché no?, anche la propria interiorità. Apro gli occhi e, invece, vedo che tutto si riduce a nozionismo, voti, programmi da finire. L'alunno a volte non viene più visto come una persona e forse anche da questo derivano "ansie" e "paure" (quando la scuola si dovrebbe vivere con la massima serenità). Nonostante sia una brava studentessa, il pensiero del ritorno a scuola mi angoscia e scrivendo questa lettera ho capito che il mio stato d'animo è dovuto a un'insoddisfazione, alla mancanza di entusiasmo e mi chiedo: è colpa mia, del mio modo di vedere le cose o di terzi?

Ilia

U.G. Cara Ilia, non è colpa tua e neppure del tuo modo di vedere le cose. Ne conviene anche un professore che così mi scrive: "Le vie della frustrazione o della felicità, o della soddisfazione, o del sorriso, o del pianto, sono individuali. [...] Ma è delittuoso gettare gli adolescenti nel meccanismo delle certificazioni, delle necessità produttive, delle frustrazioni costanti; sospinti in nuovi stati di minorità, bisognerebbe subito riportarli a un moderno Illuminismo".

Kant definiva l'Illuminismo "l'uscita dell'uomo da una condizione di minorità che consiste nell'incapacità di servirsi del proprio intelletto senza la guida di altri". Ora, che i giovani che frequentano la scuola abbiano bisogno di guide culturali è fuor di dubbio, purché queste guide non impediscano agli studenti l'uso del proprio intelletto, riducendoli in uno stato di passività come quando lo studente ripete quello che l'insegnante ha detto guardandosi bene dal metterci qualcosa di suo.

Scopo della scuola è addestrare al senso critico, alla non accettazione indiscussa dell'opinione corrente, all'esame dei pro e dei contro, alla discussione argomentata e non alla semplice ripetizione pedissequa di quel che l'insegnante ha spiegato. Solo così gli studenti si sentiranno nella classe soggetti attivi, impegnati in discussioni proficue, in cui sono costretti a praticare la parola in pubblico, curando vocabolario, grammatica e sintassi, in un clima che non sia di competizione, ma di reciproco e attento ascolto e partecipazione emotiva.

L'apprendimento, infatti, non è frutto di "buona volontà" come sono soliti dire i professori in quegli inutili e sbiaditi colloqui con i genitori, perché tutti sappiamo che la buona volontà è promossa dall'interesse, e l'interesse non esiste separato da un legame emotivo. Ne consegue che, se l'incuria dell'emotività o la sua cura a livelli sbrigativi diventa la costante che si riscontra nelle nostre classi, anche i contenuti culturali, quando la trasmissione riesce, restano contenuti della mente senza diventare spunti formativi del cuore.

E questo accade soprattutto là dove il rapporto tra studenti e insegnanti è regolato da una reciproca diffidenza, quando non da una inspiegabile paura degli allievi nei confronti dei professori o dei professori nei confronti degli allievi. Un clima, questo, perfettamente adatto per far giungere agli studenti quanto di più lontano e astratto c'è in ordine alla loro vita, dove il sapere, per difetto di trasmissione, non riesce a diventare nutrimento della passione, senza la quale l'interesse per la cultura non nasce, e se mai per caso fosse nato, come sembra lasciare intendere il sogno di Ilia, inesorabilmente si estingue.

Se la scuola deve rispondere non solo in termini di istruzione ma anche in termini di educazione, non può prescindere dalla cura dell'emotività in quella stagione, l'adolescenza, dove il cuore non sa se avere legami con l'ideale o con il sesso, dove la rabbia non sa se scatenarsi su di sé o sugli altri, dove l'eccesso della vita travalica talvolta pericolosamente la misura, dove malinconie radicali inducono alla demotivazione quando non alla depressione, dove il volume delle sensazioni oltrepassa di gran lunga la capacità delle parole disponibili per esprimerle; in questa stagione, caratterizzata da un inquieto disordine, che fa la scuola?

E, soprattutto, che attinenza hanno con questa instabilità adolescenziale le riforme ministeriali quando propongono autonomie gestionali, rivalutazione della funzione del preside, nuovi programmi in funzione di nuovi profili professionali, accorpamenti di indirizzi di studio, lavagne luminose, registri digitali, informatizzazione di questo e di quello, corsi integrativi, corsi di aggiornamento, quando l'unica cosa necessaria è la cura emotiva di chi sta crescendo, con tutte le difficoltà che si frappongono alla faticosa costruzione del proprio percorso futuro?

Parte sesta

I giovani e il lavoro nell'età della tecnica e dell'economia globalizzata

Più scarseggia l'occupazione, più nella sua ricerca i giovani ripongono ogni speranza di realizzazione. Un circolo vizioso che si può spezzare solo ripensando la società.

44.

Quando il lavoro ci fa sentire scimmie ammaestrate

> Se Marx chiamava alienazione lo sfruttamento del lavoratore, oggi ci troviamo di fronte a un'alienazione più grande che potremmo chiamare de-umanizzazione.

Mi sento una scimmia. Sì, posso a ragione affermare di avere lo stesso margine di autogestione di una scimmia ammaestrata. È il mio lavoro. Rispondo al telefono. Tutto il tempo. Sempre e comunque, tutto il giorno, tutti i giorni.

Sono inchiodata allo squillo di un apparecchio telefonico; una invisibile quanto infida catena mi lega al tanto odiato oggetto in questione che tiranneggia ogni mia azione. Non mi alzo dalla postazione, non mi allontano, non parlo con il collega se non è il telefono a deciderlo, interrompendo, per il tempo che è lui a stabilire, il suo martellare perpetuo.

Sono totalmente eterodiretta. Non mi figuro minimamente creatività, possibilità di ideazione e progettazione nella mia attività. Con molte meno pretese penso più banalmente a un minimo grado di autonomia nei compiti che dovrei svolgere. Nulla neppure di tutto ciò: mi limito solo a seguire e ad applicare procedure standard, talvolta persino approssimative e nebulose, e che in ogni caso rendono il mio lavoro parcellizzato e privo di una visione d'insieme.

È come stare su una catena di montaggio mentale anziché manuale: meccanicamente una chiamata dietro l'altra, senza distrazioni, interruzioni o tentennamenti, altrimenti si perde il ritmo e volano minuti preziosi.

Tutto è scandito dal tempo, non c'è momento in cui non ci sia qualcosa che si premuri di ricordarmelo. Ogni cosa è cronometrata: la durata di ogni chiamata, la durata di ogni post-chiamata, la durata delle pause, tendenzialmente sempre alle stesse ore, sempre di quindici minuti esatti (volendo anche meno, possibilmente mai di più). Non c'è gesto nella giornata che non venga misurato; i secondi, i minuti che scorrono imperterriti sullo schermo del computer sono lì a testimoniarlo, dal momento in cui lo accendo al momento in cui lo spengo.

Velocità, brevità e quantità devono essere gli obiettivi a cui tendere: più chiamate smaltisco, meno tempo ci impiego, maggiore è la mia efficienza; il come lo faccia è tutto sommato secondario. Se è così, necessariamente devo poter essere considerata un meccanismo automatico, un ingranaggio del sistema, altrimenti l'apparato va in tilt. Non per niente la tanto decantata efficienza che si richiede è tipico attributo delle macchine.

Sono la funzione che svolgo, mi identificano completamente con essa. È normale ed è semplice; nessuno si pone il problema. Se infatti, invece che strumento, dovessi essere considerata persona, bisognerebbe tener conto di una variabilità tale di fattori che la lineare e asettica sequenza "chiamata-risposta", ripetuta sempre uguale e senza sbavature, non sarebbe applicabile.

Se il sistema mi vedesse come persona, gli toccherebbe ad esempio mettere in conto che tra le pieghe del lavoro che mi chiede di svolgere si possano infiltrare, condizionandolo, tutte le debolezze umane: la stanchezza fisica, la stanchezza psichica, i periodi problematici, i momenti di demotivazione e di indolenza, persino quelli di pigrizia. E ancora, se mi pensasse come essere umano nella sua globalità, sarebbe costretto a considerare le mie aspirazioni, le mie naturali inclinazioni, le mie preferenze e le mie idiosincrasie.

Ma va da sé che questo sarebbe il gesto più antieconomico che ci possa essere e per il quale non si avrebbe nessuna convenienza, poiché significherebbe ammettere che il normale automatismo che si pretende non è in realtà così scontato e naturale.

Se dunque un atteggiamento del genere rischia di mettere in crisi la logica della sempre maggior produttività per un sempre maggiore profitto, è ovviamente d'obbligo fingere che io sia molto più simile a una macchina che esegue un compito, piuttosto che a un essere umano con esigenze maggiormente complesse, ma potenzialmente destabilizzanti per il sistema.

Alla luce di questa tendenza di pensiero, diventa legittimo alzare sempre un po' di più l'asticella del risultato che si pretende, e qualsiasi comportamento che non riesca a conformarsi completamente a questa logica produttiva viene stigmatizzato.

Non stupisce quindi che, se questa è l'immagine che l'apparato restituisce di me stessa e di tutti quelli come me, non stupisce, dicevo, che le patologie psichiatriche come depressione, ansia e attacchi di panico siano diventate alcune delle malattie più diffuse nella presunta società del benessere, in cui sembra non mancare nulla, tranne la possibilità di sottrarsi a un processo di graduale alienazione, che stritola indifferente qualsiasi forma di identità.

Eppure in un frangente economico e sociale di crisi in cui spesso non si arriva a fine mese, dove anche la società del benessere sembra sgretolarsi, un discorso del genere forse non è nemmeno più praticabile. Da quando l'orizzonte più ampio al quale ci si può affacciare prevede come massima aspettativa il lusso di poter soddisfare, per mezzo di uno stipendio minimo garantito, le necessità meramente materiali e di poter così sopravvivere, diventa una colpa imperdonabile non accontentarsi.

Così, quando chiunque mi dice che sono già fortunata ad averlo un lavoro, qualunque esso sia, non posso che incassare, mestamente annuire, mentre dentro di me non riesco a fare a meno di pensare che, ebbene sì, io a fine mese ci arrivo, anche se non senza qualche sacrificio, ma a quale prezzo? Mi perdoni se mi sono eccessivamente dilungata. Con grande stima.

Anna

U.G. I lavoratori dei call center sono per me la conferma più evidente che, come a più riprese nel secolo scorso avevano annunciato Heidegger, Jünger, Jaspers e Günther Anders, è finita l'età umanistica, quando l'uomo era il soggetto della storia e gli strumenti che utilizzava per il suo lavoro erano i mezzi con cui realizzava nell'opera le sue ideazioni ed esprimeva le sue capacità. Oggi non è più così perché, nell'età della tecnica, l'uomo non è più il soggetto del suo operare, ma il semplice esecutore di azioni descritte e prescritte dall'apparato tecnico regolato dai soli criteri dell'efficienza e della produttività.

La razionalità che regola le procedure tecniche prevede che si raggiunga il massimo degli scopi con l'impiego minimo dei mezzi, per cui un telefonino di piccole dimensioni che svolge molte funzioni è più razionale di un telefono di una volta che, oltre a essere di dimensioni maggiori, svolgeva una sola funzione. Per adeguarsi a questo tipo di razionalità chi lavora deve subordinarsi agli strumenti con cui lavora e porsi al loro servizio.

Lo dice esplicitamente Günther Anders che, dalle fabbriche della Ford in America dove si era trasferito per sfuggire alle persecuzioni naziste, scrive a Heidegger, suo maestro: "Lei mi ha insegnato che l'uomo è il pastore dell'essere, ma io qui alla Ford mi sento il pastore delle macchine. Nel nostro lavoro non dobbiamo avere alcun interesse per ciò che eseguiamo, dobbiamo lavorare senza scopo. Se uno di noi domandasse al caposquadra qualcosa sullo scopo del nostro fare, nel migliore dei casi passerebbe per un tipo strano e inidoneo al lavoro. Dato che si svolge alla cieca rispetto allo scopo, il nostro lavoro è simile a una ginnastica, a esercizi a corpo non libero perché dettati dalla catena di montaggio. E dobbiamo essere persino grati che ci è concesso di eseguirla, a differenza dei disoccupati che chiedono il diritto a questa ginnastica come un diritto politico fondamentale".

Questa condizione io la vedo riprodotta nei call center, dove la soggettività dell'operatore è del tutto annullata o comunque subordinata ai ritmi di produzione misurati sui numeri dei contatti per soddisfare il cliente, che riceve informazioni spesso inadeguate alle sue domande. Per non parlare degli operatori dei call center adibiti a offerte e promozioni commerciali che, quando chiamano, non di rado ricevono insulti per il disturbo che arrecano. E a questo proposito faccio un invito a chi riceve queste telefonate a essere almeno gentile, nel rifiuto, perché dall'altra parte c'è qualcuno che è costretto a lavorare nelle condizioni che la lettrice ha descritto.

Rovesciando la teoria del filosofo francese La Mettrie, che concepiva l'uomo come una macchina, potremmo dire che nell'età della tecnica l'uomo deve farsi simile alla macchina, trasformarsi in macchina, prendere esempio dal computer che ha davanti agli occhi in qualsiasi apparato occupazionale, perché il computer non si assenta dal posto di lavoro, non prende ferie, non si ammala, non va in depressione come talvolta capita agli umani, non si demotiva, non si distrae, non è turbato da sentimenti o problemi familiari, non cerca la propria autorealizzazione. E in effetti, per tutte queste ragioni, rispetto al computer, come scrive Günther Anders: "L'uomo è antiquato". E ciononostante, nell'età della tecnica, deve portarsi all'altezza delle prestazioni del suo computer, se vuol salvare il posto di lavoro, condizione del suo vivere. Siamo a questo.

45.

Persino il lavoro sociale obbedisce alle regole della razionalità tecnica

Non c'è più gratuità che consenta di riconoscere tra chi assiste e chi è assistito una relazione umana. Anche in questo campo spesso non s'incontrano più uomini, ma solo funzionari d'apparato.

Caro Galimberti, sono rimasto molto colpito dai suoi scritti sulla tecnica perché è arrivato dove mai mi sarei immaginato di trovarla: nel lavoro sociale, luogo per eccellenza delle relazioni. Invece io, dopo una decina d'anni di volontariato in un centro di accoglienza alla periferia di Torino, me ne sono allontanato, per diverse ragioni, ma una in particolare: la disumanizzazione del sociale. Con gli anni ho visto diventare il sociale un settore produttivo come gli altri, dove prevalgono la standardizzazione, l'efficienza, le regole.

L'indicazione da parte delle istituzioni e dei centri di formazione è di essere professionali, che significa distacco, non farsi coinvolgere, negare il volto e la voce dell'altro. Infatti, se un uomo di settantadue anni bussa alla porta del centro di accoglienza alle dieci di sera non devi aprire ma sbattergli tranquillamente la porta in faccia: devi negare l'umano che è in te. Se Luigi arriva dopo essere stato operato di cancro insieme al suo unico e fattivo sostegno, la moglie Angela, devi sbatterla fuori perché si ospitano solo gli uomini.

Il *burn out* nasce dall'essere parte di un sistema, direi un *franchising*, dove credi di essere un agente di cambiamento e invece contribuisci a lasciare le cose intatte (è questa la causa, non l'eccesso di coinvolgimento). Si è in una sorta di catena di montaggio delle vite degli altri, dove gli "altri" sono appunto oggetti: tanto raccontati, quanto poco ascoltati. Se l'indicazione è chiudere alle otto, così devi fare anche se Paolo ha semplicemente la febbre a quaranta e fuori nevica. Non ti resta che essere un volenteroso esecutore. Non ti puoi chiedere che cosa in quel momento è meglio per la persona che hai davanti, cosa può essere giusto. Ma si può restare nello stesso posto sfuggendo ai codici?

Fabrizio

U.G. La razionalità tecnica – il modo, cioè, di organizzare gli apparati secondo i criteri di efficienza e produttività che sono tipici di quella razionalità – non lascia immuni neanche le opere umanitarie, semplicemente perché nell'età della tecnica l'umanesimo è finito. Permane solo come residuato storico in taluni settori di alcune strutture religiose, ma anche queste vanno scomparendo per mancanza di vocazioni, e presto chiuderanno i loro portoni un tempo accoglienti.

Le ragioni sono dovute al fatto che le società sono diventate complesse e le persone non si conoscono più come una volta per nome, ma unicamente per la funzione che svolgono nei loro apparati lavorativi. E siccome l'apparato lavorativo è divenuto anche l'unico luogo di socializzazione, è ovvio che la logica razionale che presiede all'organizzazione finisce con il regolare anche i rapporti tra gli uomini.

Se si incontrano seduti a un tavolo è per una colazione di lavoro, se sono invitati a una festa vanno per conoscere e farsi conoscere, coltivano le amicizie per i vantaggi che ne possono derivare e non è escluso che anche gli amori non siano privi di calcolo. Il pensiero calcolante (*Denken als rechnen*), come lo chiamava Heidegger, è diventato l'unico pensiero in circolazione, che ha messo fuori gioco quel pensiero capace di ringraziare e offrire gratuitamente (*Denken als danken*).

E forse questo è l'argomento più persuasivo per far capire (a quanti ancora ritengono che la tecnica sia un mezzo nelle mani dell'uomo, dal cui discernimento dipende il suo buon o cattivo impiego) che la tecnica è diventata non solo il nostro ambiente, ma la sua razionalità è subentrata nel nostro modo abituale di pensare e di regolare i rapporti, dove a convocarci non sono più i nostri nomi, ma esclusivamente le nostre funzioni.

Persino la nostra psiche ospita un inconscio tecnologico, che sfugge all'interpretazione psicoanalitica promossa da quella lettura a sfondo umanistico che aveva i suoi referenti in quello scenario familiare in cui decisivi erano mamma e papà. Oggi la sofferenza ha come sua tematica quell'ansia generalizzata dovuta a un'identità che ha le sue conferme e le sue disconferme sul posto di lavoro, dove ognuno viene giudicato a partire dalla sua capacità di raggiungere gli obiettivi prefissati dall'apparato, il quale ogni anno alza l'asticella, dove vicino a noi non ci sono più compagni o colleghi, ma potenziali concorrenti in termini di efficienza e produttività, e dove non ci si può mai staccare né dal telefonino né dal computer per essere sempre preparati e pronti a soddisfare ogni richiesta dell'apparato di appartenenza.

In questo scenario, dove nel rapporto tra uomo e macchina (e macchine sono anche gli apparati a cui apparteniamo) la guida è già da tempo passata alla macchina, che ne è dell'uomo, della sua aspirazione alla felicità, della sua disponibilità ad accogliere il dolore, della sua capacità di percepire la bellezza di quel che resta di una natura non ancora ridotta del tutto a materia prima? Che ne è del Discorso della montagna, dove si parla di beatitudini che nascono dall'incontro tra gli umani dopo duemila anni che non si predica più quel Vangelo? Capisco la sua scelta, caro Fabrizio, e non so neppure indicarle dove sia ancora possibile trovare qualche traccia dell'umano. Anche se Nietzsche ci invita a non disperare, là dove scrive che "l'uomo è un animale non ancora stabilizzato".

46.

Lavoro in nero, lavoro sottopagato, lavoro sommerso

> I poteri dello Stato vedono queste situazioni e altre consimili che potrebbero essere risolte non solo senza costi, ma addirittura con guadagni per il bilancio dello Stato?

Sono una donna di ventisette anni, tornata alla propria terra madre da brava "napolide" (termine coniato da Erri De Luca, riferito a coloro che non riescono a sentirsi a casa fuori da Napoli. E, pur non trovandosi male altrove, quando, dopo una lunga assenza, tornano a Napoli, non si sentono più totalmente napoletani, con conseguente senso di smarrimento dovuto all'impossibilità di ritrovare una terra-casa).

Ero e sono per molti un "cavallo vincente", laureata in tempo, a breve con una seconda laurea, sono indipendente dall'età di diciotto anni ormai, sono chef secondo una titolata scuola, ho fatto esperienze in tutti i tipi di lavoro. Purtroppo la mia città non premia facilmente il "merito". Meno che in altri luoghi.

Faccio al momento un lavoro degradante, e badi bene, non è solo per il pagamento (parliamo di tre euro all'ora!!!) che comunque è meno della metà di quello che percepivo a Milano per lo stesso impiego, ma per l'umiliazione dell'essere umano: sei giorni su sette, dieci ore al giorno, contratto falso, dimissioni anticipatamente firmate senza data, quattordicesima firmata ma non percepita, quindici minuti di pausa totali, turni di lavoro comunicati a mezzanotte perché tu non conti niente. Il tempo per la tua famiglia, per la cultura, per una cena con amici, per gestire i tuoi impegni non vale nulla, importa solo che domani fai ancora gelati su gelati senza parlare troppo, altrimenti vai a casa e non torni più a lavorare.

In tutto ciò porto avanti un'analisi delle conseguenze sui miei colleghi di schiavitù: nessuna ribellione al "padrone", ostilità e competizione tra sottoproletariato, pochezza d'animo perché nella tua vita dormi, lavori e mangi, il non comprendere neanche più sentimenti come la gentilezza e la collaborazione.

In questo quadro molto cupo io sono l'"inetta a vivere" o ancora quel "cavallo vincente"? Nella schizofrenia tra quando hai un grembiule servendo altri per la maggior parte del tuo tempo (dove sei nulla, dove mastichi letame e le tue letture sono elemento di scherno) e il mondo dei tuoi simili (alcuni più fortunati forse?!?) che stimano la tua mente, la tua forza, la curiosità sul tutto come la voracità di un lupo, che vorrebbero capire come veramente mi sento, io mi sento come un vuoto, che si mangia parti di me, lentamente. Non si rubano solo il nostro/mio presente e la nostra giovinezza. Ci lasciano anche una vecchiaia di povertà con i calli sulle mani. Saremo "sommersi" o "salvati"?

Speranza

U.G. Ricevo molte lettere di questo tenore. E già quando si discuteva dell'articolo 18 dello Statuto dei lavoratori, mi domandavo: chi si prende cura di quanti lavorano in queste condizioni? Ma oggi, la domanda che più mi assilla è questa: a chi si possono rivolgere le persone che lavorano in queste condizioni? C'è in Italia un ente preposto al controllo di contratti falsi o irregolari a cui i dipendenti possono rivolgersi nella forma dell'anonimato per non subire, oltre alla vessazione dei tempi di lavoro, anche la perdita dei tre euro all'ora di cui necessitano, naturalmente non per vivere, ma per poter dire a se stessi che stanno lavorando?

In Italia meridionale ci sono immigrati che lavorano in condizioni disumane: dodici o quindici ore al giorno per una paga giornaliera di venti euro, naturalmente senza contributi, senza previdenza e quant'altro è previsto per un dipendente anche a tempo determinato. E dopo che servizi giornalistici e televisivi denunciano queste situazioni, cosa succede? C'è – torno a dire – qualche ente preposto al controllo di queste condizioni di lavoro? C'è qualche Agenzia delle entrate che si chiede perché da quel lavoro non arrivano le tasse?

Non sono rari i casi di costruzioni abusive, spesso condonate da provvedimenti che periodicamente intervengono per fare un po' di cassa. Ma quando uno costruisce una casa o un capannone senza permessi, non se ne accorge nessuno? Eppure case e capannoni non sono strutture invisibili.

Ci sono studenti fuori sede che pagano affitti in nero a proprietari di case che non intendono pagare le tasse. A chi si possono rivolgere per denunciare la situazione senza perdere il diritto all'abitazione?

Ci sono porti turistici pieni di imbarcazioni di proprietari italiani con bandiere di tutto il mondo. Non si può partire da lì per fare accertamenti fiscali, invece di farli a chi compila le denunce dei redditi sbagliando o omettendo qualcosa, stante la complicazione dei moduli che cambiano ogni anno?

C'è chi porta nei paradisi fiscali i propri capitali, li fa rientrare con una penale ridicola, e poi li riporta fuori. Il fisco ne conosce i nomi e poi ne perde le tracce?

I parlamentari che non sono in grado di eleggere due giudici della Corte costituzionale dopo diciotto sedute, o di fare una legge elettorale che garantisca una maggioranza e quindi una governabilità, stanno davvero facendo il loro lavoro, peraltro ben pagato?

Perché, se tutto questo è normale – e sono solo pochi esempi –, che futuro diamo a "Speranza" che mi scrive per farmi sapere che laurearsi in Italia è inutile? Bel messaggio per tutti gli studenti che frequentano l'università, che a questo punto si sentono demotivati. Ma purtroppo è così. L'università oggi è sempre più un parcheggio per potersi dare per qualche anno un'identità, salvo poi perderla l'indomani della laurea. Il potere legislativo e quello esecutivo sanno far qualcosa per queste drammatiche situazioni, oltre a dar visibilità alla propria rappresentanza politica, quando non personale?

47.

E chi se non i giovani paga i costi di uno Stato che non si adegua alla Storia?

Scriveva Charles Bukowski: "Il capitalismo ha soppresso il comunismo. Bene. Ora il capitalismo divora se stesso".

Gentile Professore, proprio ieri sera, mentre davo una sfogliata veloce alla rivista "D – la Repubblica delle donne", mi è caduto lo sguardo sulla sua rubrica e, leggendo quanto le scriveva un suo lettore, mi è molto dispiaciuto sapere che in questo paese, che fa fatica ad andare avanti, ci sono persone che immaginano noi giovani sdraiati sul letto con la cuffia stordente nelle orecchie, e credono che continuiamo a studiare, tra master e scuole di specializzazione, solo per capriccio e non perché è l'unica alternativa per non stare seduti sul divano ad aspettare un lavoro. (Ricordo anche che le scuole e i master non sono gratis.)

Siamo una generazione che, pur di non stare sdraiata a letto, accetta uno stage a 500 euro al mese. Uno stage che per attivarlo bisogna girare tutta Roma, in cui i Centri per l'impiego ti rispondono come se ti stessero facendo un favore. E poi ti ritrovi dopo due ore di fila a fare domanda per uno stage di sei mesi in posti a cui non avresti mai immaginato di ambire. E per cosa? Per dei finanziamenti europei che, se combatti ogni mese per riceverli, ti arrivano a tre mesi dalla conclusione dello stage.

Sono un architetto di trent'anni, laureata a Roma e sono alla continua ricerca di un lavoro. Non dico mai di "no". Mi divido in tanti altri vari lavori, di ogni genere, per avere un minimo di guadagno e per avere la possibilità di continuare a puntare a fare il lavoro che ho sempre sognato e per il quale ho studiato. E mi considero fortunata, perché ho una famiglia che mi aiuta e vivo in una casa in cui non devo pagare l'affitto. Fortunatissima. Come me ne conosco tanti altri, e anche tanti altri che, non avendo le mie stesse fortune, sono dovuti partire.

Tornando alla rubrica, la volevo innanzitutto ringraziare per aver risposto a favore di noi giovani. Credo che della nostra situazione non si parli abbastanza, e chi non ha figli o non conosce ragazzi che hanno avuto la sfortuna di affrontare il mondo del lavoro in questo difficile momento non se ne rende assolutamente conto.

Viviamo in un paese tanto bello ma anche molto egoista. Proprio l'altro giorno un dipendente di un ufficio comunale si è lamentato con me al pensiero che avrà una pensione di 700 euro al mese. Io non ho risposto, ho solo guardato in basso pensando al mio commercialista che pochi giorni prima mi aveva detto: "Se mai dovessi avere la pensione, potrai avere sui 200-300 euro al mese". Credo che sia giusto sollevare più spesso il problema e informare maggiormente le persone tramite giornali e televisione. Quindi la prego, lei che può, di continuare a sostenerci e magari di impegnarsi a parlarne di più.

Sofia

U.G. Dalle lettere che ricevo vedo che ci sono delle persone che immaginano i giovani sdraiati con le cuffie nelle orecchie o a dormire fino a mezzogiorno quando i padri e le madri hanno lasciato di buon'ora la casa per andare a lavorare. Altre che pensano vogliano solo divertirsi, ubriacandosi o drogandosi nel fine settimana e vivendo di notte invece che di giorno.

Io penso invece che tutto ciò non sia vero, ma se anche lo fosse leggerei questi comportamenti giovanili non come una ricerca frenetica del piacere, ma come un tentativo di anestetizzarsi da un mondo che non li convoca, non li chiama per nome, non mostra di avere interesse per loro, non li considera, per cui questi giovani si difendono dormendo, bevendo, drogandosi, vivendo di notte per non assaporare di giorno la loro insignificanza sociale. Un'insignificanza che durerà per molto tempo. E io penso che, se la forma attuale del capitalismo non cambierà direzione, per almeno cento anni sarà irreversibile.

La ragione è molto semplice: lo sviluppo tecnico e l'espansione globale dell'informatica, a cui tra non molto si aggiungerà la robotica, non possono che ridurre drasticamente le opportunità lavorative. Quindi disoccupazione di massa su vasta scala. Queste previsioni erano già state fatte con estrema lucidità da Herbert Marcuse negli anni cinquanta quando, in *Eros e civiltà* (Einaudi), scriveva che il livello di discreto benessere raggiunto in Occidente poteva giustificare l'ipotesi di una civiltà che ha meno bisogno di lavorare, e più necessità di dedicarsi all'erotica, intesa non solo e non tanto in termini sessuali, ma come amore per l'arte, la cultura, la natura, la vita che, per chi oggi lavora, è per intero sequestrata dal lavoro. Come sempre accade ai filosofi, nessuno lo ha ascoltato e la sua profezia è stata liquidata tra i cascami della sinistra.

Oggi a riproporre in altra forma e in altri termini il problema è il sociologo Domenico De Masi con il suo libro *Lavorare gratis, lavorare tutti. Perché il futuro è dei disoccupati* (Rizzoli). E in effetti in Italia la disoccupazione giovanile è giunta al 40% e, stante quanto dicevamo sopra, non può che aumentare. De Masi fa notare che il lavoro, al di là dello stipendio, dà dignità e crea socializzazione, che sono valori che si perdono se uno se ne sta a casa avvolto nella sua depressione. Lavorare gratis comporta anche una rivisitazione dei privilegi sindacali, pensionistici, mutualistici di cui gode chi ha cominciato a lavorare anni fa e ha acquisito diritti a cui i giovani non avranno accesso.

E qui veniamo ai "diritti acquisiti", non dico di chi ha lavorato quarant'anni e ha pagato i contributi, ma di chi gode di una pensione retributiva invece che contributiva come i parlamentari e molti altri commissari di Stato, che godranno di una pensione che non corrisponde ai contributi da loro versati, e che attualmente è pagata dai giovani occupati che non hanno alcuna certezza di ricevere a loro volta una pensione.

I "diritti acquisiti" sono fuori dalla storia, perché sottintendono che la storia non cambia, mentre quel che era possibile fare trenta o quarant'anni fa, quando si sono maturati questi diritti, oggi non si può più fare. E non capisco perché certi diritti devono stare fuori dalla storia, quando questa ha cambiato volto al punto che non è in grado di garantire i diritti neppure a chi, come i giovani, comincia oggi a lavorare. E che politica è quella che resta immobile e non si adegua alla Storia? E chi paga il conto di questo mancato adeguamento se non i giovani?

Quanto a voi, giovani, imparate l'inglese come l'italiano per aprirvi una porta all'estero, accettate qualsiasi opportunità di lavoro, anche se non corrisponde ai vostri studi, perché così almeno apprendete cose che non imparereste se restate fuori dal mondo del lavoro. Infine, organizzatevi per chiedere una semplificazione della burocrazia che vi ostacola nelle vostre iniziative lavorative, dal momento che non potete pagare voi i costi derivanti da uno Stato che moltiplica le procedure burocratiche perché non si fida dei suoi cittadini, in risposta ai cittadini che non si fidano dello Stato. Fate sapere che voi non siete i cittadini di una volta, da cui lo Stato si difendeva perché di loro non si fidava.

48.

Può la nostra vita trovare espressione solo nel lavoro?

Scrive il filosofo Franco Totaro in un bel libro dal titolo *Non di solo lavoro* (Vita e Pensiero): "I fini dell'economia sono anche i nostri fini?".

Caro Umberto, sono una regista pugliese di trentadue anni e vorrei condividere con lei alcune riflessioni in riferimento a una sua risposta: "Poter fare ciò che si è scelto e ci gratifica è già un gran privilegio". Ai giorni nostri, e specie per un giovane italiano, nulla è più vero e raro di questo.

Con fatica e sacrifici, oggi godo di questa condizione, faccio un lavoro che mi piace, spesso faticando a farmi pagare, ma cerco di non misurare il valore di questa libertà con parametri di denaro (anche se essere pagati per il proprio lavoro è sacrosanto, sia chiaro), soprattutto per la voglia che ho di non andare via dall'Italia, di non rassegnarmi.

Ci sono però moltissime sfumature psicologiche, dietro questo privilegio. Pensieri ricorrenti. Spesso sono sensi di colpa. Perché, oggi, la ricerca di questo privilegio, come la ricerca della felicità, nel nostro paese è ben lontana dall'idea di "un lavoro in cui sentirsi realizzati"? Perché, oggi, in tempi di crisi globale, la ricerca di un lavoro in se stessa è, semplicemente, tutto? Ora, il punto a cui voglio arrivare è: può bastare "solo" un lavoro a definire una giovane esistenza?

Le mie riflessioni nascono dal fatto che ho realizzato – con i miei personali strumenti e con l'aiuto del *crowdfunding* in rete che ci ha procurato una produzione negli

Usa – un documentario dal titolo *Emergency Exit. Young italians abroad* che racconta, lungo un viaggio durato quasi due anni, attraverso sei città tra Europa e Stati Uniti, le storie di "ordinaria separazione" dall'Italia di ragazzi fra i ventidue e i trentacinque anni, emigrati in cerca di autoaffermazione altrove.

Il documentario – che abbiamo presentato al parlamento europeo insieme a gruppi di giovani "expats" attivi e che ora gira in Italia e all'estero nei festival, con forte partecipazione emotiva – è nato dall'urgenza di approfondire il tema, andando oltre la sola "fuga dei cervelli" e l'ormai riduttiva questione se sia più giusto partire o restare. C'erano e ci sono molti altri sentimenti in gioco, che riguardano l'identità, l'io di un'intera generazione, la mia. *Noi non siamo solo il nostro lavoro*.

Infatti non si tratta solo di una questione lavorativo-economica o di mancanza di opportunità e meritocrazia (che all'estero ci sono e qui no, questo è ormai assodato, garantito). È tutto quello che c'è attorno e dopo questa "scelta", che in fondo scelta non è.

Girando le interviste e partecipando ai successivi dibattiti con il pubblico durante le proiezioni del documentario nei festival, viene fuori che il conflitto tra aspettative negate in patria (anche economiche) e, viceversa, affermazione altrove ha prodotto, oltre che una vera e propria *diaspora*, anche una frammentazione dell'*identità* così radicale che non ci consente comunque di essere "felici", neppure quando siamo realizzati lavorativamente.

Ovvero: rispetto ad altre epoche storiche, viviamo in un tempo all'apice della crisi, dove l'assenza di lavoro è una caratteristica comune a tanti paesi. Questo ha fatto sì che il lavoro diventasse la ragione principale per cui oggi si fanno delle scelte, più o meno coraggiose. Questa è una cosa che prima non esisteva, perlomeno non per persone con un livello d'istruzione e condizioni di vita comparabili alle nostre, che banalmente permettevano di scegliere più liberamente di stare in un paese o in un altro, di accettare un lavoro piuttosto che un altro. Poter scegliere.

Questo a noi non è dato. Poter sognare con parametri e

priorità altre rispetto al solo lavoro. Questo è un problema, più che a livello materiale, a livello psicologico, che coinvolge tutti, sia chi parte sia chi resta. È una frammentazione dell'io che porta sofferenza. Non si è più in grado di seguire i propri desideri di giovane, o soltanto raramente. Quando lo si fa, magari ci si sente in colpa o mancanti di qualcosa e, quando non lo si fa, si soffre perché non lo si è fatto.

È quindi una condizione singolare, perché quest'esagerazione d'importanza che il lavoro ha non è più una cosa che dà piacere, o nella quale sentirsi realizzato o che banalmente ti dà dei soldi per vivere; è l'ossessione, è il sacrificio, *è tutto*. Molti di noi vanno coraggiosamente avanti in questa corsa per prendere tutti i treni, qui in Italia oppure andando via, molti altri non hanno tutti gli strumenti per sopportare questa pressione e magari vengono chiamati "pigri".

Pensiamo alla generazione che ha fatto il '68: erano spesso etichettati come giovani arroganti, ma quest'arroganza gli ha permesso di scuotere il mondo, nel bene o nel male. Molti di noi non ce l'hanno avuta, quell'arroganza lì: è stata anestetizzata, soffocata, lasciando solo i cocci di una gioventù completa e libera.

Vite in sospeso, nell'impossibile dibattito interiore – con non pochi sensi di colpa – tra come faccio a continuare a lavorare e, di contro, a cercare di coltivare quello che è anche tutto il resto, cioè amore, amicizia, rapporti umani, sogni e, infine, a contribuire al cambiamento, a un futuro migliore per il mio paese. Come si fa?

In tutti i giovani italiani che ho incontrato – dai più affermati a quelli che hanno trovato semplicemente una vita "normale" all'estero (commessi, lavapiatti, pescivendoli laureati), a quelli infine che hanno accettato la sfida di restare in Italia –, la risposta risolutiva al momento non c'è. Né in loro né in me, giovane autrice che li ha ascoltati e raccontati, felice di averne intercettato, anche se per poco, le storie e l'amicizia.

È difficile dare un giudizio definitivo, così come fare un'analisi che non trascuri nulla. Quello che posso aggiungere non è dunque una possibile risposta. È però la certezza che stimolare le domande, le riflessioni, dar voce alla nostra generazione "dimenticata" che vuole e ha ancora tanto da dire indica che noi non ci siamo ancora rassegnati. Indica che i giovani non sono "disfattisti" e vogliono riprendersi, anche da lontano, lo spazio e il futuro sottrattigli in un paese che sentono ancora fortemente il loro, nonostante tutto. È un attaccamento disperato che andrebbe colto, anche quando è nascosto dietro la rabbia, la tristezza e il rifiuto; attaccamento che andrebbe organizzato e convogliato per fare più pressione possibile verso un cambiamento.

Brunella

U.G. In una mia precedente risposta, avevo sostenuto che fare un lavoro che si è scelto e che consente la propria autorealizzazione è già un privilegio rispetto a lavori occasionali, mal pagati e soprattutto che nulla hanno a che fare con gli studi, i diplomi, le lauree e i master conseguiti.

Ora lei, gentile lettrice, dopo aver scelto un lavoro che la realizza, mi domanda se è mai possibile che l'autorealizzazione nella nostra società passi solo attraverso il lavoro, per opportunità all'estero, con "una frammentazione dell'identità così radicale che non ci consente di essere 'felici', neppure quando siamo realizzati lavorativamente". Nasce da qui la vera domanda: "Perché, oggi, in tempi di crisi globale, la ricerca di un lavoro in se stessa è, semplicemente, tutto?".

La risposta non è difficile. Ora che il lavoro è visualizzato unicamente nell'ambito dell'economia – che oggi vive nella morsa tra l'imperativo della crescita e una società che, per il solo fatto di diventare sempre più tecnologica, comporta inevitabilmente una riduzione dei posti di lavoro –, il sogno più antico del mondo, ossia la liberazione dal lavoro, si sta trasformando in un incubo, e trovare un lavoro nel massimo desiderio, perché l'attività lavorativa è diventata l'unico indicatore della riconoscibilità sociale. Del resto, già nel 1932 il filosofo tedesco Ernst Jünger scriveva: "Il lavoratore sta diventando il 'tipo umano' che si avvia a occupare la scena della storia, dietro le macerie della cultura e sotto la maschera mortuaria della civiltà".

Infatti, quando il lavoro è imprigionato in quel circolo vizioso in cui si è incagliata la nostra economia, che ci prevede unicamente come produttori e consumatori per garantire la crescita, difficilmente il lavoro può diventare il luogo in cui l'uomo realizza se stesso, la sua capacità, le sue ideazioni, la sua progettualità, perché ciò che incontra è unicamente la sua strumentalità all'interno di un apparato economico diventato fine a se stesso.

E qui sorge ineluttabile la domanda: è davvero il caso di assegnare per intero all'economia il compito di dare espressione all'uomo, senza nessun altro orizzonte di senso che non sia quello del fare produttivo? Se così fosse ci troveremmo di fronte alla più grande alienazione mai conosciuta nella storia, dove a regolare la società resta in campo un solo valore: il valore del denaro assunto a unico generatore simbolico di tutti i valori, con quel che ne consegue in ordine a tutte le possibili espressioni che la vita umana potrebbe dispiegare e che, nell'egemonia dell'economia, vengono conculcate perché a suo giudizio improduttive. Che fare? Nulla finché a regolare la nostra vita ci saranno esclusivamente valori economici e altri non se ne profilano all'orizzonte.

49.

In questa società in ogni suo aspetto mercificata, come si fa a sognare?

Unico antidoto alla razionalità sempre più totalizzante della tecnica e del mercato rimane solo l'amore e l'irrazionalità che lo governa.

Gentile Umberto Galimberti, vorrei tanto poter leggere una sua risposta ad alcune considerazioni che mi trovo in continuazione di fronte, anche quando provo a evitarle. Delle domande alle quali non so dare una risposta equa, che permetta di usare la positività come arma contro le intemperie della vita, e che secondo me rispecchiano una realtà che mi rattrista molto.

È proprio vero che noi possiamo "essere" solo se "abbiamo" sufficienti mezzi economici per poter scegliere, temporeggiare, investire e dare? Come è possibile continuare a coltivare i propri sogni senza sicurezze economiche? Come far parte di questa società senza essere schiavi delle sue ingiustizie di classe, della superficialità e dei giudizi dati da chi non sa empatizzare?

Come si è arrivati a essere costretti a scegliere tra un lavoro full-time che non ci piace, ma ci permette di pagare l'affitto – salvo poi lamentarsi costantemente dei lunedì, e farsi venire gastriti e dermatiti come risposta urlata del corpo a cui non si può nascondere nulla – e una collaborazione occasionale che ci interesserebbe, ma non ci possiamo permettere? Se poi speri di poter coltivare due passioni e non solo una, allora sembra che tu sia proprio un illuso.

Quale società è così egoista e chiusa da lasciar spazio di carriera (forse) solo a chi ha "le spalle coperte", a chi è già "avviato", a chi ha la casa di proprietà, a chi ha garanzie per la fideiussione e il mutuo, o a chi si ritrova del tempo libero da usare per formarsi e crearsi un nome? È inoltre possibile che in Italia i ragazzi siano abituati a genitori che coprono tutte le loro spese e spianano il loro futuro? L'impoverimento cambierà lo *status quo* forse nel giro di vent'anni, ma quando cambierà la mentalità?

Come posso essere una persona migliore, realizzata e fiera della propria identità, se devo rinunciare a opportunità, rimpiangere i viaggi che rimando o invidiare chi si interroga solo su Cosa e mai su Come? Capisco che ci sono alcune eccezioni e che la positività è sempre l'arma dell'azione, ma tutto questo svuota parte del mio essere, cambia le mie scelte e crea reazioni a catena fin troppo lunghe da spiegare qui.

Mi sento stanca, arrabbiata e molto preoccupata. Se paragono la mia situazione a quella dei miei coetanei, divento gretta, e mi viene la rabbia perché i miei genitori non mi hanno assicurato neanche una casa. Ma non voglio cambiare in peggio, anzi vorrei difendere la mia identità.

Ho trentun anni, ho studiato a Roma e lavorato a Londra, ho perso mio padre e per adesso sono qua a constatare che le discipline umanistiche sono considerate terreno per persone agiate (o perfino da ignoranti!), a sentirmi dire che le arti sono una velleità da ricchi, a vincere bandi che poi non ti finanziano come dichiarano, a fare piani B, a correggere sempre la rotta, a interrogarmi sul futuro, a chiedermi cos'altro fare, e come non rassegnarmi.

E dov'è il tempo per tutto ciò? Ho sempre difeso il mio tempo libero per poter coltivare me stessa, la mia anima e i miei progetti e adesso forse non mi spetta più neanche quello occupato? Insomma, carissimo dottor Galimberti, non so se devo rassegnarmi, cercare i pochi aghi nei pagliai con determinazione, o cambiare obiettivi. Lei che ne pensa di questa realtà? Grazie ancora. Con profonda stima.

Maria Giulia

U.G. Il tempo che voi trentenni state vivendo è catastrofico. Anche perché nessuno vi ha avvertito che l'epoca in cui a studiare erano pochi e le professioni aperte erano tante si è progressivamente conclusa a partire proprio dagli anni della vostra nascita.

I fattori sono tanti: molte industrie familiari, morto il fondatore, sono state vendute a compagnie straniere che hanno immediatamente provveduto a ridurre il personale, o addirittura a chiuderle per togliere dal mercato un concorrente. I diplomi, che un tempo abilitavano subito al lavoro, sono stati sostituiti dalle lauree che hanno spostato di cinque o sei anni (quando va bene) l'ingresso nei vari impieghi. Nel frattempo i giovani sono vissuti sulle spalle dei genitori erodendo la loro ricchezza e perdendo la propria autostima. I progressi della medicina hanno spostato di venti o trent'anni il ricambio generazionale, con costi significativi per il mantenimento di un'interminabile vecchiaia, e conseguente riduzione dei beni da ereditare. Insomma, peggio di così per la vostra generazione non poteva andare, anche perché, a differenza delle generazioni che verranno dopo di voi e che non nutrono alcuna illusione, nessuno vi aveva preparato.

Il secondo fattore negativo della vostra epoca è che un tempo, a promuovere la vita, c'erano diversi valori: i valori della nobiltà, della bellezza, della convivenza, della parola data, della cultura, dell'arte. Oggi tutti questi valori sono stati cancellati, come lei dice, da quell'unico valore che è il denaro, per cui l'arte è tale se entra nel mercato, la cultura è apprezzata se vende, la parola data può essere rinnegata se non è più conveniente, anche il mondo delle relazioni è coltivato solo se garantisce un qualche vantaggio economico o di prestigio, persino quando entriamo in un negozio la gentilezza che ci accoglie non è riservata a noi, ma a quanto possiamo spendere. In un mondo ridotto a questo livello, come si fa a sognare? Il sogno è una cosa bellissima se nel suo segreto racchiude un progetto che si può realizzare, altrimenti è un gioco di illusioni che, se non riconosciute, preparano la delusione.

C'è una sola cosa che rifiuta il calcolo, l'interesse, il perseguimento di uno scopo, persino la responsabilità che il vivere sociale ci richiede. È una cosa che ci consente di vivere la spontaneità, la sincerità, l'autenticità, l'intimità, persino l'irrazionalità, che non è più possibile esprimere nella nostra società tutta calcolo e interesse. Questa cosa è l'amore, vero contraltare della realtà sociale, dove non ci è più consentito di essere noi stessi, di reperire un senso che sia davvero nostro, una libertà che sappia spingersi fino al limite della follia, quantomeno per controbilanciare quell'altra follia, che un gioco subdolo e ingannevole di parole chiama "razionalità" del mercato e della tecnica, la quale, come già un secolo fa ci avvertiva Max Weber, ci costringe a vivere in una "gabbia d'acciaio". E dico questo perché, più si espande e diventa totalizzante il regime della razionalità, più diventa attraente nell'amore l'irrazionalità che lo governa. Naturalmente anche qui nulla è garantito, soprattutto se il nostro bisogno di sicurezza fa entrare il calcolo anche nelle cose d'amore.

Parte settima

I giovani
e gli scenari spaesanti dell'amore

Scrive François de La Rochefoucauld: "La cosa più difficile da trovare nei legami amorosi è l'amore".

50.

L'amore giovanile instabile e narcisista

Per i giovani d'oggi l'amore è sciolto da tutto, anche dal vincolo che lega due persone che si sono innamorate. E questo perché si è fatto strada un nuovo concetto di libertà intesa come revocabilità di tutte le scelte.

Gentile Prof. Galimberti, le invio questa mia piccola riflessione sull'amore in un momento di malinconia e disincanto. Che cos'è l'amore? La risposta di per sé è semplice: è un sentimento. Come sentimento ha le sue radici in un'emozione: l'attrazione per qualcuno, il piacere che si trae dalla sua vicinanza più o meno intima. Da tale emozione deriva il desiderio di compiacere l'altro, di farlo felice, e contemporaneamente il bisogno del possesso e cioè l'esclusività del rapporto. Negli esseri umani l'amore è questo.

Ciò non toglie che, all'interno di diverse aree culturali e soprattutto in base al temperamento di ogni persona, esso venga percepito in modi molto diversi: come piacevole fase di una vita che tuttavia si realizza compiutamente con strategie esistenziali assai diversificate (come la procreazione, la famiglia, il lavoro, il prestigio sociale), come cioè momento importante ma non determinante il senso della propria vita; oppure, al contrario, come esperienza fondante quel senso, che nell'amore trova origine e compiutezza.

Nella storia della civiltà umana, quest'ultima prospettiva si è affermata compiutamente alla fine del XVIII secolo e ha dominato incontrastata per tutto il XIX e ben oltre nel XX secolo. Solo dopo la Seconda guerra mondiale l'idea romantica dell'amore ha cominciato seriamente a sgretolarsi, non reggendo forse, il dramma amoroso, il confronto con l'immane tragedia storica che aveva travolto il destino di milioni di esseri umani. Eppure dovevano passare ancora molti decenni perché l'uomo e la donna occidentali si rendessero conto che l'idea di amore che avevano inseguito fino ad allora era una chimera che stava sbiadendo nella luce del tramonto di un'epoca storica: la post-modernità.

Se intere generazioni di adolescenti, ancora negli anni settanta, si struggevano su poesie d'amore, canzoni d'amore, film d'amore, romanzi sentimentali, soap e fiction in cui l'amore era presentato come il valore più alto della vita e perciò perseguito come totale realizzazione del senso della propria esistenza, a partire dagli anni ottanta le generazioni successive vennero educate (o forse si autoeducarono) all'idea che è molto più importante perseguire un sogno artistico, un obiettivo professionale, una solida situazione economica, avere cioè prestigio e successo. Se amore e successo entravano in competizione, il protagonista della vicenda sceglieva, pur soffrendo, il secondo perché la realizzazione dell'io aveva ormai soppiantato progressivamente ma inesorabilmente la fondazione del "noi".

La vera novità della situazione, che in realtà era sempre stata prerogativa esclusiva degli uomini, era che adesso anche le donne rivendicavano tale possibilità come un diritto imprescindibile, anche se esso comportava la realizzazione non di qualche alto progetto o ambizione sorretta da vero talento ma semplicemente il raggiungimento di "un progetto". Che esso consistesse nel partecipare a qualche rivoluzione o semplicemente nell'aprire un bar o una salumeria non faceva differenza.

L'amore sta scomparendo? Come emozione no, come sentimento sì, perché esso in fasi molto precise si è configurato come un'ideologia e tale ideologia è stata sconfitta da altre più concrete visioni della vita. Ogni volta che un'ideologia cade, insieme ai suoi ideali lascia sul terreno delle vittime: uomini e in particolare donne, giovani, tardivi idealisti, ma soprattutto adulti di mezza età, che non riescono più, dopo aver impostato idealmente la propria vita su certi valori amorosi, a rassegnarsi a pensare l'amore come intermezzo, parentesi, opportunità… e basta.

Molti di fronte alla fine della fase passionale non riescono a rinunciare al proprio sogno di compiutezza, che altro non è che bisogno di fusione sorretto dall'eccitazione. Se possono, continuano a inseguirlo gettandosi alle spalle il cadavere del/la precedente compagno/a da cui hanno succhiato tutte le energie possibili e, vampiristicamente, si gettano sulla preda successiva. Monogami seriali, sono chiamati dalla moderna sociologia. Il gioco è in questo momento ancora in mano agli uomini, tuttavia bisogna riconoscere che le donne stanno recuperando terreno nel prolungare il tempo della seduzione ben oltre la soglia dei quarant'anni a cui erano state fissate inesorabilmente negli ultimi duecento anni.

Ciò comporta che il trauma esistenziale, l'abbandono, la solitudine e la discontinuità, che prima erano vissuti esclusivamente dalle donne, ora siano diventati esperienza possibile anche degli uomini più che maturi. Che, tuttavia, continuano a mantenere il vantaggio di poter scegliere e trovare nuove opportunità di accoppiamento e di condivisione affettiva in tempi più rapidi e in una più ampia riserva di caccia.

Osservando lucidamente e in modo scientifico le modalità di vivere i sentimenti delle ultime generazioni, verrebbe da esprimere giudizi negativi di superficialità e cinismo. Non bisogna cedere a moralismi tanto inutili quanto fuorvianti. Non ci sono responsabilità individuali se gli esseri umani non riescono a persistere più di qualche anno in un sogno esistenziale che, nella migliore delle ipotesi, permette comunque di procedere a una felice procreazione e a una ancor più felice, se condivisa, educazione della prole.

C'è solo da modificare drasticamente l'ideologia del sentimento amoroso, decostruirlo in modo più sistematico tramite una seria pedagogia dell'esistenza, una matura educazione sentimentale che deve essere avviata molto precocemente nell'infanzia, riuscendo tuttavia a riempire quel vuoto con valori migliori della semplice affermazione professionale e del successo personale. Per tutti coloro che non riescono ad accettare questo cambiamento di prospettiva esistenziale non ci sono alternative, se non la solitudine, che è sempre amara.

Ambra

U.G. In una società come la nostra che, lungi dall'essere "liquida" come andava ripetendo Zygmunt Bauman, è in ogni suo aspetto rigorosamente recintata e cementata dalla razionalità tipica dell'età della tecnica, che a noi chiede solo efficienza, produttività, realizzazione degli obiettivi di cui ogni anno si alza l'asticella, l'amore è l'unico spazio in cui ciascuno può esprimere se stesso e la sua libertà al di fuori di ogni regola.

Non è sempre stato così. Nell'età pre-tecnologica, per i poveri l'amore era funzionale alla sopravvivenza, alla sicurezza economica, all'avere figli per garantire forza-lavoro e assistenza per la vecchiaia in assenza di uno stato sociale, mentre per i privilegiati era suggello di alleanza tra famiglie di rango, quando non strumento per ampliare il proprio patrimonio e il proprio prestigio. Oggi, che l'amore è diventato una libera scelta, su cui né la famiglia d'origine, né il diritto, né lo Stato, né la Chiesa sono in grado di esercitare un vero potere, l'amore è diventato un assoluto, nell'accezione latina di "*solutus ab*, sciolto da tutto", sciolto persino dal vincolo che in amore lega due persone che si sono innamorate. E questo per diverse ragioni che qui vale la pena elencare.

La prima è che abbiamo confinato il sentimento nella passione che, come dice la parola stessa, ci vede "passivi" di fronte alla fascinazione dell'altro. Ma siccome la passione è instabile e mutevole o, come dice Freud, "è un delirio che ha l'unico pregio di essere breve", la costruzione dell'amore è sempre minacciata dalla sua distruzione, l'esaltazione cede spesso e volentieri alla desolazione, la realizzazione di sé e la perdita di sé camminano affiancate.

La seconda ragione è che, siccome noi viviamo ogni giorno, nella vita sociale e lavorativa, come una risposta agli altri, che ci compensano a partire dalle prestazioni che siamo in grado di offrire agli apparati di appartenenza, ciascuno cerca nell'amore la propria autorealizzazione, la possibilità di entrare in contatto con il proprio sé profondo, al di là del proprio ruolo sociale e lavorativo, dove l'identità profonda di ciascuno di noi deve essere messa tra parentesi a favore della sua idoneità e funzionalità all'apparato di appartenenza. Va da sé che, in un contesto di questo genere, ciascuno cerca, nell'altro di cui si innamora, il proprio io, quindi non tanto il piacere della relazione, quanto la gratificazione della propria autorealizzazione. Dove è evidente che individualismo, egoismo e narcisismo sono in agguato, anche se ben nascosti e tacitati.

La terza ragione è che, sempre per motivi di autorealizzazione, in questa società, cementata e non liquida, abbiamo trovato nell'amore l'unico spazio per celebrare la nostra libertà, che però non è più intesa come libera scelta nella costruzione della propria esistenza, ma come revocabilità di tutte le scelte, per cui si cambiano i partner con la stessa facilità con cui si cambiano gli abiti, in omaggio all'amore inteso come passione, le cui caratteristiche sono l'instabilità e la mutevolezza.

E qui l'amore entra in un'insanabile contraddizione con se stesso. Non più "relazione all'altro" com'è nella sua natura, ma "strumentalizzazione dell'altro" che diventa funzionale alla realizzazione di sé, alla celebrazione del proprio io che, per quanto narcisisticamente compiaciuto nell'esercizio della sua libertà, non esce dalla sua solitudine, perché si è reso impermeabile alla trasformazione di sé, che solo l'altro può compiere, trafiggendo la nostra autosufficienza e aprendo una breccia nella nostra identità protetta e difesa. Perché questo è l'amore: violazione della nostra integrità. E chi non capisce queste cose non solo non conosce se stesso, ma nulla vuol sapere dell'altra parte di sé che solo l'altro è in grado di rivelarci.

51.

Amore è violazione dell'integrità dell'io

Scrive il teologo ortodosso Christos Yannaras: "Se esci dal tuo io, sia pure per gli occhi belli di una zingara, sai cosa domandi a Dio e perché corri dietro a lui".

Gentile Galimberti, nonostante la mia giovane età, non riesco più a sopportare il peso di un fardello che mi porto dentro da molto e che è riuscito ormai a influenzare anche le mie relazioni interpersonali. Premesso che mi considero una persona piuttosto egocentrica, perfezionista e mio malgrado particolarmente incline alla frustrazione, ho il terrore di essere anche narcisista.

Mi spiego meglio: dopo anni di autoanalisi, sono finalmente giunta a un bivio, riguardante la mia capacità di allontanare il prossimo qualora questi risulti interessato a me per qualcosa di diverso dall'amicizia. Fortunatamente, parlando con un'amica estremamente sensibile e intelligente, con la quale ho un rapporto speciale che definirei di "affinità elettiva", sono giunta alla sorprendente conclusione che preferisco allontanare chiunque mi si presenti, sia perché ho il terrore che egli "scompaia", derubandomi di una parte o della totalità della mia persona, sia perché in fondo ho paura che io stessa, per mia natura, potrei "distruggerlo", annullandolo a mia volta. Forse, più semplicemente, non faccio al mio prossimo ciò che non vorrei venisse fatto a me. Inoltre, nonostante mi sia resa conto di non essere l'unica ad attuare questo processo, non riesco a trarne alcuna consolazione.

Ciò che mi dilania veramente è però il dubbio. Perché lo si fa? È paura di amare o incapacità di amare per troppo amore di sé? E soprattutto, può una persona narcisista rendersi conto della sua nevrosi e soffrire per essa? Io vorrei una risposta, che valga per me e anche per altri che ho conosciuto e sembrano mostrare i miei stessi sintomi, in modo da poter finalmente "riposare".

Non le nascondo la mia segreta speranza di appartenere alla prima categoria, quella dei "pavidi", sicuramente molto problematica, ma capace di farmi risultare costituzionalmente adatta ad amare. Se fosse la seconda, proverei dolore nel comprendere una simile verità, ma forse potrei giungere con il passare del tempo a una serena rassegnazione riguardo la mia incapacità di amare. Insomma, ho veramente timore di essere solo una narcisista che sente la mancanza dell'unica cosa che non può avere, cioè la capacità di provare vero amore.

Beatrice

U.G. La sua giovane età giustifica il fatto che la sua lettera sia piena di "io". Un io difensivo che ha paura di farsi male innamorandosi, e un io, che si suppone offensivo e distruttivo, che ha paura di far male all'altro se lo fa innamorare. Potremmo pensare a un io che ha ancora bisogno di costruire se stesso, come diceva Freud, e che per questo si difende dall'amore che è violazione della propria integrità.

Se le cose stanno così lasci tempo al tempo, e quando il suo io, dopo essersi costruito adeguatamente, finirà per annoiarsi di se stesso si aprirà all'altro. Non per amare l'altro come solitamente si crede, ma per tenersi accanto chi le ha consentito di scoprire l'altra parte di sé, che il suo io non conosce e teme, ma di cui propriamente ci si innamora.

Non ci innamoriamo infatti di chiunque, ma solo di chi intercetta l'altra parte di noi stessi e quindi ci svela. Questa è anche l'essenza del pudore, che non è una faccenda di vesti o sottovesti, ma il rifiutarsi di mettersi a nudo con chi, del sottosuolo della nostra anima, non ci ha svelato nulla. Questo è il limite della libertà sessuale del nostro tempo che, nel mettere a nudo i corpi, non coinvolge l'anima, non destruttura l'io, non dischiude l'abisso di noi stessi, e così ci impedisce di conoscere quel che "in fondo" siamo, e che cosa da questo fondo possiamo generare, al di là dell'orizzonte ristretto del nostro io, che Freud ha opportunamente definito un "precipitato di difese".

Ne è prova il fatto che dopo ogni storia d'amore, comunque finisca, bene o male, non siamo più quello che eravamo. Una generazione è avvenuta. Un io nuovo più capace di affrontare la vita di quello antico, prima che Amore lo destrutturasse e facesse crollare le mura che lo difendevano dall'altra parte di se stesso, da cui solamente può scaturire nuova forza di vita. Per questo desideriamo l'amore e al contempo lo temiamo. Lo desideriamo perché non ci stiamo più nei panni divenuti troppo stretti dell'io con cui finora siamo cresciuti, e al tempo stesso lo temiamo perché l'io teme di abbandonare gli ormeggi con cui ci siamo difesi dalla follia che ci abita e verso cui ci conduce Amore.

In amore, infatti, l'io diventa passivo, e per questo parliamo di "passioni", perché l'io patisce l'altro, senza che la sua razionalità possa opporre una qualche resistenza, in un momento magico, esaltante e anche minaccioso, in cui si viene a contatto, grazie a chi ce ne facilita l'accesso, con quell'ignoto che noi stessi siamo e che, dal punto di vista dell'io, si chiama "follia".

La follia d'amore, a differenza della follia patologica, ha il pregio di essere breve. Perché nell'altra parte di noi stessi non possiamo dimorare se non per brevi attimi, giusto il tempo di dire: "Mi fai impazzire", "Con te perdo la testa", anche se di fatto in quei momenti l'abbiamo già perduta. Questo è l'amore: violazione dell'io, perché possa emergere la parte ignota di noi stessi, da cui un nuovo io possa rinascere, come ogni adolescente sperimenta con fascino, sorpresa, straniamento e anche dolore, in quella stagione della vita in cui il nostro io subisce le più profonde trasformazioni.

52.

Amare perdutamente può far male

> Se l'amore è visionario, non è colpa dell'altro se non riesce a corrispondere alla nostra idealizzazione. In questi casi, naturalmente, si soffre due volte: per la perdita e per l'offesa.

Le scrivo perché, leggendo un suo articolo apparso su "D" di "Repubblica", ho ripensato ad alcuni aspetti riguardanti una mia, non troppo lontana, esperienza amorosa. Più di un anno e mezzo fa incontrai una ragazza con la quale condividevo molte passioni importanti tra cui quelle per l'arte e per la musica. Io fino a quel momento ero soltanto un chitarrista, avevo studiato prima chitarra moderna e poi jazz. Lei era una polistrumentista e cantante molto talentuosa.

Qualche tempo dopo la fine di quel breve ma intenso rapporto durato un mese e mezzo o poco più, potei apprezzare la veridicità di una sua affermazione e cioè che "l'Amore crea soggettività nuove". Infatti, dopo quell'esperienza, non ero più solo un bravo chitarrista, ma anche un ottimo cantante.

Però, vorrei arrivare a un'altra questione, e cioè quella sulla monogamia. Nel momento in cui incontrai questa ragazza ero single, e vissi quell'esperienza senza limiti, gettandomi perdutamente tra le sue braccia, fidandomi ciecamente di lei, anche se non la conoscevo. Lei, al contrario, conviveva con un altro, ma me lo disse solo quando cominciai a sospettare dell'esistenza di un'altra relazione a causa del suo comportamento.

Dopo un anno ci rivedemmo, e al nostro primo incontro mi assicurò di essere sola. Di lì a poco mi accorsi che era sua abitudine avere tanti uomini e che era obbligata, per mantenere in piedi il suo castello di carte, a mentire spudoratamente a tutti. Infine, non definiva mai con nessuno il tipo di relazione, se era finita oppure no, se era un'amicizia o qualcosa di più e, cosa peggiore, lasciava ogni suo rapporto in un eterno limbo. Decisi di chiudere ciò che lei non avrebbe chiuso mai.

Amare nella mia vita si è sempre tradotto in chiarezza, onestà, in una dedizione totale e appassionata verso una sola donna, nel sentirmi la metà di qualcosa di unico e irripetibile. Credo, proprio per le ragioni esposte, che l'Amore, e quindi anche la felicità, non possano esistere laddove non ci sia questa condizione. Per me l'avere più di una donna o più di un uomo testimonia l'assenza dell'Amore, l'assenza della felicità, niente di più.

Non lo so, forse sbaglio, forse il mio tono è eccessivamente perentorio, ma penso che oggi sia opportuno riscoprire alcuni elementi fondamentali dello stare insieme, tra cui anche il significato di "amore" e di "amare" che non fanno rima con "usare". Per quello ci sono i centri commerciali e le discariche. Lei che ne pensa?

Alessandro

U.G. Mai "gettarsi perdutamente" né in un burrone né nelle braccia di una ragazza perché, quando la ragazza se ne va, ci porta via l'anima che, senza riserve, le abbiamo consegnato e noi restiamo "disanimati". La sua ex ragazza aveva tante relazioni e "per tenere in piedi il suo castello di carte mentiva spudoratamente a tutti". A lei non pare che questo sia stato e sia il comportamento abituale di molti uomini? Solo che quando si tratta di uomini questi comportamenti sono considerati indice di successo, mentre se si tratta di donne, questi comportamenti sono ritenuti spudorati. Anche nel linguaggio dobbiamo farne ancora molta di strada per raggiungere la parità di genere.

Nell'amore lei vuole sentirsi qualcosa di unico e irripetibile. Come un bambino per la sua mamma? Non ha ancora imparato che l'amore per i figli è incondizionato, mentre quello che scegliamo, dopo aver lasciato la madre e il padre, è sempre condizionato dai vantaggi reciproci che da quella relazione si ottengono? Mi riferisco soprattutto al vantaggio di sentirsi "unico e irripetibile" che mi pare, tutto sommato, una pretesa un po' eccessiva, carica anche di una buona dose di narcisismo che, come lei sa, è l'esatto contrario dell'amore. In fondo, lei voleva un rapporto unico e assoluto con una ragazza che invece amava i rapporti multipli e relativi alla gratificazione del momento. Due posizioni entrambe legittime, che però non potevano incontrarsi. Il risultato è che lei si è sentito tradito e questo tradimento ancora le brucia.

A questo punto le posso solo indicare i percorsi da evitare per spegnere l'incendio che le brucia l'anima. Tali sono: la "vendetta", che dà soddisfazione al momento ma non emancipa la coscienza; la "svalutazione" che svilisce la persona amata che un tempo avevamo idealizzato (qui sbagliamo due volte: prima idealizziamo accecati dalla passione, poi ci adiriamo perché la persona non corrisponde alla nostra idealizzazione. In fondo, abbiamo fatto tutto da soli, ma la colpa, ai nostri occhi, è sempre dell'altro, naturalmente).

Oltre alla vendetta e alla svalutazione, possiamo correre il rischio del "cinismo" che, a partire da un'esperienza finita male, generalizza e conclude che l'amore è sempre una delusione, e chi crede nel grande amore è solo un ingenuo. Il cinismo può spingersi fino al "disprezzo di sé", e indurci a considerare come esperienze negative e spregevoli quelli che erano vissuti emotivi intensi e stupendi al tempo della passione. Non facciamoci del male quando amiamo "gettandoci perdutamente nelle braccia dell'altro" perché, dopo che abbiamo annullato nell'altro la nostra individualità, non siamo più neanche interessanti per l'altro.

Non dimentichiamo, infine, che quando un amore ci

lascia, non soffriamo solo per quella perdita, ma forse e soprattutto per l'offesa narcisistica di chi non è stato in grado di legare e tenere incatenato un amore. In questo caso probabilmente d'amore non si trattava, ma di potere. Ed essere sconfitti sul piano del potere non fa soffrire di meno di quanto non faccia la malinconia di un abbandono. Ma queste avvertenze altro non sono che i moniti di un vecchio che la passione giovanile non è disposto, o perlomeno fatica, a capire. Mi perdoni.

53.

Quando l'amore finisce, ricomincia da te

> Quando un amore finisce non perdiamo l'occasione che il destino ci offre di giungere finalmente a una maturazione e a una più approfondita conoscenza di sé.

Caro signor Galimberti, come lei asserisce: "Amare perdutamente può fare male" ma, mi permetta, allo stesso tempo può fare bene. Quando dà l'occasione di prendere coscienza delle proprie manchevolezze e immaturità, se la perdita dolorosa non è vissuta come offesa e colpa dell'altro, che non ha responsabilità nell'essere stato idealizzato, può essere salvifica, può essere sprone anche parzialmente inconscio a migliorarsi, a crescere e ad acquisire autostima in un percorso di crescita umana e culturale.

Forse quasi mai si presenta una nuova occasione di mostrare alla persona un tempo idealizzata e tanto amata la maturità raggiunta e l'accresciuto valore, ma anche così è, nella vita, una grande opportunità. Se – caso più unico che raro – questo avviene, è un grande regalo del destino, e riuscire a conquistare l'amore, un tempo tanto desiderato, non ha niente a che fare con il bisogno di risanare un narcisismo offeso, ma soltanto con la consapevolezza di aver conquistato qualcosa di veramente grande e importante.

Perdoni, signor Galimberti, la presunzione di insegnarle qualcosa, lei insegna nel suo articolo le strade da non seguire dopo un'esperienza d'amore finita dolorosamente: ha mancato di suggerire una possibile via di arricchimento, forse veramente non può più capire una passione che, giovanile o no, è sempre passione e allora mi dispiace veramente per lei.

Gilberto

U.G. La passione non è cieca come i più ritengono, ma, come scriveva Stendhal, "è visionaria". E se l'amato non rientra nella visione, o come lei opportunamente la chiama, nell'idealizzazione che l'amante appassionata si è fatta di lui, l'abbandono o, come più comunemente lo si intende, il tradimento finisce per essere inevitabile.

Di solito in occasione di un tradimento, le accuse sono rivolte al traditore, e il tradito si raccoglie incupito nelle sue fantasie di vendetta, che non emancipano la coscienza, ma la restringono in fantasie di astiosità, impedendole di offrirsi libera ad altre esperienze. Oppure nella svalutazione dell'altro, all'inizio idealizzato, dove la passione visionaria di un tempo, che non voleva vedere gli aspetti umbratili dell'altro, si traduce in odio cieco che non alimenta l'anima ma la ammala. O, ancora, si cerca un rifugio in un cinismo cosmico, per il quale l'amore non esiste ed è solo l'inganno di un giorno.

A questo punto si sbeffeggiano i sentimenti vissuti nel tempo della passione per non vergognarsi di averli provati, e se capita di riprovarli per un'altra persona si pretendono dichiarazioni di fedeltà eterna, prove di devozione e giuramenti, dimenticando che amore e tradimento attingono alla stessa fonte, perché non si dà tradimento se non all'interno di una fiducia accordata. E quando la fiducia è totale, perché al suo interno ci sentiamo al sicuro, compresi, contenuti e contenti, il tradimento brucia ancora di più. Ma in queste circostanze il tradito non chiede mai a se stesso se alle volte il suo amore per l'altro non era troppo simile all'amore incondizionato e alla fiducia che da bambino nutriva per i genitori, da cui in fondo non si è mai emancipato.

Lei ha scelto un'altra via, quella dell'esame di sé, che, se non assume i toni dell'autoaccusa o dell'autocritica troppo crudele ai limiti del masochismo, porta alla maturazione di sé, che consente di abbandonare la beata innocenza infantile della fiducia incondizionata, per acquisire quella coscienza adulta la quale, come diceva Nietzsche, sa "che il bene e il male sono inanellati, il piacere si intreccia con il dolore, la maledizione con la benedizione, la luce del giorno con il buio della notte, perché tutte le cose sono incatenate, intrecciate, innamorate e insieme tradite, senza una visibile distinzione, perché l'abisso dell'anima, che tutte le sottende, vuole che così si ami il mondo".

Dalla sua lettera mi pare che lei abbia imparato che essere in una relazione d'amore non vuol dire annullarsi nell'altro, perché la relazione non è una fusione che annulla la nostra individualità. Se così fosse, infatti, finiremmo con il non sapere più chi siamo e, abbandonati dal nostro sentimento, verremmo invasi dal risentimento che ci acceca, quello sì, fino a farci compiere a volte gesti atroci. Mentre quando lei percorre la via dell'autoriconoscimento, come mi descrive nella sua lettera, scopre che l'amore non è possesso, e nella vita a due che si rimpiange forse non si viveva l'amore, ma si cercavano solo tutela e sicurezza, da cui l'abbandono ci emancipa.

Se non cadiamo nelle vie più battute che sopra abbiamo descritto, è proprio l'abbandono che ci offre l'opportunità di una vera conoscenza di sé, che ci evita di vivere una vita a nostra insaputa. Sembra infatti che la vita preferisca chi ha incontrato se stesso a chi ha evitato di farlo per vivere al sicuro in una casa protetta.

54.

Solo i giovani possono abbattere le discriminazioni sessuali

I giovani non pensano come la gran parte degli adulti i quali, nel discriminare in base all'orientamento sessuale, si appellano alla loro coscienza, spesso usata per coprire guerre politiche, abitudini mentali scambiate per princìpi, interessi personali e volgari ipocrisie.

Buonasera, le scrivo in merito a un tema di estrema attualità e importanza. In questi giorni non si sente parlare d'altro che della probabile legge relativa alle unioni civili e della dibattuta questione circa la legittimità costituzionale dell'istituto giuridico dell'adozione del figlio del partner di orientamento omosessuale. Se troverete interessante la mia posizione, vi chiedo, se possibile, di pubblicare per intero la mia lettera, non estrapolando solamente semplici frasi o parole. Il contesto è fondamentale, sempre e ovunque.

Devo essere sincera. Mi trema la mano in questo momento mentre scrivo. La mano mi trema perché ho paura. Perché penso che, scrivendo tutto questo, potrei rischiare troppo. Ma questo è il prezzo da pagare per essere liberi in una società arcaica come la nostra. Più che mai, questo è il momento per agire e per lottare. Ci sono in ballo i diritti di tantissime persone.

Non nego che in questo momento mi sento vittima di una sorta di "delirio di onnipotenza". Anch'io come tanti altri, con le mie parole, vorrei provare a contribuire a cambiare il mondo, il diritto, la mentalità di coloro che criticano gli omosessuali. Ovviamente so che questa è un'impresa ardua o forse impossibile, è una titanica illusione. Mi basterebbe entrare nel cuore della gente. Perché è questo che conta. Le convinzioni, la mente degli uomini, sono difficili da cambiare. Quando poi si fossilizzano su certe idee, è la fine. Si può quasi parlare di "morte cerebrale".

Ho ventisei anni, e sono nel bel mezzo di un'età, a mio parere, abbastanza complicata: il passaggio da ragazza a donna. Questo almeno in Italia. In altri paesi si diventa donna, molto, molto prima, per loro fortuna. Qui in Italia i tempi sono lenti, in tutto. Nella burocrazia, nell'amministrazione, nello svolgimento dei processi giudiziari, nei procedimenti di formazione delle leggi, nella crescita individuale, nell'acquisizione di un'indipendenza interiore. Siamo persone che se la prendono con comodo.

Così come il nostro parlamento, che per molto tempo ha esitato a legiferare in merito a un tema che sta acquistando sempre più importanza, ma come biasimarlo, d'altronde? In una società come la nostra... appunto. È assurdo che solo oggi, nel 2016 (e non è neanche detto, visti i vari episodi politici attuali), si stia cercando di "legalizzare l'omosessualità" e tutti quelli che per alcuni sono i suoi "effetti collaterali".

L'omosessualità esiste da sempre, non è certo nata oggi. Ci si fa caso solo oggi, per duemila motivi, storici, culturali, antropologici, sociali, psicologici, che noi tutti, suppongo, sappiamo a memoria. Per farla breve: nel nuovo millennio siamo tutti più evoluti, più moderni, e la gente ha meno paura di sperimentarsi. E penso ci voglia grande coraggio a sperimentarsi, in qualsiasi tematica.

Critico aspramente chi giudica tutte le forme che l'amore può assumere, critico aspramente chi pretende di definirlo, l'amore, o tanto più la sua naturalità. Indifferentemente dal sentirsi omosessuali o eterosessuali, esistono persone che hanno una sessualità di pietra, altre di marmo, altre di ferro, e chi invece ce l'ha di legno, e come tale più facile da scheggiare, o chi più liquida o fluida. Con questo voglio dire che, sì, esistono gli eterosessuali, i bisessuali, gli omosessuali, e chi più ne ha più ne metta. Eccoci qua. Abbiamo dato le nostre definizioni, e ora, a tavolino, dobbiamo inscriverci in una di queste. Pena: la privazione di diritti, che altri esseri umani uguali a noi hanno.

Eppure siamo tutti esseri umani, dovremmo avere tutti pari dignità sociale ed essere tutti uguali davanti alla legge, senza distinzioni di sesso, razza, lingua, religione, opinioni politiche, condizioni personali e sociali. Perché siamo tutti cittadini dello stesso paese. Un paese che però, a quanto pare, dorme in piedi, l'Italia. Forse si dovrebbe modificare l'articolo 3 della Costituzione italiana, per rendere ancora più esplicito quello che in molti sosteniamo, e introdurre al suo interno anche la locuzione "senza distinzioni di orientamento sessuale".

A mio parere, le sensazioni, le emozioni, i sentimenti, l'amore reale, le relazioni non possono definirsi in maniera assoluta più di tanto, perché una loro definizione implicherebbe sempre un insieme di altre definizioni. Bisognerebbe solo viverle e basta. A volte si mescolano duemila sensazioni infinitesimali, nei rapporti umani, difficili da riconoscere addirittura per chi le vive in prima persona. Ma non è del tutto necessario riconoscerle e definirle. Poi dove si andrà, si vedrà.

Mettetevi nei panni di un omosessuale, e vedrete quanta sofferenza ha dovuto affrontare, per colpa delle idee e della cultura della società e dell'ambiente in cui vive o ha vissuto. Tantissima. Per quanto tempo si è dovuto nascondere, per quanti anni. Quanta paura ha avuto di essere se stesso, e a qualsiasi età. Quante parole ha dovuto tacere, quanti silenzi ha dovuto sostenere, quante lacrime ha dovuto ingoiare, quanto fiato ha dovuto contenere. E il coraggio. Perché spesso ha dovuto affrontare tutto da solo. Quanto coraggio ha dovuto avere per continuare a vivere.

E tutto questo, solo, a causa del sentirsi diverso dagli altri. Perché ha ritenuto di non dover rientrare in quella categoria di gente "normale", considerata tale solo se naturalmente eterosessuale. Sì, perché spesso "gli altri" possono diventare dei mostri nella nostra fantasia. E tutto questo è colpa della cultura sociale. E allora si sono ricercate nel corso dei tempi le cause dell'omosessualità, ma ancora oggi non si sa con precisione obiettiva se queste siano scientifiche, genetiche, psicologiche, ereditarie.

Ma è ovvio che non si sa. I motivi sono tantissimi. Sarebbe come voler scoprire perché quell'uomo si sia innamorato proprio di quella donna e non di un'altra, e viceversa. È ovvio che, anche in tal caso, i motivi sono i più svariati: chimici, fisici, scientifici, psicologici ecc. Il succo non cambia. Quell'uomo, in quel momento della sua vita, momento che poi potrebbe durare giorni, anni, mesi, o per sempre, ama quella donna in particolare. Ma non dimentichiamo che quella donna, prima di essere donna, è una persona. E questo fanno gli omosessuali: come gli eterosessuali, si innamorano di altre persone.

Ognuno ha il diritto di essere se stesso, senza con ciò ledere il diritto di altri a essere se stessi. Ogni bambino ha il diritto di essere accudito emozionalmente ed economicamente, ma decidere da chi, a priori, secondo me è ingiusto, oltre che irreale e utopico. È vero che il bambino deve essere messo in contatto con figure maschili e femminili, ma questo non vuol dire che la figura materna/paterna debba essere necessariamente di sesso opposto. La maschilità e la femminilità sono anche caratteristiche caratteriali e psichiche, oltre che fisiche e morfologiche.

Il bambino ha bisogno di persone che svolgano un ruolo genitoriale, di qualcuno che lo aiuti a crescere finché non sarà in grado di crescere autonomamente. Questo qualcuno può essere chiunque: un uomo, una donna, due uomini, due donne, un transessuale, due transessuali, un uomo e una donna. L'importante è che ci siano l'affetto, la maturità, lo spirito genitoriale, la voglia, l'altruismo. Il sesso mi sembra l'ultimo dei problemi.

Non riduciamo tutto al "sesso". Non neghiamo a persone di orientamento sessuale diverso, o di orientamento politico diverso, o di religione, razza, cultura diverse, di essere *diversamente* se stessi, perché tutti in qualcosa siamo diversi gli uni dagli altri, tutti siamo fortunatamente "particolari". Non neghiamo, dunque, a una persona "diversa" da noi, ma non per questo "anormale", di avere i nostri stessi diritti.

Non neghiamo a futuri esseri umani di venire al mondo, perché probabilmente non avranno un padre "sessualmente normale" adeguato o una madre "sessualmente normale" adeguata, ma solo un padre e una madre, semplicemente. Perché ciò che ti rende una madre o un padre non è il sesso, ma è l'amore incondizionato verso il figlio. E se avete paura che l'omosessualità "si attacchi" da madre/padre a figlio, che sia ereditaria, per così dire, non temete, il figlio, non appena incontrerà la persona che lo farà innamorare, si innamorerà, sia questa del suo stesso sesso o di sesso opposto, perché l'amore quando nasce, accade, e perché capiterà da sé. Perché l'amore non è plagiabile.

Non temete che un genitore omosessuale possa educare inadeguatamente suo figlio, le probabilità sono le stesse che ci sono per i genitori eterosessuali, siamo esseri umani uguali. Quanti genitori criminali eterosessuali ci sono? Quanti genitori eterosessuali sbadati, indifferenti, indaffarati, assenti, narcisisti, egoisti ci sono?

Non temete che un genitore omosessuale possa volontariamente, o anche inconsciamente, indirizzare suo figlio a un futuro omosessuale. Chi, più di lui, sa quanto può far soffrire lo sforzarsi disperatamente di amare qualcuno, o di volere fare l'amore con qualcuno, per forza, anche se non gli viene naturale, e solo perché questo è ciò che richiedono quelle "fantastiche" regole morali, che si permettono di definire l'indefinibile? E fissate da chi, poi? Sono regole-fantasma.

Questo è il vero delirio di onnipotenza. Cercare di regolarizzare l'amore è impossibile. Sarebbe come voler regolamentare il pensiero, la fantasia. Per quanto ci si possa sforzare non si potrà mai andare così a fondo nell'intimità di qualcuno. Il compito di un genitore, sia egli eterosessuale o omosessuale o transessuale, è quello di indirizzare il figlio all'amore generale, "neutro", il resto è inevitabile: lo sceglierà il figlio da sé, da solo. Perché non si può plagiare l'animo umano così a fondo, perché, come ho già detto, l'amore non è plagiabile. Per questo, Italia, ti chiedo di alzarti. La sveglia è suonata!

Marta

U.G. Lei esprime considerazioni in ogni loro aspetto non solo condivisibili, ma utili da diffondere, anche se le speranze che possano essere recepite da chi legifera sono praticamente nulle. Quando un problema è sottoposto all'attenzione legislativa non ha più alcuna possibilità di essere preso in considerazione nei termini in cui si propone, perché diventa una semplice occasione di contrapposizioni politiche generate non dalla natura del problema, ma dal consenso e quindi dal vantaggio elettorale che se ne può trarre dicendo sì o no alle varie soluzioni.

Naturalmente questa logica, sottesa a tutte le discussioni parlamentari, non è solo sottaciuta, ma del tutto taciuta e ammantata da discussioni che si appellano a princìpi, neppure esaminati o discussi, ma semplicemente espressi in forma di slogan del tipo: "Tutti i bambini hanno diritto a un padre e a una madre", per ottenere un facile consenso da quanti, e sono senz'altro la maggioranza, non hanno tanta consuetudine con il pensiero, con l'argomentazione, con la riflessione, ma solo con le semplificazioni che non richiedono la fatica di pensare.

Tutto ciò, quando è ben confezionato, viene venduto come democrazia, anche se Platone che l'ha ideata diceva che la democrazia non può essere praticata senza un'adeguata istruzione del popolo che, incapace di argomentare, si lascia sedurre dalla falsa retorica dei sofisti. Anche questo strumento non è stato trascurato da quanti osteggiavano la legge sulle unioni civili. Basti pensare all'uso improprio dell'argomento dell'utero in affitto, che non era assolutamente previsto dalla legge Cirinnà, ma tornava utile introdurre per impressionare la gente più sprovveduta su questa pratica generativa desueta nella nostra tradizione.

Non trascuriamo poi l'uso e l'abuso della parola "coscienza", carica di tutte quelle obiezioni (le "obiezioni di coscienza") che nascono dalle convinzioni personali, dall'educazione ricevuta, dalla convenienza politica, dal non apparire troppo lontani dal magistero dei vescovi, come se tutti questi criteri soggettivi e interessati fossero idonei, anche se ammantati dalla nobiltà della parola "coscienza", a decidere su un dato oggettivo come può essere l'esistenza di coppie di fatto senza diritti, e di bambini che già vivono con genitori, nessuno dei quali è adottivo, perché uno è naturale e l'altro non può adottare.

Ora che la legge è fatta sarebbe bello che chi l'ha votata facesse, questa volta sì, l'esame della propria coscienza, per vedere con onestà quali sono le ragioni che hanno determinato il suo voto. Non ragioni scientifiche perché non c'è nessuna ricerca che dimostri che i figli adottati da coppie omosessuali crescono squilibrati. Non ragioni religiose, perché in uno Stato laico queste ragioni non dovrebbero intervenire. Non ragioni a difesa dei princìpi (come oggi vengono impropriamente chiamate le consuetudini sociali che provengono dalla tradizione), perché, come insegna papa Francesco, le persone vengono prima dei princìpi.

E allora in base a che cosa una classe politica ha deciso che i diritti degli omosessuali debbano essere inferiori a quelli degli eterosessuali, e che l'orientamento sessuale debba essere una discriminante tale da invalidare il principio della nostra Costituzione che prevede che tutti i cittadini sono uguali davanti alla legge? Perché, alla fine, dopo tanto discutere, a questo si è giunti.

E a tal proposito valga per tutti il monito di Platone: "Ovunque è stabilito che è riprovevole essere coinvolti in una relazione omosessuale (letteralmente: "soddisfare gli amanti, *charízesthai erastaîs*"), ciò è dovuto a difetto dei legislatori, al dispotismo da parte dei governanti, a viltà da parte dei governati" (*Simposio*, 182d).

Chi mi scrive ha ventisei anni e come tutti i giovani non è terrorizzata dalle differenze sessuali. E soprattutto non vuol fare discriminazioni a partire dal sesso. Meno male che il futuro appartiene ai giovani.

55.

Ma i giovani conoscono la potenza rivoluzionaria dell'eros?

> Eros, che come dice Platone "parla da un fondo enigmatico e buio", ci fa conoscere l'altra parte di noi stessi, ossia la follia che segretamente ci abita e dalla quale il nostro io diurno si difende, mentre la sessualità se ne fa interprete.

Buonasera, sono uno studente universitario di ventiquattro anni e le scrivo perché, forse più che mai in questo periodo, sto scoprendo quanto è sacra la nostra sessualità. Ma non si preoccupi, non la soffocherò con pesanti storie; le mie saranno semplici considerazioni su cui mi piacerebbe avere un suo feedback.

È da sei mesi che sono in Spagna, nelle isole Canarie. Venendo subito al dunque, una cosa di questo luogo che mi ha stupito molto è la facilità con cui persone senza nessun tipo di legame finiscano a letto insieme (in verità, sempre di più mi sto rendendo conto che qui c'è molto anche "la cultura dell'amore in gruppo"). Anche in Italia, forse grazie alla secolarizzazione e al crescente numero di Erasmus, la situazione sta cambiando e le persone le vedo sempre più libertine. Però penso non conti il luogo ma le persone.

In tutta la mia vita sessuale ho rifiutato praticamente il 98% delle ragazze o delle possibilità di poter concludere in "una notte e via". In tutto questo mi sorge una domanda: perché e a che serve fare sesso senza sentimento? È un fattore fisiologico? Lo si fa per "svuotarsi" e per avere un orgasmo? Sinceramente preferisco "riempire" il mio cervello e il mio cuore. Oppure è un fattore psicologico? Lo si fa per dimenticare i problemi? Eppure mi sembra solo un palliativo e che il giorno successivo mi sveglio con gli stessi problemi.

Tutto questo senza pensare che i momenti belli sono belli anche per il fatto che quando riaffiorano alla nostra mente producono un certo benessere. Che effetto produce il ricordo del sesso con una persona di cui non ti importa niente, di cui non sai il nome ecc.? Mi chiedo davvero che senso abbia! Però la cosa che mi spaventa di più è la reiterazione. Il rifarlo a volontà senza mai fermarsi (se ne ho la possibilità, la sfrutto) e poi quando capita, se capita o se lo voglio incontro il fidanzato/a, e questo? Che è? È diventato uno sport?

Sì! Esatto, mi alleno tutti i giorni o quasi, e quando poi mi offrono di fare la gara o mi sento pronto a farla, la faccio; proprio come nella boxe o in molti altri sport individuali, come appunto il sesso facile e vuoto oggigiorno. Ultimamente penso sempre a una rima di un rapper italiano poco conosciuto che parlando del sesso dice: "Io non sono schiavo dei miei ormoni, voi che vivete per svuotare i coglioni, siete la vergogna di noi uomini".

Mi sembra una tale assurdità essere schiavi dei propri ormoni, e mi sembra che la gente ne sia proprio schiava e, forse sarò esagerato, però penso sia peggio dell'essere schiavi dei soldi, che perlomeno "non sono nostri", non sono il nostro corpo. Sono arrabbiato con la persona di fronte a me, e solo perché ho voglia di tirarle un pugno lo faccio? Si potrebbe ribattere che fare sesso non è niente di cattivo o di violento, è vero, però quante cose sia "belle" che "normali" ci tratteniamo dal fare quando ne sentiamo la necessità?

E l'aspetto più brutto è che la maggior parte di questi gesti e comportamenti li omettiamo perché ci vergogniamo di farlo in pubblico! No! Però per il sesso non ci vergogniamo più! Nelle discoteche e in tantissimi altri posti non si prova più imbarazzo. Ci si bacia e dopo... be', chiaro, o a casa mia o a casa tua, oppure all'aperto, in un posto abbastanza nascosto e se ci vedono be', fa niente, problema degli altri. L'importante è che io calmi i miei ormoni.

Io vedo dell'assurdo in tutto questo, non so lei. Forse la

mia anima è troppo ribelle, o forse no. Però non mi piace la direzione che il nostro mondo ha preso, e la sessualità, come penso lei mi possa confermare, non è che un riflesso di tale direzione. È parte dello specchio della nostra anima. Mi sbaglio?

Christian

U.G. La libertà sessuale è un dono dell'emancipazione femminile. E parlo di "dono" perché i grandi cambiamenti di costume, e quindi di modi di vivere, avvengono sempre per opera delle donne tanto che, quando emergono dalla "natura", nel cui recinto i maschi le hanno confinate, e fanno la loro apparizione nella "storia", nasce una storia nuova. Una storia che è scandalosa non per l'abbigliamento femminile, ma perché fa crollare un ordine collaudato e un modo di pensare (la donna moglie e madre), di sentire (la donna oggetto del desiderio maschile), di relazionarsi (la "mia" donna con tutta la prepotenza connessa a quell'aggettivo possessivo). La donna diventa soggetto della propria esistenza e, al pari dell'uomo, dispone della sua sessualità.

È chiaro che ogni rivoluzione porta inevitabilmente con sé un eccesso. Anche un adolescente, quando sente di doversi emancipare dai genitori, sbatte la porta, poi quando si sente emancipato la apre e la chiude educatamente. Rispetto agli eccessi di una biografia, gli eccessi di un'emancipazione storica sono un po' più lunghi. E quindi questa festa orgiastica della sessualità ha bisogno di un po' di tempo per giungere a porsi la domanda: "Dopo l'orgia che si fa?". Si fa l'amore con gli animali? Già fatto. Con i vegetali? Pure. Con gli oggetti inanimati come gli attrezzi che si vendono nei sexy shop? Anche. Finché subentra la saturazione, la noia, e sottotraccia si avverte che si sta estinguendo il desiderio. E siccome il desiderio è potenzialmente innovativo per non dire, con Deleuze, "rivoluzionario", la sua estinzione, a opera dell'eccesso e della pornografia che vi concorre, è un ottimo servizio al potere che, come è noto, predilige gente quieta o se non altro acquietata.

E allora, nonostante il suo innegabile tripudio e la sua ostentazione senza limiti, nel proliferare incontrollato di immagini sessuali sulle strade, sugli schermi, sulla carta stampata, la sessualità è estinta in ciò che ha di potenzialmente sovversivo e creativo da dirci, che non è nella trasgressione, nella perversione o nella devianza, ma nell'incontro con l'indicibile: con "ciò che non si riesce a dire" (Platone), con "ciò che non si può dire" perché abita l'inconscio (Freud) o, come vuole ancora Platone, con quel "fondo enigmatico e buio" che è l'altra parte di noi stessi, ossia la nostra follia che segretamente ci abita, e da cui il nostro io diurno si difende mentre la sessualità se ne fa interprete.

Resa muta, come lei opportunamente dice, dalla "ripetizione" del suo esercizio reiterato persino a prescindere dal desiderio, la sessualità non è più in grado di farci conoscere l'altra parte di noi stessi e allora, siccome questo bisogno è imprescindibile, si ricorre alla droga, di cui si potrebbe fare tranquillamente a meno se la sessualità fosse portata alla sua altezza e, invece di ridurla a idraulica, le si concedesse di condurci in quell'estasi che non è poi così distante dall'esperienza mistica.

I mistici erano erotici, mentre il nostro erotismo usato e abusato non è più in grado di raggiungere quelle vette. Qui sto alludendo a uno Stato che va al di là della coniugazione di sessualità e sentimento a cui lei fa riferimento per superare la semplice animalità. Sto alludendo a una trasfigurazione dell'animalità in un'estasi mistica e perciò stesso inesprimibile, perché accade in un luogo che le parole non riescono a raggiungere.

56.

Il poliamore è davvero una scelta di libertà?

Forse il poliamore è la conseguenza della cultura del consumismo che induce ad assumere con le persone gli stessi comportamenti che abbiamo con le merci.

Gentile professor Galimberti, ho diciannove anni e un dubbio atroce. Di recente, in un'intervista pubblicata su "Repubblica", Jacques Attali si chiede: "A che titolo si dovrebbero avere due case e due cellulari, e non più amori? [...] Nella libertà moderna si rivendica il diritto di non scegliere. Meglio: di scegliere un congiunto nell'istante, senza che ciò pregiudichi la scelta di un altro poco dopo".

Il dubbio che mi tormenta è questo: siamo sicuri che sia una "libertà", questa? A me sembra, piuttosto, la grande trappola del nostro tempo: una libertà che si stacca dalla responsabilità, cioè che non dà risposte, e quindi non sceglie. Questo frenetico saltare da un'esperienza all'altra (che si tratti dell'acquisto di merci o dell'intreccio di nuove relazioni "sentimentali", poco importa) non fa che evidenziare la polverizzazione del nostro desiderio degradato a capriccio.

Il rapporto sessuale stesso, a cui fa riferimento Attali quando parla della dinamica degli "scopamici", slegato dall'amore e ridotto a meccanica dei corpi non fa che evidenziare questo nostro essere "vasi forati", costituzionalmente incapaci di essere saziati. Mi chiedo quando capiremo che la sedicente "libertà moderna" è alla base della nostra infelicità.

Martino

U.G. Quando Jacques Attali parla di "poliamore", come lui lo chiama, dice una cosa che c'è sempre stata. La differenza consiste nel fatto che la cultura di un tempo lo secretava e al limite lo censurava, mentre la cultura di oggi lo giustifica e addirittura lo teorizza. E questo è avvenuto perché ci siamo evoluti? Perché siamo meno ipocriti? No. Ma perché in un mondo divenuto instabile, precario, incerto e dal futuro imprevedibile, diventa difficile contrarre legami affettivi a lungo termine.

Di qui il disimpegno emotivo e insieme il bisogno spasmodico di godere di tutto ciò che offre il presente, soprattutto in una cultura come la nostra che, per il bene dell'economia, non passa giorno che non ci inviti al consumo delle cose e, perché no?, anche dei piaceri, promuovendo così un'etica dell'edonismo, che non è il piacere a lungo termine come insegnava Epicuro, ma il piacere "mordi e fuggi" che si consuma sul momento.

Dando a ciascuno la possibilità di scegliere ciò che più gli piace, la cultura del consumo induce a concepire la scelta non più come un atto che ha delle conseguenze, magari anche di rilievo, ma come uno stile di vita, che vale tanto quanto ne vale un altro. E così, liberata dal suo spessore etico, la scelta diventa un puro fatto estetico che, a seconda delle circostanze, si può assumere o scartare come si fa con un abito.

A questo punto anche la libertà cambia significato. Non più la libertà di scegliere un percorso in grado di realizzare la propria personalità, il proprio *daimon*, come dicevano gli antichi Greci, da cui dipende la felicità, che loro chiamavano *eudaimonia*, ossia buona realizzazione del proprio demone, ma una libertà intesa come "revocabilità di tutte le scelte", che consente di tenere aperta la possibilità di scegliere le persone, gli amici, gli amanti, le mogli, i mariti esattamente come si fa con le merci, nei confronti delle quali non c'è alcuna fedeltà, come effetto del potere seduttivo della pubblicità che incanta, affascina e fa apparire obsoleto il prodotto che prima avevamo scelto.

Matrimoni aperti, relazioni senza impegno, poliamori non sono espressioni di una cultura che si è evoluta ed emancipata dai divieti della religione o dalle consuetudini collaudate dalla tradizione, ma l'effetto inevitabile di una società regolata sostanzialmente dal mercato e dal consumo che ci dispone nei confronti delle persone come di fronte alle merci, dandoci l'illusione di una libertà illimitata, a scapito della costruzione di una biografia significativa, capace di riconsegnarci un'identità in cui riconoscersi.

In questo disimpegno emotivo mascherato dall'euforia di una libertà che non ha confini, dove il passato non ha un peso e il futuro non richiama a un impegno, assistiamo non solo, come tu dici, caro Martino, a una perdita di responsabilità, ma anche a una perdita di se stessi tale che, nel trapassare da una scelta a un'altra senza nessun calcolo delle conseguenze, uno si ritrova con un io che, se alla fine non è minacciato dalla disintegrazione, non può evitare di fare i conti con un senso di vuoto interiore, per attenuare il quale non bastano gli psicofarmaci a cui sempre più spesso si fa ricorso, perché anche gli psicofarmaci appartengono a quel mondo del consumo forzato che io vedo come causa prima di tutta l'insoddisfazione che deriva da questo nuovo concetto di libertà come revocabilità di tutte le scelte.

57.

Le avventure del desiderio e il richiamo dell'amore che non cede alla volubilità della passione

Da questa lacerazione non si esce se non con una strategia da artisti.

Buongiorno, ho scoperto che si possono amare due persone, progettare due diverse varianti di vita, si può indugiare lungamente nel limbo dell'indecisione. Può non esistere una scelta migliore. Una volta infranto l'ideale di un amore unico, tutto vacilla: se è possibile amare due, lo è certamente anche amare tre, quattro, cinque. Ma l'aspirazione a una famiglia "classica", a un matrimonio e a un percorso di coppia, non tace. È soltanto un condizionamento culturale o è veramente la strada più efficace per l'evoluzione? Esiste una ragione per cui scegliere di sopprimere tutti gli altri amori, in virtù di uno soltanto?

Elisa

U.G. È nella natura dell'amore nascere dall'idealizzazione della persona amata che ci affascina per un incantesimo della fantasia che, nutrendosi di novità, di mistero e di imprevisto, ha come suoi nemici il tempo, la quotidianità, la familiarità, che a poco a poco producono il disincanto e traducono l'amore in un affetto a bassa tensione emotiva. Sarà per questo che in un suo saggio intitolato *Contributi alla psicologia della vita amorosa*, Freud scrive: "Dove amiamo non proviamo desiderio, e dove lo proviamo non possiamo amare".

Infatti, a differenza dell'amore che vuole costruzione e stabilità, il desiderio è un atto infondato che trova insopportabile ogni gesto della ripetizione di cui si nutre la quotidianità. E perciò, attratto da fascinazioni impreviste, irrompe nella stabilità dell'ordine, decentrandolo verso linee di fuga dove si smarrisce il senso che una biografia ha faticosamente costruito. Il desiderio, infatti, conosce solo il furto e il dono, mai il contratto né tantomeno il giuramento di fedeltà che, nel tempo dell'innamoramento, è sotteso a ogni promessa, anche sincera nel suo inganno.

L'avventura che il desiderio agogna non è necessariamente qualcosa di banale, come il tradimento di una notte potrebbe far pensare. Al contrario essa allude a quel tratto tipico dell'uomo che, a differenza dell'animale, è sempre proteso oltre di sé, oltre la realtà che abita, oltre l'accettazione rassegnata dell'esistente. Qualcosa di simile a quello che nel linguaggio religioso si chiama "trascendenza", di cui i mistici fanno esperienza nelle loro estasi che grondano di sensualità. Il desiderio è bisogno di trascendenza. Forse qui sta la felicità. Quella felicità che, sempre a sentire Freud, "abbiamo barattato per un po' di sicurezza".

Ma salvo alcune eccezioni, nessuno, per quanto attratto dal fascino ignoto dell'avventura, è disposto a mettere in gioco interamente se stesso, abbandonando la casa da dove proviene, la casa che abita, la casa che Robert Lee Frost definisce come "il posto in cui, quando ci devi andare, ti devono accogliere". E siccome lo spirito d'avventura potrebbe sottrarci la sicurezza e l'accoglienza, di cui, al pari dell'avventura, abbiamo un assoluto bisogno, finiamo con l'essere lacerati tra la fascinazione del desiderio e il richiamo della casa. E allora mi vien da pensare che non è tanto la quotidianità, la familiarità, l'abitudine a estinguere il desiderio, ma siamo noi a usare la quotidianità, la familiarità e l'abitudine per spegnere la passione, allo scopo di difendere la nostra casa, fino a quel momento "accogliente", dal rischio destabilizzante dell'avventura.

Sentiamo il richiamo attraente di Kerouac che ci invita

a essere ancora "sulla strada (*on the road*)", ma non al punto di non sentire anche il monito di quel grande nomade che è stato Nietzsche là dove dice: "Guai a chi non ha casa!". Lei mi chiede se si può uscire da questa lacerazione? Penso di no. Al massimo la si può attenuare, ma per questo si deve essere dei veri artisti, capaci di accorgersi e accettare il continuo cambiamento a cui nel tempo vanno incontro tutti gli abitanti della casa. Un cambiamento che rinnova la quotidianità, sbilancia la familiarità, spezza le abitudini e, giorno dopo giorno, rende insolito e nuovo il tempo.

Non è escluso, infatti, che quotidianità, familiarità e abitudine che spengono il desiderio nascano dalla nostra disattenzione all'altro, di cui non avvertiamo i cambiamenti né tantomeno i desideri che sorgono in lui e che magari potrebbero coincidere con i nostri. Oppure, attraverso un percorso inconscio e un po' vigliacco, mettiamo in atto tutto ciò che può spegnere la curiosità e la passione, per garantirci la sicurezza della casa e difenderci dalla rischiosità del desiderio. In fondo un amore senza passione è noioso, ma sicuro.

Siccome nella vita tutti andiamo incontro a un cambiamento, per il nostro bisogno di sicurezza non possiamo non accorgerci del cambiamento dell'altro e, ancor peggio, non possiamo immobilizzarlo in un nostro schema che ci rassicura, perché in questo caso estinguiamo la forza del desiderio che è il tratto tipico dell'uomo, mentre la sicurezza che ci illudiamo di aver così guadagnato ha tutto il sapore di una prigione.

Parte ottava

I giovani e la faticosa ricerca di sé

Così Nietzsche indica la via maestra per incontrare se stessi: "Diventa ciò che sei!". Invito già formulato dall'oracolo di Delfi: "Conosci te stesso" e da Agostino di Ippona: "*Volo ut sis*, voglio che tu sia quello che sei".

58.

Siamo certi che la vita che viviamo sia la nostra?

Siccome spesso, in famiglia, tra genitori e figli non si rispetta il diritto dei figli a essere diversi da come i genitori li vorrebbero, si finisce con il bloccare il loro processo di crescita e di autonomia.

Caro Galimberti, è da molto tempo che leggo la sua rubrica con curiosità e interesse. E, se vuole saperlo, appartiene alla mia personale lista de "I personaggi di grande spessore" che vorresti avere nel salotto di casa. Deve esserne contento, può avvalersi di compagni come Piero Angela, Woody Allen e altri per lunghe chiacchierate, esistenziali e non, "al mio servizio".

Da tempo pensavo di scriverle una lettera, nonostante la tematica non mi fosse ancora chiara. Recenti avvenimenti mi hanno portato a scrivere pensieri e considerazioni sparse, successivamente raccolti in maniera ordinata in queste righe che spero risveglieranno il Galimberti psicoterapeuta. Sono cresciuta credendo di avere un carattere sbagliato e in grado di provare emozioni eccessive, spesso di stampo negativo, con l'idea di non saper condurre una vita serena, appagata e di valore come altri. E non è colpa mia. Chi di dovere, nelle fasi di crescita e di formazione del carattere, non è stato capace nei momenti di difficoltà di dirmi che avevo le capacità per farcela e superare le avversità. L'unico messaggio che recepivo era: "Ce la devi fare", ben diverso nel significato da ciò che avrei voluto sentire, da un semplicissimo incoraggiamento.

Dicevano: "Mi raccomando, belle le mani, e sulla trave

dure le ascelle", pratici consigli per vincere o perlomeno fare una bella figura. Non ho ricordo di una frase tipo: "Vai e divertiti!". Sentivo tutte le loro frustrazioni/attenzioni su di me, e io ero silente. A volte credo di aver contribuito a questa dinamica malsana e non dichiarata, non riuscendo a comunicare le mie paure. Ma un bambino ha veramente coscienza delle proprie paure? È sempre in grado di esprimerle a modo suo?

Credo ancora che il guasto sia stato nella ricezione del segnale, dettato dalla paura di non vedere la propria figlia tenace né vincente. Perché nei momenti di confusione e di difficoltà non chiedo aiuto ai miei genitori? Perché non si chiede aiuto a chi non te l'ha dato nel momento del bisogno? Non ci si riesce. Perché una bambina in piedi su una trave inizia a vedere non solo due persone che faticano nel darle fiducia; improvvisamente ne vede tre, quattro, cinque di sfiduciati e delusi, e infine il pubblico intero. Nella vita: fidanzati, coetanei e amici.

Benché consapevole di questo, non riesco a capire come sia possibile che questa sensazione di inadeguatezza si sia estesa nel tempo fino ad arrivare ai venticinque anni, rendendomi la vita difficile e pesante da affrontare, accompagnata da frequenti momenti di forte paura. Non sono più su quella trave e ho chiara la dinamica genitore-figlio venutasi a instaurare in quel contesto che ha avuto un consistente peso nella mia vita.

Eppure non riesco a utilizzare questa consapevolezza per cambiare la percezione che ho di me stessa. Non posso fare a meno di sentirmi responsabile e in colpa per questo. Perché non riesco a espiare questo senso di colpa nei miei confronti e a vedere un mondo come un posto piacevole e non un pubblico giudicante?

Agnese

U.G. Nella struttura della famiglia circola spesso un improprio aggettivo possessivo che fa dire all'uomo "mia moglie", alla donna "mio marito", a entrambi i genitori "mio figlio" o "mia figlia", quando nella relazione tra individui che hanno deciso di condurre una vita insieme, e insieme di generare, di "mio" non dovrebbe esserci proprio nulla. Infatti l'unica condizione perché nel nucleo familiare possa circolare l'amore è il riconoscimento dell'alterità dell'altro, e non la percezione dell'altro limitatamente a come io vorrei che fosse, con conseguente negazione della sua individualità, e sua riduzione a semplice soddisfazione dei miei desideri o delle mie aspettative.

Questo principio vale innanzitutto per tutte le persone che un giorno hanno deciso di condividere la loro esistenza, perché ciascuno dei due aveva incontrato un "altro" che l'aveva affascinato per la semplice ragione che esprimeva ciò che mancava alla propria personalità. E, solo rispettando questa alterità, l'altro può continuare a incuriosirmi e affascinarmi, mentre ripiombo nella solitudine della mia individualità se dell'altro vedo solo ciò che risponde alle mie esigenze.

La noia che connota molte relazioni di coppia è dovuta proprio a questa soppressione dell'alterità dell'altro, alla sua riduzione a qualcosa di "mio", che più non mi consente di incuriosirmi dei pensieri, dei sentimenti, delle sensazioni, dei vissuti dell'altro che non coincidono con i miei.

La conseguenza è la svalutazione, la disattenzione, il disinteresse per tutto ciò che l'altro esprime di diverso da quel che penso e sento io, e il progressivo irrigidimento nelle proprie convinzioni che servono solo a erigere dei muri di incomprensione, perché ormai nulla ha più valore di quel che fuoriesce dalla mia visione del mondo, divenuta, senza che io me ne sia accorto, la mia clausura. A questo punto nei casi migliori ci si separa perché "l'altro non mi capisce", mentre in realtà sono io a essermi chiuso all'alterità dell'altro, e nei casi peggiori si usa violenza psicologica e talvolta fisica nei confronti dell'altro perché "tanto è cosa mia".

Questa mancanza di rispetto dell'alterità dell'altro spesso si esercita anche nei confronti dei figli a causa di un fraintendimento radicale del concetto di "educazione", che non significa condurre i figli ad assecondare le nostre aspettative, ma accompagnarli nella scoperta della loro natura che, per il solo fatto che sono nati da noi, non significa che coincida con la nostra.

Quante raccomandazioni ossessive, quanti rimproveri e quante punizioni dipendono dal fatto che il loro modo di crescere non coincide con quanto ci aspettiamo da loro secondo i nostri parametri, che magari mal si adattano alla loro indole che per giunta mai ci siamo dati la premura di capire, creando in loro un conflitto tra ciò che sentono di essere e il bisogno di rispondere alle aspettative genitoriali da cui temono di discostarsi.

Lei, cara lettrice, probabilmente è stata vittima di questo conflitto. E il senso di inadeguatezza che ancora la fa soffrire altro non è che il riprodursi a livello sociale di quanto ha vissuto in ambito familiare dove, per assecondare le aspettative dei genitori, doveva negare la sua indole, mentre se avesse voluto esprimerla, doveva confliggere con loro in un'età in cui non ne aveva la forza. Ma ora a venticinque anni penso sia suo dovere assecondare la sua natura, senza per questo odiare i suoi genitori, puro spreco di energia che va invece convogliata nella ricerca di sé.

59.

In che misura la nostra libertà è limitata dalla nostra identità?

C'è una stretta interdipendenza tra identità e libertà. E il margine concesso a quest'ultima è intimamente connesso all'evoluzione della nostra identità.

Egregio prof. Umberto Galimberti, sono uno studente di prima liceo scientifico e mi interesso di argomenti filosofici e sociologici particolari. Analizzando la società odierna e il pensiero delle masse, mi sono spesso soffermato sull'analisi della meritocrazia sociale, non tanto per quanto riguarda il lavoro o gli ambiti sociali, ma più generalmente per quella che è la visione che le persone hanno dei loro simili. E la conclusione a cui sono giunto è che risiede purtroppo nell'animo umano una serie di infondati stereotipi, fobie e odi o, al contrario, ammirazioni, esaltazioni e apprezzamenti per quanto riguarda le azioni e i modi di essere delle persone circostanti.

A mio avviso l'uomo è in balìa del destino, non certo perché tutto ciò che deve accadere sia scritto, ma piuttosto perché ogni azione, pensiero e circostanza sono influenzati da elementi immutabili e totalmente indipendenti dalla decisione umana.

Prendendo ad esempio le decisioni e i modi di essere delle persone, trovo che la differenza tra un assassino e un buon uomo sia la fortuna. Colui che arriva a compiere un omicidio è influenzato dalle varianti negative di genetica e ambiente. Mi spiego: sicuramente, il motivo per cui è arrivato a uccidere è stato un tipo di pensiero e di azione a cui era abituato, dipendente dalla genetica o dall'ambiente in cui è cresciuto (genitori, amici, esperienze) e quindi non è colpa sua se ha ucciso, perché ha semplicemente avuto la sfortuna di trovarsi nelle condizioni di decidere di farlo.

Il buon uomo invece, che mai si sognerebbe di uccidere e, anzi, aiuta il prossimo suo, deve il suo benestare interiore alla fortuna di avere scritta nel Dna la sua indole buona e di essere vissuto in un ambiente favorevole alla crescita di un individuo che, attraverso una sua maturazione quotidiana dall'infanzia a oggi, è portato a essere un onesto cittadino altruista e benevolo.

Credo quindi che non ci siano colpe né meriti di alcun tipo. Ciò ovviamente non implica che non esista giusto o sbagliato, buono o cattivo, ma credo che bisognerebbe pensare, ogni volta che si condanna un uomo o che si adula un vincente, che dopotutto non è colpa sua se ha ucciso, ha solamente avuto la sfortuna di capitare in un ambiente avverso o di avere nel sangue il cinismo e l'odio e, allo stesso tempo, che colui che è buono ha in fondo solo avuto la fortuna di essere geneticamente buono e di aver fatto scelte giuste in quanto influenzate da fattori indipendenti dalla decisione di qualcuno.

Non è colpa sua, insomma, se un uomo uccide la propria famiglia o, meglio, non è competenza di nessuno il motivo per cui nell'istante in cui ha deciso di uccidere ha optato per farlo e, altrettanto, non è certo merito suo se un uomo benestante, onesto e acculturato fa una donazione ai fondi umanitari, perché non è un merito essere così come si è, perché tutto dipende da qualcos'altro. E alla radice la causa di tutto sono sempre la casualità e il fato. Lei cosa ne pensa? Mi piacerebbe conoscere le sue osservazioni in proposito. La ringrazio per il disturbo.

Andrea

U.G. Che l'ambiente, l'educazione, la cultura in cui si è cresciuti predeterminino in gran parte i comportamenti mi pare assodato e innegabile. Che in questa predeterminazione dei comportamenti un fattore sia costituito anche dalla genetica ancora non abbiamo alcuna prova per poterlo affermare.

Ma, tornando al fattore ambientale, ricordo che qualche anno fa un tribunale tedesco diminuì la pena a un sardo che aveva commesso un reato perché l'ambiente in cui era cresciuto diminuiva gli spazi della sua libertà. Giustamente i sardi si sentirono offesi dalla motivazione della sentenza che poteva essere formulata in altro modo, ma il principio è giusto e penso che in ogni sentenza se ne tenga conto. Del resto già Aristotele distingueva la "giustizia" dall'"equità" che, a differenza della giustizia egualitaria, distribuisce colpe e meriti a partire dalle condizioni in cui una persona si trova a operare.

Quanto poi alla libertà, da cui consegue la responsabilità e quindi la punibilità o l'apprezzamento di una persona, non sono lontano dalla sua posizione, ma a partire da un'altra considerazione che vede in conflitto l'"identità" con la "libertà", nel senso che, se io sono io con il mio carattere e la mia indole, sono davvero libero di essere altro da quel che sono?

Un giorno Maurice Merleau-Ponty, facendo visita a Sartre immobilizzato da un'ingessatura a una gamba, gli chiese: "Ma non potevi affrontare quell'escursione con una guida?". E Sartre di risposta: "Ma tu mi vedi accompagnato da una guida?". Per quel tanto che so di lui anch'io faccio fatica a immaginare Sartre accompagnato da una guida. Ciò significa che la sua identità non gli consente un comportamento diverso da quello assunto.

Del resto anche noi, nella vita quotidiana, ci fidiamo degli altri perché presumiamo che ciascuno adotti un comportamento conforme alla sua identità. Al punto che, se ci riferiscono un comportamento difforme, la prima nostra reazione è quella di non crederci. E se invece la cosa è provata, non esitiamo a dire che, conoscendo quella persona, un simile comportamento non ce lo saremmo mai aspettati.

Con questo non voglio negare che non si disponga di alcun margine di libertà, ma che a disposizione abbiamo solo quel margine concesso dall'evoluzione della nostra identità, a sua volta determinata dalle esperienze che nel corso della vita facciamo. Non quindi una libertà assoluta nei nostri comportamenti, ma una libertà limitata alla modificazione della nostra identità. Proprio per questo l'ambiente, l'educazione, la cultura sono importanti, non perché ci danno una maggior libertà, ma perché costruiscono un'identità da cui conseguono "di necessità" comportamenti compatibili con le esigenze di una buona convivenza.

60.

Nell'età della tecnica l'identità è data dal ruolo che si riveste?

> Scrive Herbert Marcuse: "La tecnologia provvede a una razionalizzazione egregia della non-libertà dell'uomo, e dimostra l'impossibilità 'tecnica' di essere autonomi, di decidere personalmente della propria vita".

Caro Prof. Galimberti, lavoro come ricercatore di una multinazionale e naturalmente questo lavoro mi ha consentito di costruire, tra le altre cose, una mia identità o di modificare e ristrutturare un'identità in modo tale da non confliggere (esageratamente) con la mia libertà.

Purtroppo oggi, per motivi legati alla crisi e un "conseguente" cambio di rotta deciso dalla proprietà (il sacrificio della ricerca alle sole ed esclusive ragioni del mercato e della finanza), mi è stato chiesto di fare un passo indietro: uscire dall'azienda o accettare un demansionamento, rinunciando quindi di fatto alla mia identità. In altre parole, mi è stato chiesto di identificarmi e di abbracciare un codice di condotta etico-aziendale differente da quello a cui ero abituato e sul quale avevo costruito, in parte, anche la mia identità.

Le chiedo in che rapporto stanno identità e identificazione, e vale tale rapporto allo stesso modo per un europeo, un americano, un giapponese e un indiano? Sogno una difesa, al mio possibile "allontanamento volontario" dall'azienda, di tipo filosofico e non legale. Una sua difesa nella quale lei dimostri la configurazione di un preciso reato: lo stragismo identitario perpetrato dalle multinazionali che hanno sostituito l'etica con un codice di condotta etico e le identità nazionali e personali (tra cui le morali) con l'identificazione. La ringrazio e saluto cordialmente.

Giuseppe

U.G. Siamo nell'età della tecnica, anche se la maggior parte delle persone non ne è del tutto consapevole e pensa di vivere ancora in un mondo umanistico, dove l'uomo è il soggetto e il responsabile delle proprie decisioni e delle proprie azioni. Anche se da un secolo Spengler, Heidegger, la Scuola di Francoforte con Marcuse, Horkheimer, Adorno e da ultimo Günther Anders ci hanno avvertito che l'età umanistica è definitivamente conclusa.

La tecnica non è l'insieme degli strumenti, come solitamente si crede. Questa se mai è tecnologia. La tecnica è la forma più alta di razionalità raggiunta dall'uomo, più alta ancora della razionalità che presiede l'economia, che soffre ancora di una passione umana che è la passione per il denaro da cui la tecnica è esonerata.

La razionalità della tecnica è stata definita "strumentale" perché, come già a più riprese abbiamo visto, consiste nel raggiungere il massimo degli scopi con l'impiego minimo dei mezzi. A questa razionalità sono sottomessi, per usare un'espressione hegeliana, sia il signore sia il servo, che non sono più due volontà contrapposte, perché hanno entrambi come controparte la razionalità del mercato. Questa è la ragione per cui non si dà più lotta di classe né tantomeno rivoluzioni.

In un sistema regolato dalla razionalità tecnica l'identità di ciascuno è data dal proprio ruolo. Non è un caso che quando incontriamo una persona sappiamo qualcosa di lei non quando ci dice il suo nome, ma quando ci dà il suo biglietto da visita in cui è scritta la sua funzione. Infatti tra i valori della tecnica, oltre all'efficienza e alla produttività, troviamo la funzionalità, cioè l'idoneità di una persona a ricoprire al meglio la funzione che le è stata assegnata, finché quella funzione è ritenuta indispensabile.

Inseriti come siamo in apparati tecnici, che sono tanto le fabbriche quanto gli uffici, la scuola, gli ospedali, che hanno in vista solo le "funzioni" previste dalla razionalità tecnica e non le "persone" con le loro identità, inclinazioni, vocazioni e aspirazioni, le persone che non si attagliano perfettamente con efficienza e produttività alle funzioni per le quali sono previste (funzioni che vengono sempre modificate o soppresse in base alle esigenze della razionalità del mercato) vengono dimesse, ricollocate o sottodimensionate. E siccome l'esclusione dagli apparati tecnici equivale a un'esclusione sociale, è ovvio che le persone finiscono con il trovare la propria identità nel ruolo che stanno svolgendo, dove un riconoscimento in carriera rafforza la loro identità così come un ridimensionamento la indebolisce.

Persino la nostra libertà finisce con il dipendere dal ruolo, perché più libero sarà chi ha più competenza nei vari ruoli in termini di mansioni e di linguaggi. Per cui la "libertà personale", nell'età della tecnica, si è ridotta a una "libertà di ruolo". Parola che deriva dal rotolo di pergamena sul quale l'attore leggeva la sua parte. Nell'età della tecnica il ruolo è la condizione della formazione dell'identità della persona.

Crediamo di essere più liberi dei nostri predecessori che vivevano nell'età umanistica, invece siamo, a nostra insaputa e con la nostra adesione, in una condizione dove la nostra identità ci viene concessa dal ruolo che l'apparato tecnico di appartenenza ci assegna. Altro che "società liquida" come dice Bauman, la nostra società è molto più cementata di quanto non fosse la società delle generazioni che ci hanno preceduto.

61.

La solitudine di chi chiede troppo a se stesso

L'ideale dell'io può condannare all'insoddisfazione, perché la ricerca della perfezione ci rende inaccessibili agli altri.

Mi trovo a scriverle senza sapere bene da dove cominciare. Ho dentro di me così tanti dubbi e conflitti, aggrovigliati e connessi tra di loro, da non essere in grado di individuarne un inizio né tantomeno una conclusione. Forse le sto scrivendo semplicemente per provare a dipanare questa matassa.

Quello che posso provare a raccontare è il forte senso di angoscia che frequentemente mi coglie, e che percepisco fisicamente, nel petto, a volte come un peso, altre volte come un vuoto. Ho ventidue anni. Non riesco a sentirmi spensierata e in pace con me stessa. In ogni cosa mi trovo divisa tra il reale e l'ideale. Sono in bilico, ma non cado. Anzi, rimango immobile. Avverto allora un profondo disagio, la mancanza di un posto per me in questo grande mondo.

Riesco a cogliere la forza d'oppressione e il potere d'indottrinamento della società in cui viviamo. Ci viene detto dove andare, cosa fare, come apparire. Ci viene chiesta adesione incondizionata al modello. E il tutto ci è presentato come comoda e lucente possibilità. Con queste idee ben salde nella mia mente, mi chiedo: cosa fare? Come superare il disagio? Vorrei oppormi, rifiutare, vivere nell'essenziale e nel naturale. Andare via. Essere libera.

Ma subito mi rendo conto di quanto ciò sia inattuabile. Perché il mondo che vedo come nemico e che cerco di negare è anche parte di me. Mi permette di vivere nell'agio e nel piacere. Mi permette di andare all'università, di leggere, di andare al cinema, di mangiare bene. Mi permette di comprarmi un oggetto per il solo motivo che mi sembra bellissimo, quell'oggetto. E mentre mi chiedo che cosa ci sia di così sbagliato in tutto questo, dentro di me grida la voce dell'indignazione: non solo accetto di fare parte di tutto ciò, ma usufruisco di quello che mi viene proposto e ne traggo godimento.

La consapevolezza non mi rende diversa. La triste realtà è che sogno quello che mi viene detto di sognare. Mi diverto come mi viene detto di divertirmi. Sto zitta come mi viene detto di fare. Vorrei essere magra e bella. Vorrei essere sempre al massimo. Vorrei non avere debolezze. Ho idee precise, che non metto in atto. Credo nella lotta, ma non la applico. Credo nella conoscenza, ma la tengo per me. Credo nell'amore, ma non amo. Credo nella forza del poter essere se stessi, ma provo vergogna. Rincorro con affanno un senso di appartenenza vero, di cui sento la mancanza, cercando allo stesso tempo di non conformarmi, ma fallendo ogni volta, ricadendo nel desiderio di essere come "loro".

Mi sento codarda e incoerente. Omologata e manipolata. In ogni situazione due forze combattono con uguale intensità, senza vincitori. Così me ne sto in disparte, perdendo occasioni e non mettendomi in gioco. Rassegnata già prima di partire. Senza far sentire la mia voce. Ben attenta a non sbagliare mai. Convinta di non poter cambiare le cose, di non poter essere mai felice, di continuare a vivere nel compromesso. Alla fine quello che mi resta è solo amarezza. Sono io stessa una parte di quel mondo che disprezzo.

Anna

U.G. Un giorno Freud prese a raccontarci una storia interessante quando scrisse che, oltre al nostro io, esiste anche un ideale dell'io che pone l'io in uno stato di mortificazione rispetto agli ideali che vorrebbe realizzare senza riuscirci. Tutto ciò genera inquietudine, insoddisfazione e in certi casi sensi di colpa.

Ora, avere un ideale di sé è molto utile soprattutto nell'adolescenza e nella giovinezza per non accontentarsi di quello che si è, e cercare di realizzare quell'immagine di noi che ci attrae e che, se la raggiungessimo, ci farebbe sentire realizzati. Quando però l'ideale dell'io fa sentire l'io in uno stato di perenne inferiorità e insufficienza, allora l'ideale dell'io diventa persecutorio e la vita un tormento, se non addirittura una malattia, la malattia di un'identità mancata, per aver posto l'ideale dell'io troppo in alto rispetto alle nostre capacità di realizzarlo. A lavorare sotto sotto c'è un'istanza narcisistica che non ci consente di accettarci per quello che siamo se non raggiungiamo l'ideale che l'io si è prefissato.

Da questa guerra tutta interna a noi stessi che ci divora e non ci fa mai sentire soddisfatti della nostra esistenza si esce rinunciando alla perfezione che ci si è autoimposta e accettando la partc umbratile della nostra personalità, quella di cui non andiamo fieri, quella che vorremmo che nessuno scoprisse, quella che ci fa sentire "punti nel vivo" quando qualcuno ce la svela.

I rapporti di solidarietà, di amicizia e direi anche e soprattutto di amore non nascono infatti dalla contemplazione della perfezione di una persona, perché la perfezione ci fa apparire inespressivi e al limite inaccessibili, come le pietre preziose dietro un vetro trasparente e blindato di una gioielleria. La perfezione non facilita la relazione e, siccome degli altri abbiamo bisogno perché siamo animali sociali, rendiamoci accessibili mostrando il lato umbratile della nostra personalità, come nei quadri dove nessuna immagine potrebbe configurarsi senza i contorni dell'ombra.

In questa disperata ricerca della nostra identità, collocata là dove i nostri ideali, tiranneggiandoci, vorrebbero che fossimo e ancora non siamo, dimentichiamo che la nostra identità non possiamo costruircela da soli, perché a formarla è solo il riconoscimento che ci proviene dagli altri, esattamente come i lineamenti del nostro volto, che lo specchio non ci restituisce, come invece ce li restituisce lo sguardo indifferente di un narcisista, quello feroce di un nemico, quello intenso e incantato di un innamorato.

E se è vero che non noi, ma gli altri costruiscono la nostra identità, esponiamoci al mondo per quello che siamo, lasciandoci modificare da tutti gli incontri, evitando di cercare noi stessi in quella guerra inutile tra l'io e il suo ideale che ci isola dagli altri, e non ci fa approdare se non in quella terra desolata e solitaria dove a farci compagnia è solo la nostra insoddisfazione.

62.

Ha senso cercare il senso della vita?

In questa domanda sta l'essenza tragica dell'esistenza.

A cosa serve ciò che non è Natura nell'uomo? Lungamente, talvolta, ci si pone la medesima domanda. Poi un giorno la domanda cambia. A chi serve? E se tutta questa illusoria attribuzione di senso cui l'uomo tende, cucendo significati improbabili a quell'intervallo che separa la sua nascita dalla sua morte, altro non fosse se non una subdola strategia della Natura per infondere nell'uomo l'illusione che valga la pena reiterare quell'intervallo e in definitiva contribuire alla riproduzione, quindi al proseguimento della specie? A porgerle la questione è una giovane donna che non si decide a diventare madre. Grazie.

Laura

U.G. Non si stupisca e non si rammarichi. Le cose stanno esattamente come dice lei. Noi, al pari di tutti i viventi, siamo funzionari della Specie. E siccome non ci rassegniamo a questa condizione, abbiamo inventato niente di meno che la Storia, per sentirci autori e soggetti delle azioni che compiamo in questo mondo. Gli uomini più delle donne, le quali, vincolate come erano fino a poco tempo fa ai ritmi di una sessualità sostanzialmente riproduttiva, non hanno avuto tempo, a differenza dei maschi che non avevano questo vincolo, di giocare, come hanno fatto gli uomini, prima alla caccia, poi alla guerra. Appena più evoluti hanno inventato i miti, poi le religioni, in seguito le ideologie, da ultimo la scienza e la tecnica al momento al servizio del mercato, dettando le leggi che decidono come deve andare il mondo. Un "mondo" tutto inventato e contrapposto alla "natura", ridotta a materia prima da utilizzare, in vista della costruzione del mondo come da loro concepito.

"Il mondo come rappresentazione", direbbe Schopenhauer, per sfuggire alla vera realtà costituita dal "mondo come volontà". "Volontà di vita" che si esprime ovunque trova le condizioni, senza ragione e senza perché, quindi "volontà irrazionale", a proposito della quale Schopenhauer scrive: "Il soggetto del gran sogno della vita è in un certo senso uno soltanto, la volontà di vivere".

E noi siamo in questo vortice capitati per caso, riforniti per un certo tempo di sessualità per la procreazione e di aggressività per la difesa della prole. Passato quel tempo, la specie, che per la sua economia ha bisogno del ricambio degli individui, ci consegna alla morte, con l'indifferenza della Grande Danzatrice che, come vuole l'immagine di Goethe, nella sua danza sfrenata perde gli individui a lei aggrappati, senza consapevolezza, senza fedeltà e senza memoria. Se questo è il senso dell'esistenza, "Meglio per te non esser nato" diceva il saggio Sileno a re Mida che gli chiedeva quale fosse la cosa migliore e più desiderabile per l'uomo: "E ora che hai voluto sapere quello che per te sarebbe stato più vantaggioso non sentire, la cosa migliore per te è morire presto".

Se l'io è un inganno per vivere, se inganni sono i suoi progetti, i suoi sogni, le sue prospettive, i suoi obiettivi, le sue realizzazioni e, cosa peggiore di tutte, l'adorazione di sé che gli psicologi chiamano "narcisismo", se la ricerca di senso induce a cercare quello che non c'è, trasformando l'illusione in delusione e disponendoci nel frattempo al dolore, perché, a differenza dell'animale, l'uomo non può vivere senza la ricerca di un senso, in vista della morte che è l'implosione di ogni senso, come dar torto a Jean-Paul Sartre là dove scrive che di fronte alla morte è "la stessa cosa aver guidato popoli o essersi ubriacati in solitudine"?

Partendo dalla premessa schopenhaueriana, secondo la quale noi siamo vissuti dalla vita di cui solo per un inganno ci pensiamo autori, Nietzsche coglie l'essenza del tragico, ma proprio per questo anche il beneficio dell'illusione, senza la quale non potremmo vivere. In questo modo l'illusione da inganno diventa rimedio, per cui scrive Nietzsche: se illusioni e maschere ci consentono di vivere, liberiamo tutte le illusioni, indossiamo tutte le maschere.

Fu così che, mentre Schopenhauer, nel conflitto tra vita e verità, stava tragicamente dalla parte della verità e perciò invitava alla rinuncia alla vita, Nietzsche prende posizione a favore della vita, capace di offrire il suo dono a chi, pur riconoscendone l'inganno, gioiosamente l'accetta. Per questo ne *La gaia scienza* (§ 324) Nietzsche scrive: "No. La vita non mi ha disilluso. Di anno in anno la trovo sempre più ricca, più desiderabile e più misteriosa – da quel giorno in cui venne a me il grande liberatore, quel pensiero che la vita potrebbe essere un esperimento di chi è vòlto alla conoscenza – e non un dovere, non una fatalità, non una fede. [...] La vita come mezzo di conoscenza. Con questo principio nel cuore si può non soltanto valorosamente, ma anche gioiosamente vivere e gioiosamente ridere".

A lei, cara Laura, non posso consigliare se mettere al mondo o meno un figlio, ma partendo dalle premesse tragiche di stampo schopenhaueriano contenute nella sua lettera, le ho descritto, sulla traccia di Nietzsche che considerava Schopenhauer suo educatore, uno sguardo non solo meno tragico, ma addirittura gioioso sulla vita e sul fare vita.

63.

Che cos'è la felicità?

> La felicità si accende con la passione, ma per durare esige anche un nostro continuo e costante lavoro.

Sono una ragazza di vent'anni che la ammira molto. In questi giorni, mi capita spesso di pensare di essere felice. Felice, però con la paura di urlarlo al mondo. Ma la felicità vera cos'è esattamente? Gli amici me lo chiedono spesso: "Sei felice?" e ogni tanto non sai rispondere. Ogni tanto ti interroghi anche tu se sei davvero, completamente, felice e soprattutto ti domandi: "Cos'è la felicità?".

Ho letto un libro che parlava della felicità poco tempo fa e secondo questo scrittore quando ti svegli con della musica allegra e con un pensiero positivo in mente sei felice per tutta la giornata. A volte quando non sono dell'umore giusto ci provo e forse ha ragione. A volte, invece, mi rendo conto che avere una famiglia e degli amici con cui piangere e gioire, sono loro che danno la felicità. Ma esattamente, allora, cos'è la felicità?

L'ultima volta che sono stata davvero felice è stato poco tempo fa. Mi ricordo perfettamente il perché e anche il giorno. Quel giorno ero felice per una chiamata di una persona a cui tengo e in cui speravo ogni giorno. E quel giorno è arrivato e ha portato la felicità, ora vado avanti con lui, anche se distante, e mi sento felice. E mi chiedo: "È questa allora la felicità?". Vi auguro a tutti di poter trovare la felicità. Quella Vera.

Giulia

U.G. Quando l'inaspettato che aspettavamo accade, siamo felici. Penso che l'inaspettato che lei aspettava si chiami "amore", quello iniziale, quello che comincia alimentato dalla passione che, come scrive Stendhal, "non è cieca, è visionaria". È la felicità che Freud assimila al delirio, che, rispetto ai deliri patologici, "ha l'unico pregio di essere breve". Infatti, dopo l'incantamento che fa vedere il mondo tutto a colori, comincia il disincanto che sfuma la felicità in quella zona, non sempre a colori, che è la ripetizione e la quotidianità.

La felicità promossa dalla passione è una felicità che dipende dall'altro. È stupenda nella sua fase iniziale, ma non dura. L'idealizzazione che abbiamo fatto dell'altro si stempera e, accanto al suo aspetto luminoso che la nostra idealizzazione aveva creato, fa la sua comparsa la sua ombra. E se siamo capaci di amare anche la sua ombra, solo in quel momento nasce la felicità che dura.

Prima la felicità non richiedeva alcun lavoro da parte nostra, la passione ci trascinava senza che noi opponessimo alcuna resistenza. In questa mancanza di sforzo la felicità ci invadeva e, per effetto della sua fascinazione, non ci accorgevamo di porre la nostra felicità nelle mani dell'altro. La passione si chiama proprio così perché è un "patire l'altro". In quella condizione non possediamo noi stessi, ma siamo posseduti. E la felicità che ci invade non dipende da noi, ma dall'altro a cui abbiamo consegnato l'anima.

Per trovare la felicità che dura, penso che non basti svegliarsi "con una musica allegra e un pensiero positivo", perché anche in questo caso siamo passivi: "ascoltiamo" e non "creiamo" noi quella musica. I pensieri poi ci vengono e il loro colore non lo decidiamo noi. La felicità, quella vera, ci vuole attivi. È una felicità che non ci "capita", ma che dobbiamo "costruire" a partire dal primo insegnamento dell'oracolo di Delfi che dice: "Conosci te stesso".

Se evitiamo questa conoscenza, nella vita prendiamo solo abbagli, inseguiamo modelli che non ci corrispondono, perché non sappiamo chi siamo, non conosciamo la nostra virtù, la nostra inclinazione, in termini religiosi, la nostra vocazione, ciò per cui siamo nati. E quindi non realizziamo quello che gli antichi chiamavano il nostro "demone", dalla cui realizzazione scaturisce la felicità, in greco *"eudaimonia"*, la buona riuscita di sé.

Ma il secondo insegnamento dell'oracolo di Delfi ci dice anche che questa realizzazione deve avvenire "secondo misura", perché dopo la conoscenza di sé è necessaria anche la conoscenza del nostro limite, perché chi ignora il proprio limite prepara la sua rovina. Se ci atteniamo a queste due massime, costruiamo la felicità che dura, la quale non esclude la felicità che ci capita, quella innescata dalle passioni, ma la riconosce nei suoi limiti e non fa esclusivo affidamento su ciò che ci accade senza un nostro lavoro.

Il lavoro della realizzazione di sé non conosce abbandoni né tradimenti, perché non abbiamo consegnato l'anima per intero a un altro come quando siamo trascinati dalla passione. Detto questo, non perda il suo entusiasmo e le sue giornate felici. Alla sua età deve vivere tutte le sue passioni, basta che sappia che hanno la durata di un giorno, mentre la felicità che dura è più esigente, vuole la conoscenza di sé e la sua autorealizzazione, che può essere anche il dono di un altro, ma solo se l'altro, oltre all'amore, le riconosce anche la sua alterità, e non la misconosce in quelle forme di possesso in cui gli amori spesso si risolvono spegnendo per sempre la felicità.

64.

Quali segreti può nascondere la malattia?

> Non di rado, prima di essere un disordine del corpo, la malattia è un disordine della mente che non riconosce ciò di cui abbiamo davvero bisogno.

Vive nel mio grembo. Respira con il mio respiro. Alimenta il mio dolore. Succhia la mia anima. È la mia ombra. La mia bestia nel cuore. È nata tre anni fa, agli inizi dell'adolescenza, ed è maturata dentro di me, senza allentare la presa sul mio cuore, nemmeno per un minuto.

La mia bestia si chiama Fame d'Amore. Passa sempre inosservata, emerge quando sono sola, quando non mi devo difendere dagli occhi altrui. Lei è cieca, scambia il cibo per l'amore, scambia un biscotto per un abbraccio, un cioccolatino per un bacio. Dei giorni dorme, ma mai più di una settimana, torna sempre facendosi sentire con un peso opprimente e schiacciante sul petto. Si risveglia ancora più affamata, ancora più cieca, ancora più impulsiva e animalesca.

Quando è nata sembrava innocua, senza canini né artigli, era dolce e sembrava darmi conforto. Lei mi capiva, lei mi ascoltava. Poi, senza che me ne accorgessi, ha cominciato a crescere rubandomi l'ossigeno necessario per vivere, condizionandomi la vita, cambiandola radicalmente.

Sono mesi che cerco di ucciderla definitivamente. Ci sono giorni buoni e giorni cattivi, ma non miglioramenti decisivi. Della mia malattia lo sanno in pochi, qualche amica e i familiari che sembrano far finta di niente. Alle volte li guardo e vedo riflessa nei loro occhi l'immagine di una stupida e debole che non è nemmeno in grado di imporsi su se stessa.

Non sono fiera del mio problema come lo sono gli anoressici. Lo nascondo dentro di me, giù nelle profondità più buie del mio inconscio. Sono sola, veramente sola in questa lotta. Dal di fuori nessuno sospetta, nessuno sa, nessuno si preoccupa. Non vedono i polsi ossuti, il viso scarno che suscita compassione. Vedono un viso ovale, sano, sorridente e non si possono immaginare che dietro quel sorriso si possa nascondere un'orrenda verità.

Non voglio arrendermi, non voglio lasciarmi andare, combatterò perché non voglio che la mia vita si riduca a questo. Vorrei che le persone sapessero di questo problema del quale soffrono milioni di donne. È un problema della società, dove il cibo ha perso la sua funzione puramente materiale ed è diventato espressione di sentimenti.

Concludo con un saluto caloroso a tutte quelle ragazze e donne che come me soffrono di disordini alimentari.

Chiara

U.G. Penso che lei abbia già trovato la via d'uscita dalla sua malattia dandole quel nome che è "fame d'amore". La descrive come una creatura che la abita, dapprima innocua e senza artigli, poi sempre più famelica e ossessiva, le concede qualche giorno di tregua, senza però alimentare alcuna speranza in ordine a un suo congedo definitivo. E per quello strano gioco che la nostra psiche non ignora, lei, mentre divora qualsiasi alimento che le capita sotto mano, ne è divorata.

Nella sua descrizione, così efficace nella sequenza delle sue immagini, lei fa tutt'uno con la sua "bestia nel cuore", ma già averle dato quella sede, il cuore, lascia intendere che un'onda d'amore potrebbe darle quel cibo giusto, e non sostitutivo, di cui la sua bestia è affamata.

Il fatto che, come lei dice, "nessuno sospetta" vedendo "il suo viso ovale, sano, sorridente" vuol dire che il suo corpo non ha ancora assunto quelle dimensioni che le impediscono un incontro d'amore. E se appena lei riuscisse a distogliere lo sguardo dalla sua ossessione alimentare, per rivolgerlo alla raffinatezza non comune del suo sentimento, quale traspare dalle modalità con cui descrive l'ospite che la divora, l'incontro d'amore penso non possa tardare, e per giunta nella forma con cui lei l'ha già prefigurato, quando descrive il suo modo di accostare il cibo con quella carica di sensualità che di solito si riscontra quando si accosta il corpo dell'altro per i giochi d'amore.

Non è il caso di "imporsi su se stessa", come lei dice, dando di sé l'immagine di "una stupida e debole". Con la propria ombra non si deve fare la guerra, perché di solito vince l'ombra, come i suoi giorni di sofferenza le hanno già dimostrato. Con l'ombra, dopo averla riconosciuta, si fa la pace, si stringe un'amicizia, ed è allora che "la bestia", come lei la chiama, ritira i suoi artigli e, da "cieca" che non distingue di che cosa si deve alimentare, la aiuta a non fare confusione intorno a ciò di cui ha davvero bisogno.

Quello che le posso suggerire è di uscire dalla sua solitudine e dalla guerra con se stessa, per incontrare quel nutrimento buono che, più del cibo, è il vero sostentamento della vita, e che lei ha già riconosciuto e chiamato con il suo nome: "fame d'amore".

65.

Non ogni sofferenza è patologica

> Ma davvero abbiamo bisogno di un'assistenza psicologica ogniqualvolta la nostra vita si fa incerta?

Gentile Umberto Galimberti, grazie innanzitutto per darci l'opportunità qua e là di poter gustare anche noi i meravigliosi frutti della sua saggia e fresca mente.

Ho ventun anni, sono una studentessa della facoltà di Psicologia, ho avuto la fortuna di essere stata guidata per un po' di tempo nella mia autoanalisi da una brava psicoterapeuta, adesso credo di essere più in grado di soffrire e di gioire, di dare miglior senso alle esperienze e tollerare la confusione. Il modo in cui sono cambiata mi pare bellissimo e quello che di più bello mi ha lasciato è proprio il mio sentirmi lusingata dal dubbio che permette di destrutturarsi e ristrutturarsi, di assecondare la complessità e il magma della mente.

Il mio rapporto con la psicologia però non è sereno né privo di perplessità. Hillman espone la sua "teoria della ghianda" e comunica la sua perdita di fiducia nei confronti della psicoanalisi, accusata soprattutto di trascurare o guastare la nostra capacità di "sofferenza sociale" e incrementare l'individualismo e l'egoismo del nostro soffrire. Mi chiedo se non stiamo andando incontro a una deriva terapeutica, che iperpatologizza tutto. Tutto diventa terapia e tutto diventa terapeutizzabile (danza-, teatro-, cromo-, musico-, foto-, pet-terapia...).

Ma se tutto diventa terapeutizzabile, che fine fa la personalità? È ammesso implicitamente un ideale di personalità perfetta? Michele Serra nella sua rubrica sul "Venerdì" di "Repubblica" parlava di "chirurgia della mente", paragonando l'iperfarmacologizzazione alla mania della perfezione estetica e alla perenne insoddisfazione riguardo il proprio stato.

È davvero necessario andare in analisi? È necessario che la psicologia e lo studio del funzionamento mentale debbano appartenere al bagaglio culturale dell'uomo occidentale? Non rischiamo di voler estendere il dominio della razionalità o inculcare senso cosciente anche laddove non è necessario? Per esempio, dove agisce la sublimazione artistica, cioè il senso creativo, il dionisiaco, che ri-racconta il dolore e il turbine emotivo? In quell'angolo di mente che Bion affida alla corporeità e dove non esiste linguaggio né capacità conoscitiva ma solo intuizione, percezione, sensazione.

Non è forse questo, paradossalmente, indice di non accettazione della dimensione del dolore e quindi di tutto quello che esso può offrire nel riconsiderarlo non solo come ente distruttivo? Se Leopardi o Dante fossero andati in analisi, che cosa ci sarebbe rimasto oggi?!

Ho come l'impressione che l'uomo stia imparando a capire il suo dolore, ma stia venendo meno la sua capacità di viverlo. Non è vero che la follia è sdemonizzata, ormai diventa sempre più simile a una demenza sociale, ed è autogestita sempre più con la droga. Ma gestirla significa viverla?

Sempre Hillman fa notare come il "genio" spesso emerga proprio a causa del dolore! Non voglio predicare una "beata ignoranza", piuttosto recuperare altre possibilità di interpretare i moti dell'anima, o forse di lasciare che ognuno si interpreti come vuole, provando a disobbedire a quest'altra forma di globalizzazione, a questa orto-logia psichiatrica.

In fondo la psicoanalisi è la scientificizzazione del percorso di autoanalisi di Freud e così anche la psicologia analitica di Jung e le altre. Potrebbero in questo senso essere paragonate a delle religioni scientifiche che hanno elevato a oggetto di culto laico i coraggiosi mezzi psichici con cui quell'uomo ha voluto conferire senso logico alle sue turbe e ai dolori del lutto per la morte del padre.

A volte sento l'esigenza di ripensare i moti della mia psiche, provando a sganciarli dal lessico clinico. In fondo, cosa cambia a pensare che una nostra difesa, come una fuga visionaria dalla realtà, sia tale e non un salto audace della nostra mente che trasforma in poesia quello che potrebbe essere vissuto come angoscia (come accade alla protagonista di *Dancer in the Dark*)?

Credo che la psicologia stia distogliendo l'attenzione da certe visioni dei fatti della vita che magari hanno meno di "razionale", ma un po' più di spirito.

Giulia

U.G. Può sembrare contraddittorio che una giovane studentessa di Psicologia, che ha fatto un'esperienza analitica da cui dice di aver tratto giovamento, avanzi dubbi sulle pratiche terapeutiche, fino a ipotizzare che assopiscano, quando addirittura non giungano a spegnere i moti dell'anima.

E invece la contraddizione non c'è, perché Giulia dall'analisi ha acquisito, come lei dice, "la capacità di soffrire e di gioire, di tollerare la confusione, di sentirsi lusingata dal dubbio che permette di destrutturarsi e ristrutturarsi, di assecondare la complessità e il magma della mente".

Sospetta invece che molti cerchino una terapia per gioire e non soffrire, per non avere a che fare con la confusione della mente e con le afflizioni del dubbio, per ristrutturarsi e raggiungere quella solidità che tiene lontana ogni possibile destrutturazione, in una parola che non accettino la vulnerabilità della condizione umana, da cui scaturisce ogni produzione creativa che, con tutta probabilità, non vedrebbe mai la luce se ci si dovesse attenere alle sole regole della ragione.

Ma poi siamo davvero così fragili da dover tradurre il ballo in danza-terapia, la musica in musico terapia, il teatro in psico-dramma, una bella cavalcata in ippo-terapia, un'immersione nell'acqua in idro-terapia? Il sociologo Frank Furedi, nel suo libro *Il nuovo conformismo. Troppa psicologia nella vita quotidiana* (Feltrinelli), scrive: "L'imperativo terapeutico che si va diffondendo promuove non tanto l'*autorealizzazione*, quanto l'*autolimitazione*. Infatti, postulando un sé fragile e debole, implica che per la gestione dell'esistenza sia necessario il continuo ricorso alle conoscenze terapeutiche. È allarmante che tanti cerchino sollievo e conforto in una diagnosi. Si può individuare, nell'istituzionalizzazione di un'etica terapeutica, l'avvio di un regime di controllo sociale. La terapia, infatti, come la cultura più vasta di cui fa parte, insegna a stare al proprio posto. In cambio offre i dubbi benefici della conferma e del riconoscimento".

Quando leggo certi libri di psicologia o ascolto certi esperti in tv apprendo che, se una persona è preoccupata, perché magari ha perso il lavoro o perché il figlio non ha nessuna voglia di studiare, è affetta da "sindrome d'ansia generalizzata", se poi non sa di che cosa si preoccupa è in una condizione di "libera ansia fluttuante". Per non parlare di chi è timido che, in una società che predilige l'estroversione, viene etichettato come affetto da "ansia sociale", se non addirittura da "fobia sociale" nel caso in cui mantenga una sua riservatezza, in una cultura come la nostra che predilige la spudoratezza spesso venduta come sincerità.

In questo ricorso alla psicoterapia sotto ogni forma, anche la più bizzarra, non c'è il tentativo di omologare gli individui non solo nel loro modo di pensare, come è nei fatti il "pensiero unico", ma anche nel loro modo di sentire? In questo caso il potere non avrebbe bisogno né di manganelli né di olio di ricino per esercitare il suo controllo assoluto.

Parte nona

I giovani di fronte alle domande ultime

Scrive Oscar Wilde ne *Il critico come artista*: “Se hai trovato una risposta a tutte le tue domande, vuol dire che le domande che ti sei posto non erano giuste”.

66.

Che cosa c'è alla base della ricerca di Dio?

Infinite sono le ragioni, e tra queste un bisogno di spiegazione, un bisogno di conforto e consolazione e un bisogno insopprimibile di reperire un senso alla nostra esistenza.

Gent.mo prof. Galimberti, chi le scrive è una persona che ha avuto modo di conoscerla attraverso la lettura di alcuni articoli suoi e di dispense scritte dai miei professori che, con molta stima per quanto da lei affermato su vari argomenti, citavano delle sue frasi nelle loro lezioni di teologia, presso la facoltà teologica nella quale ho studiato; per ultimo, il suo libro sul nichilismo.

Le confesso semplicemente che ho da subito nutrito una forte stima per la sua evidente onestà intellettuale, quella sincera sua ricerca di ciò che è vero, bello e buono. Al di là della sua acuta intelligenza e della evidente arte oratoria, ciò che mi fa gioire nell'ascoltarla è proprio questa sua limpidezza nella ricerca del Senso.

Mi permetta di porle una domanda che mi sono posta e alla quale desidero che mi risponda soltanto lei e non le mille supposizioni che possono fare critici o la gente di buon senso. La domanda è questa: "Cos'è che le impedisce ancora di credere a un essere che possa essere il principio e il senso di tutto ciò che lo circonda?". La domanda chiaramente è valida nel caso in cui lei realmente non creda ancora a tale presenza. Mi scusi per il mio ardire, ma mi piacerebbe sapere che cosa pensa lei su questo. Grazie per la sua attenzione.

Letizia

U.G. Non penso sia interessante sapere se io credo o non credo in "un essere che possa essere il principio e il senso di tutto ciò che esiste", ossia in Dio, perché, quando si ha a che fare con atti di fede e, in quanto di fede, tali da non poter essere verificati, tutte le posizioni sono legittime.

Ritengo più utile chiarire che cosa pensano coloro che credono, quando parlano di "principio" e di "senso". Da dove nasce questa loro esigenza di trovare un "principio" e un "senso"? Infatti, se seguiamo il "metodo genealogico" indicato da Nietzsche, il significato delle parole non sta tanto in quello che abitualmente si attribuisce loro, quanto nell'individuare la loro genesi, ossia le condizioni e i bisogni che le hanno generate.

A mio parere la ricerca del "principio di tutte le cose" nasce dal bisogno di controllare l'imprevedibile che mette angoscia, in quanto non consente di orientarsi in un mondo dove tutto dovesse accadere al di fuori di ogni previsione. Per ridurre questa angoscia, già gli uomini primitivi hanno instaurato dei nessi di causalità per cui, in presenza di un fenomeno, interpretato come causa di quello successivo, il sopraggiungere di quello successivo non inquieta e non stupisce, perché lo si legge come effetto di una causa. Il suo accadere è previsto e, in quanto previsto, non spaventa.

Il principio di causalità, così utile per orientarsi nel mondo, proprio per la sua "utilità" è diventato una nostra *forma mentis*. Cioè la nostra mente ragiona servendosi abitualmente di questo principio. È ovvio allora che, di fronte al mondo, la nostra mente ne cerca la causa. E nomina questa causa "Dio". Ma allora l'esistenza di Dio è affermata a partire da una nostra abitudine mentale, molto utile per orientarci nel mondo. E una volta attivata questa abitudine, perché dobbiamo arrestarla a Dio e non proseguire chiedendoci anche: "Chi ha creato Dio?".

Per quanto riguarda "il senso di tutto ciò che ci circonda", penso che questa domanda nasca solo all'interno della tradizione giudaico-cristiana, la quale ha inscritto il tempo in un disegno dove alla fine (*éschaton*) si realizza quello che all'inizio era stato annunciato. Chi non partecipa a questa visione "escatologica" del tempo, ma, ad esempio come gli antichi Greci, pensa che il tempo sia scandito dai ritmi della natura (tempo ciclico), non si pone minimamente la domanda sul "senso di ciò che ci circonda".

I Greci, infatti, ritenevano che l'uomo non fosse al vertice del creato, ma al pari di tutti i viventi appartenesse all'ordine della natura, che prevede che gli individui nascano, crescano, si riproducano e muoiano. La crudeltà innocente della natura che, per la conservazione della specie prevede la morte dei singoli individui, confligge con la condizione dell'uomo che, a differenza degli animali, per vivere ha bisogno di costruirsi un senso, in vista della morte che è l'implosione di ogni senso.

Questa è la dimensione "tragica" della cultura greca, intimamente connessa alla dimensione "mortale" dell'uomo. Il cristianesimo, per superare la tragicità greca, abolisce la morte degli individui. Paolo di Tarso scrive infatti (*1 Corinti*, 15, 55): "O morte, dov'è la tua vittoria? O morte, dov'è il tuo pungiglione?". E quando annuncia agli Ateniesi che i morti risorgeranno: "Alcuni risero, altri dissero: 'Questa storia ce la vieni a raccontare un'altra volta'" (*Atti degli Apostoli*, 17, 32).

Dunque la domanda di senso nasce solo in quanti non credono alla morte o, se ci credono, non si rassegnano. I cristiani, appunto. Qui le devo dire che penso come i Greci, e con loro condivido la visione tragica dell'esistenza umana, a cui la natura, per la sua economia, non concede alcun privilegio rispetto a tutti gli altri viventi.

67.

A ognuno il suo Dio fatto a propria immagine e somiglianza?

Un oggetto di fede costruito sulla base delle proprie necessità e angosce può essere utile per consolare e rassicurare, ma è davvero Dio?

Egregio signor Umberto, mi permetto di darti del tu perché leggo spesso le lettere che ti mandano e le tue risposte, e non c'è volta in cui esse non siano un'occasione di riflessione per me. Anche stavolta ovviamente hai spinto la mia mente a riflettere e finalmente ho deciso di risponderti.

Ho solo diciassette anni, la mia cultura e la mia esperienza non sono ampie come forse quelle degli altri tuoi lettori e scrittori, ma una cosa devo dirtela: Dio non è morto. Forse è morta l'attenzione che gli uomini danno a Dio, o meglio ancora è morta la ricerca di Dio nelle cose che tu stesso hai menzionato come l'arte, la letteratura e l'uomo. Ma nella vita che vivo Dio esiste ancora. Vive nelle persone che mi circondano, nei libri (non necessariamente di argomento cristiano) che leggo, Dio è evidente nell'arte e negli occhi della gente che come me non ha smesso di cercarlo.

Non si tratta di misticismo o di puro spiritualismo, si tratta di "allargare i confini" della propria mente (come Jabes, in *1 Cronache*, 4, chiese a Dio) e capire che, oltre alla nostra dimensione corporea, esiste una dimensione dentro di noi che aspetta solo di essere alimentata e curata, esattamente come noi alimentiamo e curiamo il nostro corpo. E quando diamo voce anche a questa parte di noi, allora è in quel momento che ci rendiamo conto che Dio non è morto, ma che semplicemente taceva, perché, come dice spesso una persona che conosco: "Dio è educato e, se non vuoi avere rapporti con lui, non ti obbliga".

Hai ragione che la speranza nel futuro non può essere affidata alla "Provvidenza", ma solo se per essa intendi un angelo che scende dal cielo e risolve i problemi dell'umanità dalla sera alla mattina, perché questo significa credere alle favole e non in Dio. Io invece credo che, se per "Provvidenza" intendi lo Spirito di Dio che muove i cuori degli uomini che hanno deciso di dargli spazio nella propria vita, che hanno deciso di essere le braccia di Dio per abbracciare chi ne ha bisogno, di essere la bocca di Dio per consolare o per dare un sorriso a chi chiede questo, di essere i piedi di Dio per raggiungere e andare da chi non vorrebbe andare nessuno, allora sì che c'è speranza per il futuro.

Perché quando nella Bibbia c'è scritto: "Perché ebbi fame e mi deste da mangiare; ebbi sete e mi deste da bere; fui straniero e mi accoglieste; fui nudo e mi vestiste; fui ammalato e mi visitaste; fui in prigione e veniste a trovarmi" (*Matteo*, 25, 35-36), Gesù non parla di se stesso ma di quanti uomini come noi hanno avuto bisogno di queste cose e noi abbiamo saputo rispondere alle loro necessità.

Io non ti sto parlando di fantasie, ma di un cristianesimo pratico che si fonda solo ed esclusivamente su ciò che c'è scritto nella Bibbia. Ti sto parlando di persone che hanno davvero un rapporto intimo e individuale con Dio, come se fosse una persona tangibile.

Dio non è morto, forse non è più il pilastro della società come nel Medioevo, e hai ragione nel dire che se togliamo la parola "Dio" dal nostro tempo non cambia assolutamente niente, ma questo non significa che sia morto, perché rimane ancora il pilastro di migliaia di vite che senza Dio non sarebbero più le stesse. E la mia vita è una di quelle.

Con il piacere di rincontrarti il prossimo sabato sul quotidiano con una nuova lettera e tante altre riflessioni, ti auguro una buona giornata.

Floriana

La dottoressa Gianotti dalla Gruber spiega che la particella di Dio è quella che ha costruito l'universo e noi stessi. Poi alla domanda: crede in Dio, risponde sì. Ma a quale Dio? Quello che ha costruito l'universo... o quale? Mi stupisco sempre di più della banalità del credere.

Lucio

Gentile professor Galimberti, lei conclude la sua ultima risposta su "D" dicendo che l'animale-uomo non ancora "stabilizzato" di Nietzsche "ha qualche chance ancora, che non può essere affidata come un tempo alla Provvidenza, ma a un impegno collettivo e su vasta scala per l'educazione dell'uomo".

Ma un impegno di questo genere non è forse già iniziato da duemila anni, "incarnandosi" nel Vangelo di Gesù che annuncia ai poveri un lieto messaggio, proclama ai prigionieri la liberazione e ai ciechi la vista, mette in libertà gli oppressi, e predica un anno di grazia del Signore (*Luca*, 4, 18-19)? È il messaggio dell'amore (difficile) dell'uomo per ogni altro uomo!

Purtroppo l'animale-uomo, miscuglio inestricabile di bene e di male, non riesce – e non riuscirà mai – a realizzare pienamente quel lieto messaggio. Ma l'annuncio della "buona notizia" per me è proprio questo: uomini di buona volontà, datevi da fare per realizzare la pace in Terra (cioè nella vostra vita terrena), perché solo così potrete raggiungere qualche bagliore di felicità per voi e per i vostri simili; così il Regno di Dio è già cominciato! Ed è un Regno che non ha nulla a che fare con quello proclamato dai terribili eventi terroristici di questi giorni, così come quello proclamato da ogni fondamentalismo, compreso quello pseudocristiano che ha insanguinato in troppe occasioni la storia umana.

E allora, forse, è veramente morto il dio dei filosofi, il dio astratto e avulso dalla realtà quotidiana della vita degli uomini; ma nell'annuncio evangelico è risorto il Dio uomo tra gli uomini, che con il suo esempio ci aiuta a vivere degnamente la nostra vita, cercando di far prevalere in ciascuno di noi il bene sul male.

Luciano

Caro Galimberti, lei sostiene che se togliessimo oggi la parola "Dio" capiremmo benissimo il mondo in cui viviamo. Immagino che per "mondo in cui viviamo" intenda alcuni paesi europei e gli Stati Uniti d'America. Nel mondo in cui lei e io viviamo le parole significanti sono "tecnica" e "denaro"? Sì, ma siamo quattro gatti rispetto ai sette miliardi di abitanti del pianeta che in gran numero sanno poco di tecnica e di denaro e molto di Dio. Allora, la nostra filosofia non corre il rischio di essere una chiacchierata tra amici al bar?

Lei sostiene che la religione è un evento pre-razionale. Ma anche sentimenti, musica e poesia sono eventi pre-razionali. Ma non sarà che l'uomo per come è fatto è tutto pre-razionale, compreso il povero Nietzsche, e la razionalità è solo un utile strumento per costruire oggetti, attività che lei chiama "tecnica"? La saluto rispettosamente.

Paolo

U.G. Ma come si fa a discutere di Dio con coloro che credono in Dio, se ciascuno di loro, con la parola "Dio", pensa una cosa diversa? E qui non mi riferisco al fatto che il Dio dei cristiani non è il Dio degli ebrei o dei musulmani o degli induisti o dei taoisti – e l'elenco potrebbe proseguire per quante sono le religioni nel mondo –, ma al fatto che all'interno del cristianesimo stesso ciascuno si è costruito un Dio personale che risponde alle sue esigenze psicologiche, le quali, essendo diverse da individuo a individuo, creano tanti volti di Dio quanti sono i sentimenti e i pensieri che lo riguardano.

Ma quando Dio diventa una risposta alle istanze psicologiche di ciascuno di noi, Dio non è più il Dio trascendente che ha creato il mondo, che guarda e provvede alle vicende umane, che promette la salvezza in una vita ultraterrena, ma un Dio degradato a consolazione delle nostre ansie, a rassicurazione delle nostre incertezze, a deresponsabilizzazione delle nostre scelte perché la via è già tracciata, a lenimento della nostra angoscia di morte. Ma costruire un Dio che risponde ai nostri bisogni psicologici non è il modo migliore per negare Dio proprio mentre si testimonia la propria incrollabile fede in Lui? Non è questo Dio un idolo che ci siamo costruiti per nostro uso consolatorio e rassicurante?

Vede, Floriana, la sua lettera mi ha molto commosso per la partecipazione con cui discute di Dio, ma il suo Dio, che lei trova "nei libri che legge, nell'arte, negli occhi di chi non ha smesso di cercarlo", le assicuro che non è il Dio della dottoressa Gianotti che, alla Gruber che la intervistava, spiegava che la particella di Dio è quella che ha costruito l'universo e noi stessi. E questo Dio, di cui parla l'astrofisica Fabiola Gianotti a partire dal suo sapere, non è il Dio che, "incarnandosi nel Vangelo di Gesù, annuncia ai poveri un lieto messaggio, proclama ai prigionieri la liberazione e ai ciechi la vista, mette in libertà gli oppressi". E questo Dio, così descritto da Luciano, non è neppure il Dio di Paolo, secondo il quale Dio è la risposta agli aspetti pre-razionali dell'uomo, molto più significativi e importanti della sua razionalità che ha messo capo alla scienza e alla tecnica.

E allora di chi parliamo quando parliamo di Dio? Aristotele ci ha insegnato che è possibile discutere solo quando le parole hanno un significato univoco, ma se ciascuno con la parola "Dio" pensa quel che gli pare, su Dio non si può discutere, né vale la propria testimonianza, perché questa non testimonia nulla di Dio, ma unicamente dell'idea che ci siamo fatti di Lui o del nostro sentimento che ha bisogno di Lui.

E allora al silenzio di Dio non c'è altra risposta che il nostro silenzio, che forse è l'atto più rispettoso che si può avere nei confronti di questo Nome, in cui probabilmente si riflette l'essenza dell'uomo, che non si accontenta mai dell'esistente, ma è incessantemente sospinto verso una trascendenza, un superamento continuo di sé.

68.

Che funzione ha svolto l'idea di Dio nella storia?

All'idea di Dio e alle religioni monoteiste che ne sono derivate dobbiamo riconoscere il merito di aver portato l'umanità da uno stato selvaggio a uno "quasi civile", oggi incrinato dal fondamentalismo che confonde la fede con il fanatismo.

Caro signor Galimberti, le scrivo perché ho bisogno di dare voce ad alcune mie riflessioni e vorrei conoscere la sua opinione al riguardo in quanto ho grande stima e ammirazione nei suoi confronti. Più volte lei ha scritto di ricevere molte lettere riguardanti temi quali la religione, la fede, l'esistenza o meno di Dio.

Io sono una ragazza ventenne e studio all'Accademia di Belle arti. Sono cresciuta in un ambiente laico e tollerante dove non ho mai subìto pressioni né verso la religione né verso l'ateismo. Crescendo, e in seguito ad alcune esperienze di grande valore per la mia identità e spiritualità, mi sono ritrovata a interessarmi in modo particolare alle religioni, specialmente alle tre grandi monoteiste, e a "parlare", o se vuole pregare, con qualcosa che avvertivo come trascendente.

Inizialmente è stato molto difficile per me accettare questi sentimenti poiché, benché non mi sia mai riconosciuta nell'ateismo, era per me inconcepibile l'idea di essere credente e religiosa. In effetti non sono religiosa e non credo nelle istituzioni religiose. Penso però che il messaggio delle religioni sia un messaggio immenso e potente che non dovremmo mai dimenticare.

Le religioni sono mitologia, sono pagine di letteratura di grande valore e, forse, tali resterebbero se l'uomo evitasse di caricarle di ideologia. Tutto ciò che viene trasformato in ideologia perde di senso e bellezza e diviene fanatismo. E ciò purtroppo avviene spesso e non solo con la religione. Io ho sempre creduto nel valore dell'arte e della letteratura come necessarie per l'esistenza umana, come fonti di saggezza, conoscenza, senso critico e bellezza.

Quello che io le chiedo è: crede che sia possibile considerare le religioni come un "genere" letterario o come opere d'arte, e in quanto tali restituire loro il valore che si meritano e comprenderne il vero messaggio? Oppure crede che si debba fare una distinzione fra un testo sacro e, ad esempio, una tragedia greca o *Moby Dick*?

Avrei in realtà ancora molte domande da farle, ma mi rendo conto di non poter monopolizzare il suo tempo. Le scriverò ancora più avanti. La ringrazio per l'attenzione.

Martina

U.G. Le religioni, soprattutto quelle monoteiste a cui lei fa riferimento, sono nate per recingere, tenendola in sé raccolta (*re-legere*) l'area del sacro, onde evitarne l'espansione incontrollata, essendo il sacro caratterizzato da un regime di massima violenza, di sessualità selvaggia, di confusione dei codici, dove il bene e il male appaiono indistinguibili, il piacere si intreccia con il dolore, la maledizione con la benedizione, la luce del giorno con il buio della notte e dove tutto si confonde.

Come ci ricorda Gerardus Van der Leeuw: "Nella religione Dio è arrivato con molto ritardo", conservando del sacro il suo tratto ambivalente, per cui accanto alla misericordia di Dio la religione segnala anche il timor di Dio. Per uscire da questo sfondo indifferenziato, l'umanità è sempre ricorsa a riti che consentissero di distinguere il bene dal male, il puro dall'impuro, e a sacrifici per tenere lontani gli effetti malefici del sacro e propiziarne quelli benefici.

Senza abbandonarli, le religioni monoteiste sono andate oltre i riti, affidandosi a testi, ritenuti sacri perché "parola di Dio", che contengono norme etiche di comportamento, osservando le quali c'è la promessa di un'altra vita: paradisiaca per chi li segue e infernale per chi non li ottempera. In questo modo, per molto tempo l'etica è stata monopolio delle religioni che, non possiamo nascondercelo, hanno consentito all'umanità di passare da uno stato selvaggio a una convivenza che, essendo regolata da norme, ha favorito la nascita di quella che oggi chiamiamo "civiltà".

Con l'Illuminismo è iniziato un processo che ha separato l'etica dalla religione, perché ci si è persuasi che l'etica non è che un sistema di regole che consentono a una comunità di vivere con la minor conflittualità possibile. Una volta che l'etica è stata desacralizzata è nato lo Stato laico, che ha consentito alla religione di non intervenire pesantemente sui comportamenti umani, a cui sono stati preposti i tribunali che sanciscono pene terrene ai trasgressori.

Ciò ha permesso alle religioni di spiritualizzarsi e proporsi come pura fede, la cui caratteristica non può che essere la tolleranza, dal momento che, intorno alle cose invisibili che sfuggono a ogni prova e dimostrazione, non può darsi una verità assoluta, altrimenti non ci sarebbe ragione di chiamare la fede "fede". E solo i fondamentalisti confondono la fede con la verità.

La fede promette inoltre un'ulteriorità di senso rispetto a quello offerto dalla vita presente. E così facendo, va incontro a un bisogno di trascendenza che alberga nel cuore di ogni uomo, e che poi ogni uomo indirizza nella ricerca, ivi compresa quella scientifica che non si accontenta mai dei risultati raggiunti.

La fede religiosa, credendo nello sguardo misericordioso di Dio, è di grande aiuto e conforto a quanti si trovano nella precarietà dell'esistenza, o soffrono d'indigenza, di ingiustizie, di sopraffazioni, di sensi di colpa, consentendo loro, grazie alla speranza di una vita ultraterrena, di meglio gestire il dolore, che sarebbe insopportabile se non avesse alcun senso e, prima o poi, un riconoscimento o una ricompensa. Qui la fede si àncora al cuore, al sentimento, alla speranza, che non sono fattori insignificanti per continuare a vivere quando le circostanze della vita si fanno davvero insopportabili.

Leggere i testi definiti sacri come grandi opere letterarie o addirittura artistiche per la bellezza delle loro metafore è possibile, senza però credere, per il solo fatto di apprezzarle, di appartenere a quella fede, perché la fede chiede, oltre all'apprezzamento, un assenso incondizionato del cuore o, come dice Tommaso d'Aquino, della "volontà (*ex voluntate*)", senza per questo coinvolgere l'intelletto perché, come ci ricorda Paolo di Tarso, di fronte alla fede l'intelletto si trova "in uno stato d'infermità e di grande timore e tremore".

69.

Che cos'è l'anima? E soprattutto, esiste?

"Anima" è una parola priva di realtà, ma carica di un'enorme potenza seduttiva perché custodisce i segreti del cuore.

Caro professor Galimberti, sono uno studente di Matematica di ventun anni, e da tempo ormai volevo scriverle: tanti dubbi mi assediano, ma ho sempre aspettato la domanda giusta. E da un po', ormai, ce n'è una che mi assilla più di tutte le altre: dov'è il confine tra libertà di pensiero e mancanza di conoscenza? Intendo dire: qualcuno potrebbe ancora credere alla teoria geocentrica e potrebbe affermare: "Sono libero di pensare ciò che voglio!". E forse questo è vero, ma non mi dissuaderebbe dal definirlo un ignorante. Ormai una verità scientifica ben definita ha preso il posto di quella vecchia teoria, e così l'umanità si è convinta, a ragione, che il modello eliocentrico sia quello corretto.

Ma forse tutto questo preambolo cela quello di cui veramente voglio parlare e che mi turba: l'anima. Non passa giorno che io non mi chieda come si possa credere a un'entità immortale che dimora in noi e che al momento della morte se ne va possibilmente diretta verso un posto migliore, una sorta di immenso condominio dove ad attenderla ci saranno tutte le sue vecchie conoscenze già passate a "miglior vita".

In tutte le discussioni semi-filosofiche tra amici fatte su questo argomento non manca volta che mi infervori e che ripeta: "Come, come potete crederci?!". E, per tutta risposta, mi sento controbattere: "E tu come puoi pensare che siamo solo corpo?". Solo corpo?! Quanto gioverebbe se tutti accettassimo questa verità: che non significa nulla dire "siamo solo corpo", ma che noi siamo il nostro corpo e senza di esso semplicemente non esistiamo, che quando chiuderemo gli occhi nella morte non saremo più niente, perché non avremo più un cervello per pensare, occhi per vedere, mani per toccare; che la vita è questa, che qui si debba provare a essere felici, che le sofferenze esistono perché così deve essere per natura e non perché si debba espiare alcuna colpa, che con la morte finirà tutto perché questo è il ciclo della natura.

Mi sembra una verità così bella! E mi chiedo come tanti possano ingannarsi con tutta quella metafisica. E vorrei che fosse insegnata, che tutti l'accettassero, così come per l'eliocentrismo. Però mi chiedo chi sia io per volere che la mia verità diventi quella di tutti: una sorta di despota? Mi chiedo se in realtà credere nell'anima non rientri nella categoria "mancanza di conoscenza" ma in quella "libertà di pensiero". Ma in fondo non è così che si è evoluto l'uomo passando di "verità" in "verità", e non è pur giusto che il tempo dell'anima debba finire e intraprendere una nuova via?

Pietro

U.G. È confortante constatare che non tutti i ragazzi oggi si occupino solo di smartphone e social network, ma si trovino a discutere tra loro di problemi filosofici. Ma a un tempo è un po' sconfortante constatare che cerchino la soluzione dei problemi decidendo unicamente se una cosa esiste materialmente oppure no.

E questo vale sia per chi afferma la realtà dell'anima, sia per chi la nega, senza che nessuno chieda all'altro: "Ma tu, quando dici 'anima', cosa pensi?". Basterebbe questa domanda per rendersi conto che sia gli uni sia gli altri pensano la stessa cosa: la nozione cristiana dell'anima come realtà che sopravvive alla morte del corpo. Ma siete proprio sicuri che l'anima sia solo questo?

E allora cosa rispondete a una ragazza che vi dovesse chiedere di essere amata non solo per il suo corpo, ma per la sua anima? O a chi, al fondo della sua tristezza, vi dice di avere l'anima distrutta? E qui non mi obiettate che siamo di fronte a un linguaggio metaforico, perché le metafore non nascono dal nulla, ma dal bisogno di oltrepassare una realtà, che nella sua opaca materialità non riuscirebbe a dire tutto quel che si vorrebbe esprimere.

E allora, cari ragazzi, imparate a distinguere la realtà dalle idee, che spesso producono più realtà di quanta non ne produca la realtà stessa. A questo punto diciamo subito che l'anima non esiste, ma l'idea di anima sì. E questa idea ha avuto effetti di realtà e creato tante fedi, convinzioni e persuasioni da orientare condotte, usi e costumi nella storia, che sarebbero inspiegabili senza questa idea.

Lo stesso può dirsi di Dio, a proposito del quale non è interessante discutere se esiste o non esiste, ma, come diceva Nietzsche, se è vivo o se è morto. Nel Medioevo era vivo e creava quel mondo, se è vero che l'arte era arte sacra, la letteratura parlava di inferno, purgatorio e paradiso, perfino la donna era donna angelo. Per cui se tolgo la parola "Dio" non capisco nulla di quel mondo, ma se la togliessi dal mondo contemporaneo, lo capirei benissimo lo stesso, mentre avrei difficoltà se togliessi la parola "denaro" o la parola "tecnica". Sono le idee che creano la realtà, non la realtà che crea se stessa. Ed è sulle idee che dovete ragionare.

La teologia del Novecento non parla più da tempo dell'anima (che tra l'altro, come ci insegna il teologo Oscar Cullmann, è una nozione greca e non giudaico-cristiana), preferendo alla nozione di "anima" quella di "interiorità". E chi può mai negare che abbiamo un'interiorità, a cui allude anche papa Francesco nella sua conversazione con Eugenio Scalfari?

Nelle vostre discussioni, di cui è davvero apprezzabile l'impegno, lavorate non sulla realtà delle cose, ma sulle idee che le generano, che di solito hanno un'ampiezza espressiva molto più vasta delle cose. Ce lo insegna Nietzsche che, pur non credendo nella realtà dell'anima, scrive: "Anima mia, io ti restituii la libertà su tutte le cose create e increate. E chi conosce, come tu la conosci, la voluttà di ciò che verrà? E, in verità, il tuo respiro ha già il profumo di canti futuri".

70.
Perché la morte?

> La morte è il sacrificio dell'individuo per l'economia della specie.

Gentile dottor Galimberti, le scrivo alla ricerca di un consiglio per un approccio intelligente allo sfogo e conseguente problema di una persona a me molto cara. Mi scuso per l'apparente banalità della questione, ma le assicuro che per me è veramente importante avere una sua opinione.

Ero a Siviglia per trascorrere i giorni di Natale in compagnia del mio fidanzato e, nonostante il mio umore pessimo perdurante in occasione di qualsivoglia festività, mi ritrovavo piuttosto serena. La sera del 24 Andrea, il mio compagno, mi appare perso, piuttosto giù di corda, con un barlume di tristezza sul volto. Si apre e inizia a parlarmi. Mi racconta che è da alcuni anni che è travagliato da dissidi interiori perlopiù riguardanti le persone che ha perduto nel corso della sua vita. A partire dalla nonna materna, il papà, il suo più caro amico e due zii a lui molto cari.

Non ci sarebbe nulla di strano se i suoi sentimenti fossero solo quelli di tristezza e senso di impotenza, ma c'è ben altro. Mi spiega molto limpidamente che non si dà pace poiché non capisce che fine hanno fatto i suoi cari. "Perché? Dove sono andati? È possibile che io, così giovane, frequenti tutti i giorni il cimitero per trovare una connessione con loro e non mi riesca a dare una spiegazione? Voglio sapere che fine hanno fatto e non mi riuscirò a dar pace finché non lo scoprirò."

Queste le sue parole. Gliele ho riportate perché forse può intuire meglio anche il suo stato d'animo. La cosa che mi ha sconvolto non sono tanto le questioni che si pone (insolute, almeno parzialmente, dai tempi dei tempi), quanto il travaglio quotidiano che prova non riuscendosi a dare una risposta chiara, logica e significativa.

Io ho studiato Filosofia e ho cercato di farlo ragionare non tanto costringendosi a dare una soluzione, piuttosto cercando di cogliere le ragioni alla radice dei suoi dissidi. Lui è un economista, si basa solo sui fatti e sui numeri. Mi sono sentita assolutamente inadatta e poco esplicativa, forse anche perché colta di sorpresa, nei suoi confronti. Conseguenza ulteriore del combattere i suoi dubbi sulla fine di una vita sono le distanze che frappone tra lui e le altre persone. Distanze che gli permettono di non soffrire ulteriormente in caso di future mancanze. La ringrazio anticipatamente per l'attenzione.

Chiara

U.G. Quello che noi dimentichiamo è che, oltre al nostro io, siamo abitati da un'altra soggettività sotterranea, solitamente non pensata e quindi inconscia, che ci prevede come funzionari della specie, la quale, per la sua conservazione, esige la morte dei singoli individui. Questa concezione, che gli antichi Greci avevano ben presente al punto da nominare l'uomo con il termine "mortale", è stata ignorata dalla tradizione giudaico-cristiana che, dopo aver identificato Dio con il "Vivente" (*Deuteronomio*, 5, 23), ha individuato nella morte la sua peggior nemica. Di qui la resurrezione di Cristo, avvenuta la quale Paolo di Tarso può dire: "O morte, dov'è la tua vittoria? O morte, dov'è il tuo pungiglione?" (*1 Corinti*, 15, 55).

Il suo fidanzato, a partire dalle domande che si pone circa la fine che hanno fatto i suoi cari che sono morti, non crede nella promessa cristiana di una vita eterna in cielo, altrimenti la sua domanda e l'angoscia che l'accompagna avrebbero una risposta e una consolazione. E tuttavia non è esente dalla cultura cristiana che non accetta la morte e la sua ineluttabilità, perché, come pensavano i Greci, anche l'uomo, al pari delle piante e degli animali, in quanto ente di natura, non può che seguirne il ciclo secondo necessità.

Marx, che conosceva la cultura greca, come dimostra la sua tesi di laurea sulla *Differenza tra le filosofie della natura di Democrito e di Epicuro*, scrive: "La morte appare una dura vittoria della specie sull'individuo, e una contraddizione della loro unità". Per cui la contrapposizione non è tra "la vita e la morte" come vuole la concezione cristiana, ma tra "la vita e la vita": la vita della natura che per la sua perpetuazione esige la morte delle singole esistenze, e le singole esistenze che, per vivere, devono allontanare, per quanto è possibile, la morte. Anche se poi è l'economia della specie che alla fine ha la partita vinta sull'economia dell'individuo. Il suo fidanzato, che è un economista, avrebbe nel suo campo un ottimo esempio per constatare che l'economia e le esigenze del mercato mondiale hanno partita vinta sull'economia e le esigenze delle singole persone, come l'attuale crisi è lì a dimostrare.

Un giorno un mio amico e professore di Estetica, Raffaele Perrotta, mi riassunse così l'essenza della cultura greca: "Chi conosce il suo limite non teme il destino". Nel nostro caso chi non accetta il limite della condizione umana non può evitare l'angoscia di fronte alle domande ultime che, proprio perché non si è accettato il limite, sono senza risposta, per quanto disperatamente la si cerchi.

E non è un rimedio non affezionarsi troppo alle persone per non soffrire della loro perdita, innanzitutto perché non sappiamo se ce ne andiamo prima noi o prima loro, e poi perché non è atrofizzando il cuore che si raggiunge la gioia e la serenità che la vita, accolta nel suo limite, ci concede. Da ultimo, per quel che può valere, consegni al suo fidanzato questa riflessione di Pirandello: "I vivi credono di piangere i loro morti e invece piangono una loro morte, una loro realtà che non è più nel sentimento di quelli che se ne sono andati".

71.

Di cosa veramente ci angosciamo di fronte alla morte?

L'angoscia di morte è dire addio all'amore che durante la vita abbiamo imparato a nutrire per noi stessi.

Egregio Prof. Galimberti, sono ormai molti anni che leggo con interesse la sua rubrica settimanale su "D" di "Repubblica", tanto che è diventato un rito del mio sabato. In diversi momenti ho sentito l'esigenza di scriverle quale una dei suoi tanti giovani corrispondenti. I possibili argomenti erano e sono molti. Soltanto oggi oso, in occasione di un mio gravissimo lutto personale. Lasciando da parte la forse infantile fantasia di vedermi pubblicata, il mio vero obiettivo resta quello di indirizzare a lei il mio pensiero su una profonda questione. Ovvero, l'elaborazione della morte di un nostro caro.

Pochissime settimane fa ho perso mio padre, malato terminale di tumore. Figlia unica, sia da bambina che da adolescente tremavo al solo pensiero di perdere i miei genitori, tanto da preoccuparmi moltissimo in occasione di un esame medico o semplicemente quando rientravano in ritardo a casa. Quando ho saputo della malattia di mio padre ho pianto tutte le mie lacrime, ho urlato tutto il mio dolore, come se mi avessero detto in quel momento che era morto. Questo perché gli restava pochissimo da vivere. Così quando la morte lo ha colto, è stato come se nel mio cuore e nella mia mente io l'avessi già vissuta. E dunque, sorprendentemente per il mio carattere e la mia storia di vita, ho affrontato l'evento con freddezza.

Ma il nodo della questione che desidero porre alla sua attenzione riguarda la differenza, se c'è secondo lei, nel modo in cui una persona credente e una non credente affrontano queste gravi evenienze della vita. Non battezzata alla nascita, mi definisco per scelta agnostica. Sapere se c'è o no una vita dopo la morte a me non interessa. Ancora di più, non ne ho bisogno. Perché ciò che mi permette di sentir vivere mio padre è il suo ricordo quotidiano. È questo che me lo fa sentire accanto. Così come il ricordo dei nonni che non ho mai conosciuto. Del resto è proprio la memoria che ha reso immortali eventi e persone della storia collettiva.

Tradizionalmente si ritiene che chi crede affronti il lutto con maggior facilità di chi non crede e che entri in contatto con il caro defunto. Ma nella mia esperienza io questo contatto lo sento lo stesso. E allora le chiedo: cosa resta della forza consolatoria della fede? Anche riguardo la propria morte, cosa importa di una, a mio parere, ipotetica vita ultraterrena, quando ciò che più conta è incontrare il Paradiso su questa Terra? Grazie dell'attenzione.

Alessandra

U.G. Il significato della morte e l'eventuale angoscia a essa connessa dipendono dalla cultura in cui si è cresciuti. Per gli antichi Greci, che ritenevano che, al pari di tutti i viventi, l'uomo nasce, cresce, si riproduce e poi muore "secondo l'ordine del tempo" come scrive Anassimandro, la morte apparteneva all'ordine della natura che la prevede per ogni nato. Per cui, insegnava la Sapienza greca: quando la vita ti è favorevole, espandila e vivila in tutta la sua potenza, quando si annunciano il dolore e la malattia, reggili ed evita di metterli in scena (*substine et abstine*).

I Greci avevano capito quel che Michel Foucault esplicita: "Non si muore perché ci si ammala, ma ci si ammala perché fondamentalmente dobbiamo morire". Per questo i Greci non drammatizzavano la morte, e quando Paolo di Tarso, giunto ad Atene, annunciò che, dopo la resurrezione di Cristo, anche noi saremmo risorti, gli *Atti degli Apostoli* (17, 32) riferiscono che: "Alcuni risero, altri dissero: 'Questa storia ce la vieni a raccontare un'altra volta'".

Ma la storia successiva credette più a Paolo che ai Greci. La cultura greca si estinse unitamente alla sua visione tragica dell'esistenza e l'Occidente fu conquistato dalla cultura cristiana caratterizzata dalla fede e dalla speranza in una vita ultraterrena. Questo passaggio determinò l'ottimismo dell'Occidente che, a differenza della Grecità, guarda al futuro sempre in termini positivi: come salvezza nel registro religioso, come progresso nel registro laico della scienza e della società.

Ma la morte è comunque lì ad attendere sia gli uomini di fede, sia gli uomini senza fede. Lei mi chiede chi dei due vive l'evento con minor angoscia. Non lo so. Perché, sia pure con la speranza di una vita ultraterrena, anche il cristiano, come insegna la sua fede, non può sottrarsi al giudizio di Dio, che non è solo "Misericordia", ma anche, come almeno insegnavano a me da bambino terrorizzandomi, "Timor di Dio".

Se poi, senza ipocrisia, scaviamo un po' nella natura dell'angoscia che accompagna la morte, constatiamo che la natura è stata con gli umani, gli unici viventi che sanno di dover morire, abbastanza benevola, perché tutti noi sappiamo di dover morire, ma la nostra psiche, come insegna Freud, non "sente" la propria morte, non solo quando si è in piena salute, ma anche quando si è in prossimità dell'evento, perché subentrano strane affabulazioni e improbabili immaginazioni di quel che faremo appena guariti, anche nella piena consapevolezza che da quella malattia non guariremo.

Può darsi che queste parole i morenti le dicano per confortare gli astanti, i quali non sanno dire una sola parola di conforto che sia credibile e non banale a chi li sta lasciando. In questo gioco di inganni c'è qualcosa di inconfessabile in chi sta morendo. Di che cosa davvero il morente si angoscia? Del congedo da tutto quello che ha costruito nella vita, del congedo dai suoi cari, ma soprattutto dell'amore che, durante la vita, ha maturato per sé. Questo è il vero dolore. Perché vivendo, ci siamo anche innamorati di noi, e quando moriamo, dobbiamo dire addio a questo amore.

Lo stesso vale per i sopravvissuti, se hanno amato chi li ha lasciati. Quel che piangono è l'amore che hanno vissuto per chi li ha lasciati, e che ora è senza oggetto, perché non ha più quella persona a cui potersi riferire. Non è il defunto che piangono, ma l'amore che hanno provato per lui. Un amore che ora resta orfano. Infatti è sempre di noi stessi e delle nostre mutilazioni che piangiamo, anche quando a morire sono gli altri.

72.

E se nel pensiero della morte ci fosse la giusta misura per condurre la nostra vita?

Scrive Jean Baudrillard: "Parlare di morte fa ridere di un riso forzato e osceno. Parlare di sesso non provoca più nemmeno questa reazione. Solo la morte resta pornografica".

Sono un'infermiera che lavora nel settore delle cure palliative e che ha scelto questa professione dopo un'iniziale e promettente carriera come ingegnere. Ho abbandonato la carriera, le ambizioni e un lauto stipendio per affrontare quotidianamente la paura della morte. Ogni giorno assisto persone che affrontano sofferenze, paure, angosce legate a malattie che non lasciano scampo.

La morte è ormai il mio quotidiano, quante storie permangono nei miei ricordi, e quanti abbandoni. Quanti dialoghi sulla morte che ogni malato elabora in modo differente, quasi sempre però rifiutando e negando la realtà. Oggi la medicina ci illude che ogni malattia possa essere curata, forse guarita, che ogni sintomo possa essere controllato. Che illusione.

Non c'è medicina che possa alleviare la sofferenza di una vita che lentamente si spegne, se non il dialogo costante con chi sta per prepararsi al grande viaggio. Le parole sono più potenti di qualsiasi medicina che la scienza possa offrire. Far accettare l'impermanenza delle nostre vite è la parte più complessa del mio lavoro.

Oggi si muore perlopiù disperati. Ma come siamo arrivati a questa non accettazione della morte? Quanti desideri inespressi e sogni mancati ci trattengono in questa vita?

E quanto l'egoismo di chi dice di amarci ci costringe a cambiare il nostro destino?

Ho tante domande e poche risposte. Vago ogni giorno di casa in casa sperando di trovare qualche risposta alle angosce che mi porto dentro. Un'epoca che nega la morte, e che nega quindi anche la vita.

Anna

U.G. Per chi si sta avviando verso la fine dei suoi giorni, lei dice: "Le parole sono più potenti di qualsiasi medicina che la scienza possa offrire". Ma le conosciamo ancora queste parole? Una volta, sì, le conoscevamo perché avevamo esperienza della morte. I figli vedevano morire i padri e i padri non di rado vedevano morire i figli nelle guerre cadenzate per ogni generazione. Inoltre c'erano epidemie, pestilenze, frequenti morti infantili e puerperali. Insomma, la morte era di casa e la nostra psiche aveva le parole giuste da dire a chi se ne stava andando.

Oggi non è più così. Quando uno si ammala viene affidato a quegli istituti di cura che sono gli ospedali dove il linguaggio che si apprende è quello della malattia, mentre le parole che si perdono sono quelle dell'amore, della comprensione, dell'ascolto che tante volte vale più delle parole, soprattutto di quelle che tentano di confortare e che non sono credute né da chi le dice né da chi le sente. Ma le diciamo lo stesso, anche se accanto al letto di un morente non conosciamo più le parole che l'imminenza della morte suggerisce al cuore, senza mentire.

La sua esperienza le dice che "oggi si muore perlopiù disperati". Le ragioni possono essere diverse. La prima è che ognuno, vivendo, si innamora di sé, e congedarsi da se stessi per sempre significa perdere quell'amore per sé che, a prescindere dal narcisismo, è la ragione per cui siamo riusciti a vivere e abbiamo costruito il nostro mondo a cui ora dobbiamo dire addio. Ma la disperazione può anche riguardare il fatto che ciò per cui ci siamo affannati nella vita, gli obiettivi che volevamo raggiungere e che magari abbiamo anche raggiunto forse non erano così importanti come abbiamo creduto o non valevano i sacrifici che hanno richiesto, per cui abbiamo l'impressione di aver sbagliato tutto.

Di fronte alla morte, infatti, la gerarchia dei valori che hanno regolato la nostra vita subisce molto spesso un capovolgimento. Forse nulla era così importante come credevamo che fosse quando abbiamo cominciato a perseguire i nostri ideali che forse erano solo abbagli, e per loro abbiamo trascurato quei percorsi di dedizione, di affetto, di comprensione, di amore che forse sono l'unica ragione per cui siamo nati.

La vita di oggi così affaccendata, così affrettata, così vissuta sempre di corsa, non ci ha dato spazio per assaporarla per cui, come diceva Max Weber: "Mentre i nostri vecchi morivano sazi della vita, noi moriamo stanchi della vita". Stanchi e insoddisfatti semplicemente perché la vita non l'abbiamo vissuta secondo le nostre aspirazioni, ma ci siamo messi sul primo binario che abbiamo trovato che ci garantiva uno stipendio per sopravvivere. E su quel binario siamo vissuti. E oggi dobbiamo persino ritenere fortunati quelli che hanno trovato un binario.

Se questo è il tasso di felicità che la nostra società avanzata ci offre, cerchiamo altri modi di vivere per non disperarci troppo sul letto di morte. Ma soprattutto anticipiamo l'evento della morte che comunque ci attende, non per deprimerci, ma per avere la giusta misura e il giusto criterio per distinguere, tra le offerte della vita, quelle che valgono e quelle per le quali non val la pena di spendere un giorno.

Indice